福岡城天守を復原する

佐藤正彦
Sato Masahiko

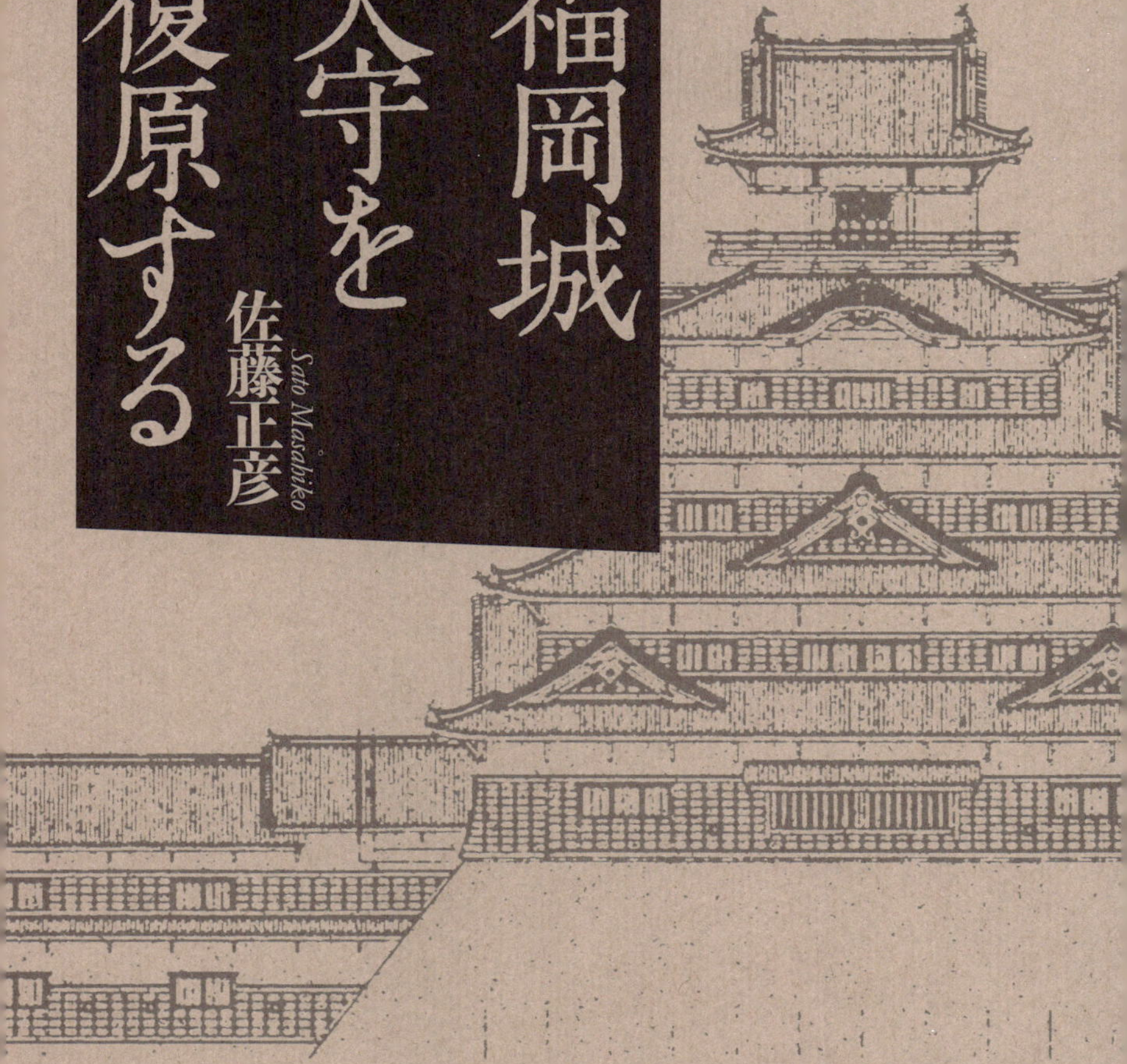

石風社

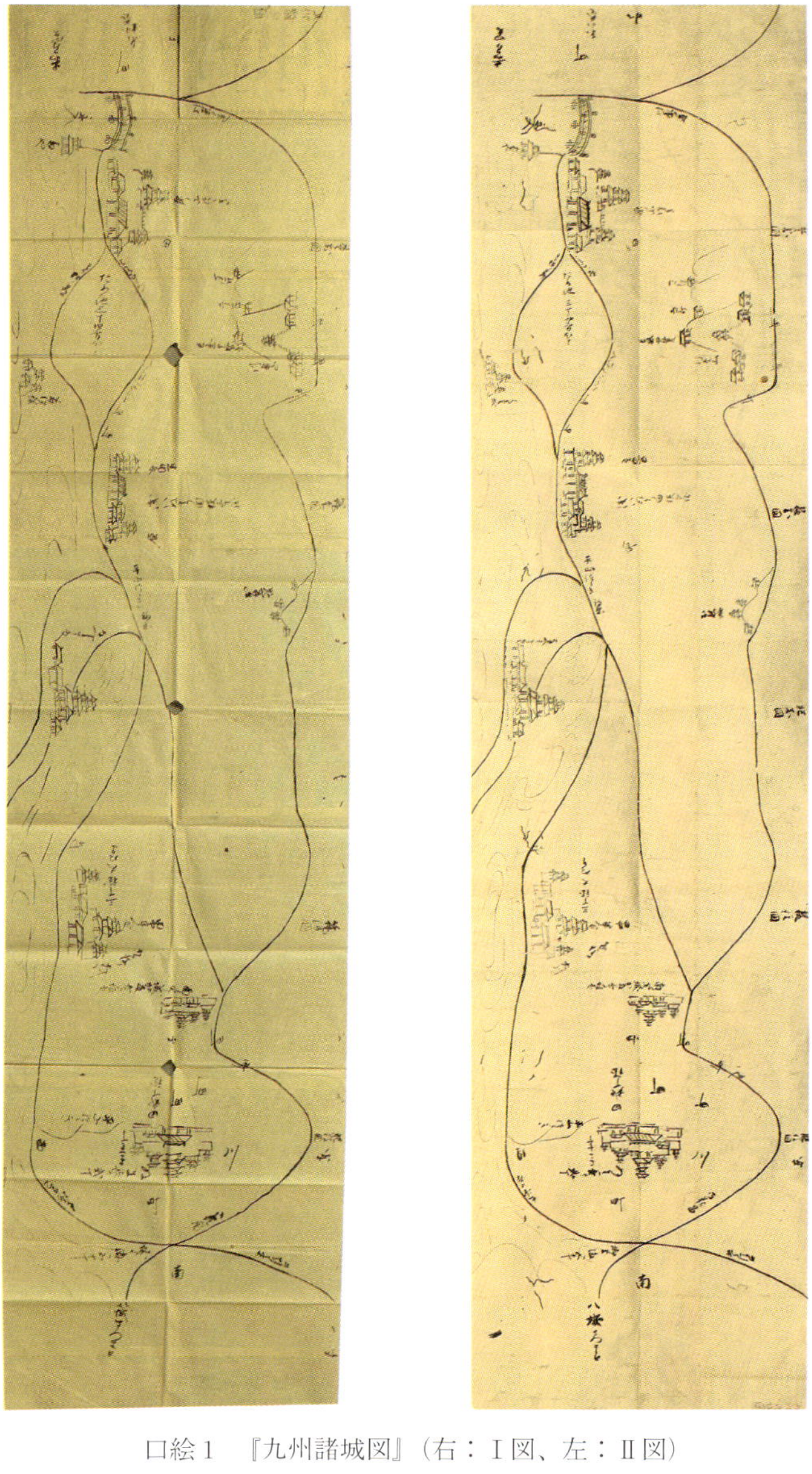

口絵１　『九州諸城図』（右：Ⅰ図、左：Ⅱ図）

毛利文庫、山口県文書館蔵

口絵２　福岡城（『西海筋海陸絵図』、部分、国立国会図書館蔵）

口絵３　創建当時の福岡城ＣＧ復原図（監修：佐藤正彦）

口絵４　『福博惣絵図』（部分、福岡市博物館蔵）
下は拡大図。「天守臺」の文字が見える

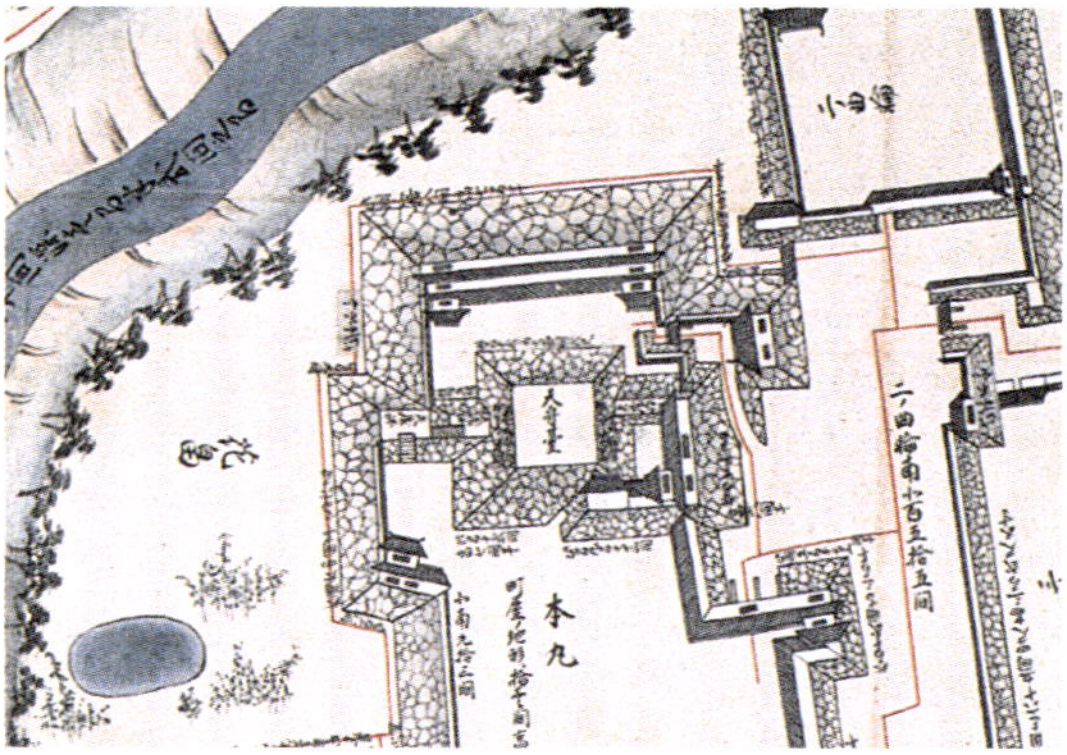

福岡城天守を復原する◉目次

口絵1　『九州諸城図』（Ⅰ図、Ⅱ図）／口絵2　福岡城（『西海筋海陸絵図』）
口絵3　創建当時の福岡城CG復原図／口絵4　『福博惣絵図』（部分）

はじめに
天守復原の機運　6／密偵の描いた絵図　8／毛利家の怨念と策謀　10／要衝・関門海峡への野心　12／江戸初期の貴重史料　13／密偵の歩いた道を辿る　14

第一部　福岡城天守を復原する……19

一　築城の名手・黒田氏――21
聚楽第、大坂城築城に関与　21／中津城主となる　24
名島入城後、新城の築城に着手　26

二　天守不在説の起源――28
描かれなかった天守　28／正保の『福博惣絵図』　31／研究側の問題　32

三　史料が語る天守――35
『細川家史料』の発見　35／文書史料の価値　39／黒田家側史料の記述　42
数多の傍証　45
四　天守復原に挑む――49
天守は何重何階だったか　49／天守の高さ　52／外観　60／内装　64／
木材と石材の調達方法　73／大工はどこから来たか　75
五　天守はなぜ破却されたか――81
黒田家の出自と武功　81／大坂の陣　86／一国一城令の発布　90／天守破却の理由　92
如水の死　96／泰平の世への布石　98／細川家との確執　102／
なぜ「家屋敷」まで破却したのか　105
追　記　111
コラム１　天守の地下　117

第二部　『九州諸城図』の図像学……119

一　建築史における図像の役割――121
二　『九州諸城図』とは――124
三　『九州諸城図』を辿る――132
一　赤間関　132
二　常盤橋　135
三　番や　137
四　小倉城　140／図像の検討　152
五　若松城　158／図像の検討　161
六　柳川城　164／図像の検討　168
七　佐賀城　172／図像の検討　176
八　南関城（鷹ノ原城、高原城）　179／図像の検討　184
九　熊本城　187／図像の検討　193
十　お熊城（大熊城、益富城）　197／図像の検討　199

十一　香春岳城　201／図像の検討　204
十二　福岡城　207／図像の検討　211

四　『九州諸城図』の謎を解く――220

△印への着目　220／『西国筋海陸絵図』との比較　226
結論　描かれなかった階のこと　236

コラム２　**天守は管柱**　241

参考文献　243
おわりに　245
索　引　255

はじめに

天守復原の機運

平成二十年（二〇〇八）は、黒田如水（天文十五年・一五四六～慶長九年・一六〇四）・長政（永禄十一年・一五六八～元和九年・一六二三）父子が筑前福崎（現・福岡市中央区）の地に黒田藩五十二万石の堂々たる福岡城を築いてから、ちょうど四百年に当る節目の年であった。

福岡城では、天守が築かれなかったと長い間言われ続けてきたが、最近の研究で、慶長六年（一六〇一）ごろから数年がかりで天守を創建したことが認められるようになってきた。

また、築城四百年記念事業として、民間非営利組織NPO法人「鴻臚館・福岡城跡歴史・観光・市民の会（福岡城市民の会）」を中心に、福岡市の経済界をはじめ市民達の間で、福岡城天守を復原するための試みが盛り上りをみせ、各種イベントも平成十八年（二〇〇六）より着々と行われている。たとえば、福岡青年会議所が主体となって、拙著『甦れ！　幻の福岡城天守閣』（河出書房新社・平成十三年刊）のCG復原図をもとに、市内六千二百四十名の子供たちが七百二十枚余りの貼り絵で巨大な夢の福岡城天守完成想像図を福岡市役所につくりあげた。それは、黒田五十二万石にふさわしい五重六階、地下一階の堂々たる天守であった。この想像図を眺めつつ、多くの市民が四百年前の郷土の福岡城天守の雄姿を心中にしのばせながら、是非大天守を福岡城址に復原したいと声をあげていた。この声が届いたのは地元新聞社はもとより、会場の福岡市であった。

福岡市教育委員会文化財保護部文化財整備課は、平成十九年度（二〇〇七）、福岡城築城四百年記念事業として、まず、大手門の復原に取り掛かり、着々と工事が進められた。十月には、工事の現場囲いも取り除かれ、二階が両側の石垣上に懸った堂々たる櫓門が竣工し、市民の目の前に現れた。

しかしながら、福岡城天守は筆者の主張する「五重六階」ではなく、「四層」つまり「四重」の天守ではなかったかという方もいまだにいる。天守の復原は、多くの人々の浄財や公的資金によっておこなわれるべきものであるから、出来る限り多くの方々の研究成果に基づいて、より一層創建当初の規模形式に近づけなければならないことは言うまでもない。そこで、本書を著すことに決心した。

本書では、まず第一部で建築史を専門とする筆者が福岡城の城址を実見し、得た知見をもとに福岡城天守がいかなるものであったのか、その姿や構造を解説する。

そして、続く第二部では福岡城天守を描く最古の絵図として注目を集めている『九州諸城図』を中心に取り上げ、その図像を検討しながら、福岡城天守が筆者の主張する如く五重六階であったことを論証したい。

密偵の描いた絵図

平成十八年、「最古の熊本城絵図」（「西日本新聞」朝刊、二〇〇六年一月二日）と「熊本城図スパイ大作製？……」（「朝日新聞」夕刊、二〇〇六年一月十九日付）の新聞記事の見出しが目に飛び込んできた。前者の記事にはこの絵図が、「毛利家が生き残りをかけ、諸図の幕府への対応策を探るため調べたのではないか」という、熊本大学工学部の北野隆教授のコメントが掲載されている。

これより先、「福岡城天守？の絵図・江戸初期萩藩密偵描く…」（「読売新聞」夕刊、二〇〇五年二月十二日付）の見出しで一面に福岡城の絵図が掲載された。北野教授は「萩藩は熊本城、小倉城、佐賀城について絵図と別に平面図を作製している。絵図も当時としては正確にスケッチしており、福岡城にも四重の天守があったことを示すもの」と話している、とする。

この絵図は、すなわち先に触れた『九州諸城図』と呼ばれるものの一部で、かつて『甦れ！幻の福岡城天守閣』を著した際にも、山口県文書館にある毛利文庫の中で拝見したことがある。

ここで、『九州諸城図』について簡単に触れておきたい。『九州諸城図』は、二種類の酷似した二幅の絵図である。そのうち、Ⅰ図は、黄白色の和紙を十枚繋ぎで、全体として縦三六・三センチ、横一五三・八センチの大きさである。Ⅱ図は、中央部に少々虫食いがある。黄紙《きがみ》五枚半の繋ぎで、縦三五・八センチ、横一五二・〇センチであり、Ⅰ図も、Ⅱ図もほぼ同じ大きさの和紙と黄紙に、その名の通り九州の諸城を描いている。黄紙は江戸時代の萩藩の公用紙である。[1]大きさをはじめ、内容も極めて類似した二種類の『九州諸城図』が存在するわけだが、その内容は豊前・筑前・筑後・肥前・肥後国の五カ国の主な城九カ所がごく簡単に描かれたスケッチである。

二枚の『九州諸城図』は、いずれも、墨一色で描かれていて、道路や文字の位置など酷似しているので、二人の作者が何らかのすり合せをしたことが考えられる。しかし、この二枚の絵図が単なる一方の写しでなく二人が実際に見て別々に描いたものであることは、二枚の絵図に描かれた各城を丹念に見比べれば描法に大きな相異があることから即座に否定はできない。その理由は、第二部の各城のところで指摘したが、たとえば、次のことである。

① 一般にⅠ図は、柱を吹寄せて描き、その上、柱の先端が軒先まで達していない。また、柱数も少ないなど、全体的に建物が不安定であり、ラフである。

② 熊本城を描いた場面で、Ⅰ図にある⑧の建物をⅡ図では描き落としている。これは単なる偶然ではあるまい。

③ 最も簡単な地盤面の単線表記もⅠ図とⅡ図では大きな相異を見せる。

④ 各城の石垣の表現にもⅠ図とⅡ図では大きな相異がある。

⑤ 比較的よく観察し得たはずの建物の最上階の屋根の表現にもⅠ図とⅡ図では大きな相異

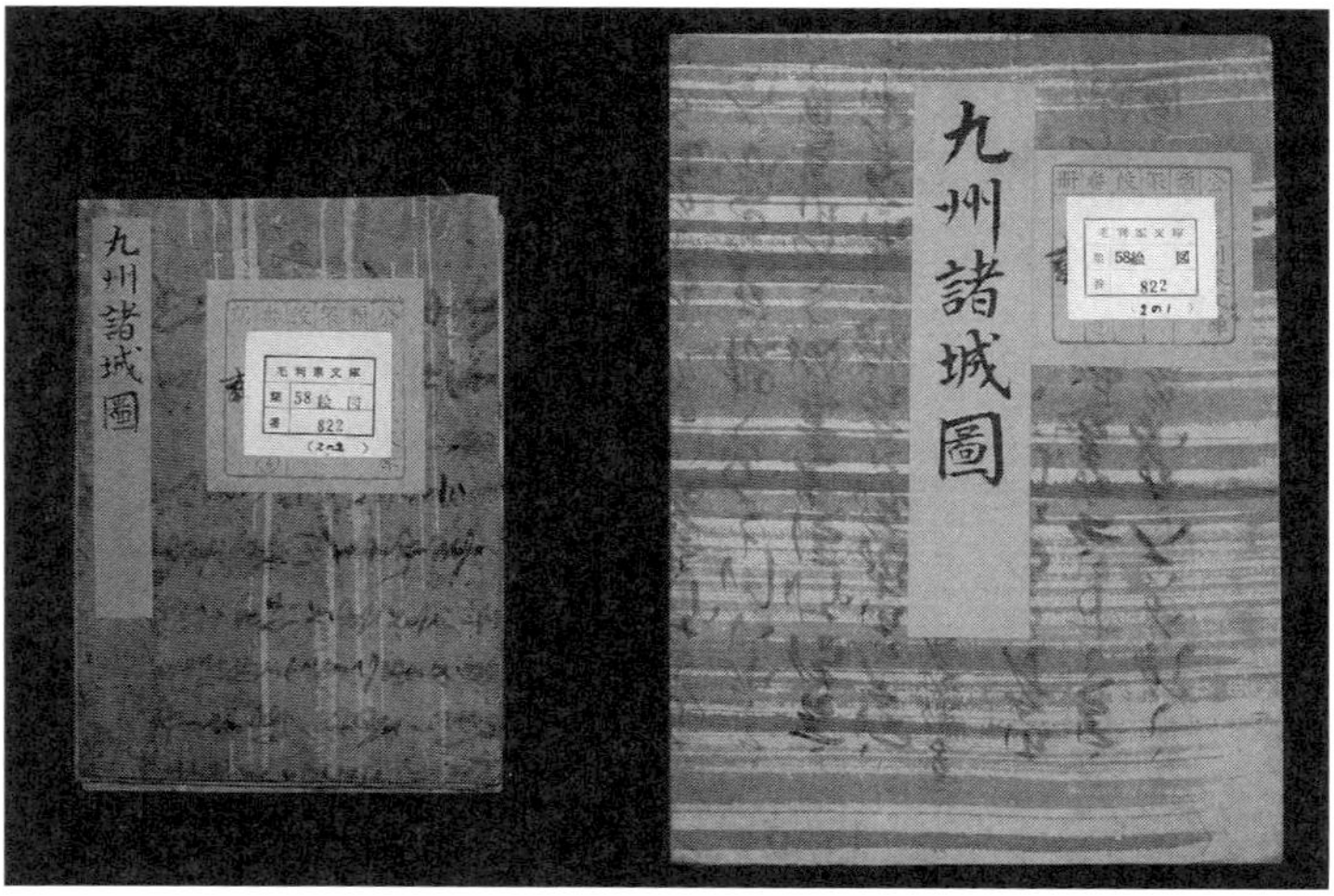

『九州諸城図』表紙。右：Ⅰ図、左：Ⅱ図
（毛利文庫、山口県文書館蔵）

が見られる城がある。

⑥　Ⅱ図は「なべしま殿」の上部に「肥前国」を記入していない。

よって本書では、このⅠ図とⅡ図が別の成立（制作）過程を経たものであるという前提に立ち、第二部において検討の対象とした。

毛利家の怨念と策謀

この『九州諸城図』が伝わる毛利家の徳川家康に対する恨みは根深いものがあった。毛利輝元（元就の孫）は、豊臣から徳川に政権が移った際、今の山口市内に城を構えたかったのであるが幕府から許可されず、僻遠の地・萩に城を構えるように指示された。そして、隠居を命ぜられた上、中国領八カ国を没収され、僅か周防と長門の二カ国をかろうじて拝領する結果に終わった。毛利としては、関ヶ原の決戦で、石田三成の西軍の総大将として擁立されていたとはいえ、大坂城にいて自らは出陣せず、不戦を貫いた。その上、毛利が決戦に参加しなければ、中国十カ国、百二十万石の所領を安堵するという密約が、毛利家の家臣である吉川《きっかわ》広家と徳川家康の間で交わされていた。ところが、ふたをあけてみると、結果は僅か周防と長門の二カ国の拝領となったわけで、毛利輝元の内心は、忸怩たるものがあったに違いない。この時から約束を反故にした家康に対する毛利家の恨みは骨髄に徹していた。毛利はやむなく萩城を慶長九年（一六〇四）から指月山に建築し始めて同十三年（一六〇八）に完成させた。

毛利輝元の祖父・元就（一四九七～一五七一）は山間の小領主から中国路の覇者になった〝梟雄《きょうゆう》〟であり、策謀家とも言われていた。元就は、二百回以上も合戦を経験しているうちに内心「志は大きくもたねばならない。日本の主になり、天下をとる」という考えをもつに至っていたのであろう。事実、元就は、安芸一国はもとより備中、岩見、伯耆、出雲、因幡、美作、隠岐、周防、長門の中国地方十カ国と九州の筑前、豊前の二カ国の太守にまでなった。また、嫡子隆元にあてた手紙に「用間（間者＝密偵を使うこと）を重視し、謀略を張りめぐらし最小の犠牲で敵を滅亡させる」ことや「ひとえに武略・計略・調略の事までに候へ」などという内容を記している。

輝元もまた祖父ゆずりの権謀術数を受け継いだ。輝元は隠居後も積極的に政治をとり、嫡子秀就《ひでなり》が周防・長門二カ国をおさめた。さらに次男元春《もとはる》を吉川氏にいれ、三男隆景《たかかげ》を小早川氏にいれて事実上両家をのっとっている。

要衝・関門海峡への野心

時代を遡る天正十四年（一五八六）、秀吉の九州征伐に吉川軍も小早川軍も参加し毛利輝元とともに小倉に攻め入った。秀吉の命令とはいえ、毛利が豊前、筑前をことのほか重視していたことが窺われる。それは、関門海峡を支配しておけば、日本海と瀬戸内海を行き来する北前船をはじめすべての船舶の様子を把握できるからに他ならない。ために、永禄十二年（一五六九）に毛利は、大友に与する立花鑑載《あきとし》の居城である筑前の立花城攻撃の途路、陸海通路の要所である小倉に平城を構えた。九州への足がかりをつくったのである。

こうした毛利輝元の来歴から、たとえ徳川によって世の中が平定されたかに見えた十七世紀初頭であっても、いまだ「天下をとる」という祖父以来の野望を完全に抹消することは出来なかったに違いないし、九州諸藩の動向も気にかかっていたに違いない。ましてや、周防と長門の二カ国しか受領出来なかった怨念もある。だからこそ輝元は、家康への恨みと怒りを飲んで出家剃髪して宗瑞《そうずい》と称し、家督を嫡子秀就に譲った後にも、「用間を重視し」て、しかも一人がその目的を果たせない場合を考えて、二人を同じ目的、つまり『九州諸城図』を描かせるために出発させたのではなかっただろうか。また、これとは別に、九州各城下町のうわさ話を蒐集するために、それぞれの城下に間者（密偵）を派遣し、その結果が各城下町の『聞書』として、同じく毛利文庫（山口県文書館）に残っている。

江戸初期の貴重史料

『九州諸城図』は、城郭の姿図であるが、いわゆる名所図絵の類ではない。そのことは、城郭内は勿論のこと、往還道にも人物が一人も描かれていないことから明らかである。城以外にその城主名、「赤間関《あかまがせき》」のような地名、「番所」や「舟入」及び「はらっぱ」（原っぱ）や「ぬま」（沼）などの各城周辺の土地の状況などを書き入れている。また、当然のことながら道路と橋を描く。それだからと言って、これらを丁寧にじっくりと描いているとはとても言えない姿図である。むしろこの『九州諸城図』はかなりあわててスケッチしていると推察される。密偵（間者）が描いた絵図と言われる所以《ゆえん》である。

だが、密偵と言えども直接各城郭を実見しなければ描けないし密偵の役割も果せない。夜陰にまぎれて描くわけにもいかないので、恐らく少しはなれた人目につかないところで、遠目に城を眺めながら、筆を動かしたのであろう。

繰り返すが、『九州諸城図』はⅠ、Ⅱ図とも建物の輪郭線がしっかりと結ばれておらず、離れていたりして、相当ラフなスケッチである。また、建物に当然あるはずの出入口や窓、開口部などの細かい部分は全て描かれていない。

だからと言って、この二枚の『九州諸城図』に全く価値がないとは言えない。ラフなスケッチとは言え、実際に見ないで、想像のみで五カ国（豊前、筑前、筑後、肥前、肥後）の城郭の姿図を描くことは至難だからである。その上、これらの城の姿図となると『九州諸城図』を除けば、慶安（一六四八～一六五二）ごろまでは確実に遡るであろうと伝えられる『西国筋海陸絵図』（国立国会図書館蔵）しか現存しない。

以上述べてきた通り、二枚の『九州諸城図』は大変ラフな史料ではあるが、福岡城をはじめ、描かれた城郭について明らかにするために検討するに値するものと考えた。特に、福岡城には天守はなかったという説も未だ流布していることと、さらに天守はあっても五層だったか四層だったかで結着を見ない現状では、『九州諸城図』の二枚が特に検討すべきものであることは間違いない（福岡城四層の天守を主張する方々がおられるのは『九州諸城図』の福岡城に一見、四重の建物が描かれているからであろう）。(2)

密偵の歩いた道を辿る

ところで、この二枚の『九州諸城図』は、山口県文書館の毛利文庫の中に収められていることから、萩藩の密偵（間者）が描いたものと推測されることはすでに述べた。(3)『九州諸城図』を見ると、萩藩の密偵が当時、どのルートを通ったかということもよく分かる。とは言え、密偵が、自らのルートなど詳細を書き残すことはない。そこで、この二枚の『九州諸城図』によってそのルートをさぐるより他ない。

『九州諸城図』は二枚とも香春岳《かわらだけ》城（香春町）、お熊《くま》城（大隈城・嘉麻市）の秋月街道と若松城（北九州市）から福岡城（福岡市）の玄海湾沿いのルートを描いている。このルートについて、古河古松軒《こしょうけん》はその著書『西遊雑記』に「小倉より長崎へ陸地五十六里半。筑前の箱崎・博多・福岡・太宰府を一見せんと思ふ人は、濱《はま》道筋を行て長崎街道の原田の駅《えき》へ出て、僅に六里半余《あまり》のまわりなり。濱街道には見物所《ところ》多し」と記している。(4)

つまり、『九州諸城図』に描かれたルートは浜道筋で「浜街道」と言われ、小倉、八幡から西行して宗像、糟屋郡の海岸を通り福岡に至る街道である。そして、原田《はるだ》（筑紫野市）に出れば長崎街道で、佐賀にも柳川にも久留米から通じる。そして、南関《なんかん》を経て、熊本城に行くことができる。

そこで、第二部ではこの『九州諸城図』を片手に江戸時代の萩藩密偵になったつもりで、この絵図に描かれたルートの諸城を読者と共にたどってみながら、九州の各城郭の姿を追い、同時に『九州諸城図』の描かれ方の特徴をあぶり出してみることにしたというわけである（但し、構成の都合上、福岡城は最後に回した）。

最後に、もう一つの貴重な絵図である『西国筋海陸絵図』は、墨一色で描かれているファサード（外観図）を主とした『九州諸城図』と全く異なって、やや鳥瞰して立体的に描き着色している。したがって、人々には『九州諸城図』よりいっそうはっきりと天守の情況を知り得る史料である。その上、『九州諸城図』では、「天守の千鳥破風の三角形（△）の数と付く位置に注目すべき」という筆者の主張を、『西国筋海陸絵図』は見事に裏書きしている。それは、『九州諸城図』に描かれた福岡城天守に限らず、小倉城、柳川城、佐賀城天守などについても当然のことながら言える。合わせて第二部の四章では『西国筋海陸絵図』をとりあげた。

【注】

（1）石川卓美編『山口県近世史研究要覧』（マツノ書店・昭和五十一年刊）によれば、黄紙について次のようにある。
藩の公用紙の一種で、防虫のため黄檗《きはだ》を用いて黄色を帯びた紙。宝永七年四月朔日の令条に、諸役所御用紙は新小杉・中小杉に至るまで黄紙と定め、黄紙を私用に供することを厳禁し、御用について他国に派遣せられた役人で、黄紙のみを使用することができない場合は、白紙をとりまぜて使用させた。明和元年御普請所記録帳を改調した時、代官所でいずれも白紙を用いたが「白紙故後年虫喰及大破候ニ付」寛政一〇年に黄小杉をもって改調しているから、公用紙・公簿といえども実際には白紙も用いられている。地下からの請願届に、藩府の許認可の指令などの刎紙には、おおむね黄紙が用いられたから、これによって代官所又は藩府の批答であることが弁知できる［諸御書付・郡用温故記・御薗生翁甫防長造紙史研究］。

（2）三木隆行著『はかた学7　福岡城物語』（葦書房・平成八年刊）六一頁
荻野忠行著『福岡城天守と金箔鯱瓦・南三階櫓』（梓書院・平成十七年刊）七二頁
荻野忠行著『福岡城天守は四層（四重）か』（梓書院・平成二十一年刊）十四頁

丸山雍成著「九州の近世城郭と福岡城」（『海路』4号〈海鳥社・平成九年二月刊〉所収）八五頁

「層」は屋根の数を示す場合と階数を示す場合と度々混同して使用されている。屋根の数と階数が一致している建物であれば取り分け問題にする必要はないが、建築学では屋根の数を「重」（庇や裳階などは別である）、階数は「階」（層）を用いる。そこで、本稿では、屋根の数は「重」を、階数は「階」を用い「層」は必要に応じて使用するが、原則として用いない。

（3）山口県文書館所蔵毛利文庫『山口県文書館史料目録』（三）絵図No八二二

（4）本庄栄治郎編『西遊雑記』（近世社会経済叢書第九巻〈改造社・昭和二年刊〉所収）三三二頁

第一部

福岡城天守を復原する

一　築城の名手・黒田氏

聚楽第、大坂城築城に関与

豊臣秀吉に仕え、中国遠征、九州征伐、小田原征伐と次々と軍功をあげ、秀吉を天下人にした黒田長政の父如水は、藤堂高虎、加藤清正とともに築城の名手と称された。

秀吉が本拠とした大坂城は天正十一年（一五八三）から三年の歳月をかけて完成したが、この大坂城の築城と縄張りは如水が行ったと伝えられる。大坂城は難攻不落の堅固な城で、のちに天下人となった家康ですら、計略を絡めた大坂冬・夏の陣の二度攻めで、やっと陥落させたほどであった。

如水は、聚楽第《じゅらくだい》にも関わったらしい。聚楽第は秀吉が京都で信長築城の二条城の隣地に造営した城郭風の邸宅である。聚楽城とも言われ、天正十四年（一五八六）の春に着工し、翌十五年（一五八七）の秋に完成した。東は大宮通、西は浄福通、南は出水通、北は一条通を限るといわれる広大なものであった。天正十六年（一五八八）には後陽成天皇の行幸を仰ぎ、天下にその勢威を誇示した。その後聚楽第は天正十九年（一五九一）に秀吉の甥の秀次の居所となったが、文禄四年（一五九五）の秀次失脚後、破却された。大徳寺《だいとくじ》唐門《からもん》や本願寺飛雲閣《ひうんかく》（ともに京都市）は聚楽第の遺構を移築したものと伝えられ、[1]いずれも桃山建築を代表する建築物であり、国宝となっている。

如水が信長の中国路の戦に秀吉に従って参加したことは先に触れたが、当時中国では周防、長門国（山口県）を支配していた毛利元就が信長と対抗して張り合っていた。しかし、元就の孫輝元は秀吉の軍門に降り、安芸（広島県）周防（山口県）百二十万余石を安堵されるに至った。一方、備前（岡山県）には宇喜多《うきた》氏がいた。信長は天正五年（一五七七）に宇喜多・毛利の勢力圏である中国地方へ進攻した。これが信長の中国遠征であって、その時に秀吉は黒田如水からあけ渡された播磨姫路城を拠点に、備前、因幡（島根県）、伯耆（鳥取県）などを攻撃し、如水もまたこれに参加し、軍功をあげた。のちに信長を自害させる明智光秀も丹波・丹後（京都府）を攻め落としていた。

また、天正十年（一五八二）三月、十五歳の春を迎えた長政も父如水に従って備中（岡山県）の巣雲塚《すくもづか》城を攻めて、敵の兜首《かぶとくび》を獲って初陣《ういじん》を飾っていた。また、同じ年には秀吉が備中高松城を水攻めしていた。中国遠征には、如水の郷土の後輩、藤堂高虎も参加していた。

藤堂氏は黒田氏と同様近江（滋賀県）の出で、近江愛智《えち》（知）郡に住む大領家のうち、犬上《いぬがみ》郡藤堂村に住んでいた土豪が「藤堂」を称したのがはじまりである。藤堂高虎は、京極氏に仕えた藤堂忠高に嗣子がなかったため養子に入った三井源助《げんすけ》の子で、慶長十三年（一六〇八）初代安濃津《あのうつ》藩主となった。現在の三重県津市を中心とする。

秀吉が高松城水攻めの真最中だった天正十年（一五八二）六月二日、明智光秀が主君信長を京都四条本能寺に襲撃し、自害させた事件は、かの有名な「本能寺の変」としてよく人々に知られている。光秀は同日ただちに坂本城に入り、ついで安土城に行き、ごく短い期間ではあったが近畿の経営に腐心した。しかし、これを知った秀吉は、それまで信長と対抗していた毛利氏と積極的外交によりただちに講和、にわかに東上し、現在の高槻市富田《とんだ》の地に布陣した。

明智光秀は東上した秀吉を山城（京都）乙訓《おとくに》郡大山崎村で迎撃した。世に言う「山崎の戦い」である。天正十年（一五八二）六月十三日朝、戦闘が開始され、光秀は敗北、一旦は勝龍寺《しょうりゅうじ》城（京都府長岡京市）に入ったが、秀吉はこれを追い、光秀はさらに逃れて坂本に入ろうとしたが、伏見から小栗栖《おぐりす》（京都市山科区）に至った時、土民に殺された。この一戦で、秀吉は信長旗下の諸将中での地位が飛躍的に高まる。それは、光秀が信長を自害させてわずか十一日目であった。十一日天下（俗に三日天下）の光秀もこの世を去り、一躍天下人の最右翼となった秀吉の変わり身の早さもさることながら、毛利氏との講和に成功した外交上の手腕に学ぶべきことは多い。

明智光秀は信長のもとで大いに重用され、天正三年（一五七五）から丹波攻略に尽力した。にもかかわらず、信長の中国出陣に見せかけて主君を襲い自害させたことは、光秀の中に言い尽くせない怨恨があったのか、それとも自ら天下人を目指したのか、今となっては知るよしもないが、おそらく後者であったろう。しかし、思惑どおりに事は進まず、光秀は五十五年の生涯を閉じた。

中津城主となる

秀吉は、ただちに翌天正十一年（一五八三）、本拠とすべき大坂城を石山本願寺跡地に建設しはじめ、三年かけて完成させた。この時の築城や縄張りをしたのが黒田如水なのである。天下人となった秀吉は自らの居城である大坂城を完成させた後、全国統一の一環として、天正十五年（一五八七）に九州征伐に乗り出す。豊後国（大分県）を領していた大友宗麟《そうりん》から薩摩国（鹿児島県）を領していた島津氏による圧迫を訴えられたため、秀吉が両者の調停をはかったが、島津氏が拒絶し、不調停に終わったためである。秀吉はまず天正十四年（一五八六）、前年に四国征伐で降伏させた土佐国（高知県）を領していた長宗我部《ちょうそかべ》氏らを派遣、同十五年（一五八七）三月に毛利氏らをはじめ大軍を率いて九州に着陣した。その結果、早くも五月には島津氏が降伏した。秀吉はただちに島津氏に薩摩、大隅《おおすみ》、日向《ひゅうが》（宮崎県）を安堵《あんど》させ、自分の配下の武将たちを九州各地に分封《ぶんぽう》した。その一人が中津城主となった黒田如水・長政父子であった。ここで初めて黒田は一国一城の主となり、一大名として天下に認められることになった。

二年後の天正十七年（一五八九）、長政は父如水にかわって領地を譲られ、豊後国（大分県）中津城主になった。(2)

次いで、秀吉は全国統一のため、関東最大の勢力を誇る後北条氏を征伐するために、天正十八年（一五九〇）、小田原に向けて兵を起こす。秀吉はこの時、諸大名を動員し、進んだ軍事力と圧倒的な物量作戦で相模国（神奈川県）小田原城を居城としていた後北条氏を包囲攻撃し、同年七月に滅ぼした。この結果、関東はもとより奥羽（東北地方）までも平定され、秀吉は全国統一をなしとげ、名実ともに天下人となったのである。

のちに天下人となる徳川家康は、この小田原征伐の戦勝後、天正十八年（一五九〇）八月一日に江戸城に入った。

九州征伐といえ、小田原征伐といえ、それが行われたのは、秀吉の居城となった巨大な五重六階、地下一階の大天守のある大坂城が完成していた時期である。大坂城大天守は「大坂冬の陣図屏風」に見るように、全国に比類のない大天守であり、それだけでも全国の諸大名たちが秀吉の勢威を知るのに十分であった。そのため、西国一の勢力を誇示していた毛利氏も九州征伐に出陣せざるを得なかったであろうし、小田原征伐の際も同様だったと思われる。

名島入城後、新城の築城に着手

また、秀吉は文禄・慶長の役と呼ばれる朝鮮侵略を図った。その後、九州諸大名を集めて肥前名護屋城《なごや》（佐賀県唐津市）を、小田原征伐の翌天正十九年（一五九一）に築城させている。名護屋城の建設には、すでに中津城主になっていた黒田如水やその子長政も加藤清正とともに参加している。如水が縄張り（設計）し、長政が工事総奉行を担当したらしい。如水はおそらく長政を指導しながら、長政の将来のために築城の縄張りを指導していたのかも知れない。慶長五年（一六〇〇）の関ヶ原の合戦後、五十二万石の福岡城主となる如水の子長政も数えの二十歳となり、立派な武将であった。

そして関ヶ原の合戦の功績によって与えられた筑前藩の居城名島城を受け取るため、慶長五年（一六〇〇）十二月上旬、長政は豊前中津から飯塚を経て博多に止宿した。そして、十二月八日、名島城本丸で城の受け取りが行われた。長政の名代に立ったのは黒田利則（如水の異母弟の黒田養心）で、母里《ぼり》太兵衛ほか七名の請取り衆が随行した。上座には旧城主小早川秀秋側の浦将監《しょうげん》ほか十一名が座り、水帳《みずちょう》（検地帳、土地台帳のこと）の引き渡しが行われた。博多の徳永宗也宅に止宿していた長政は、三日後の十二月十一日に初めて入城した。この後、家臣団の家族、町人、職人は陸路や海路で移動し、年内には筑前転封はほぼ完了したらしい。

名島城は天正十五年（一五八七）九州平定後に、その功績で筑前領主に任じられた小早川隆景が居城として築いた城である。三方を海に囲われた平城で、毛利水軍の基地に相応しい城であった。そのため、毛利本家の出先の感は否めない城でもあった。

名島城は筑前一国の領主の居城としては城が小規模に過ぎ、家臣団を住まわせる城下のための敷地も隘小であった。そこで黒田氏は翌慶長六年（一六〇一）六月に新城の築城に方針を改め、「御普請番組《ごふしんばんぐみ》」を定めた。これは一組四人ないし五人の御普請番三組が決められ、三交代で福岡に詰めることを命じたものである。

【注】

（1）大徳寺唐門（京都市北区）明治三十年十二月二十八日、国指定重要文化財、昭和二十七年三月二十九日、国宝。本願寺飛雲閣（京都市下京区）明治三十年十二月二十八日、国指定重要文化財、昭和二十六年六月九日、国宝

（2）川添昭二、古文書を読む会校訂『新訂黒田家譜』第一巻（文献出版・昭和五十八年刊）一八三頁

二　天守不在説の起源

描かれなかった天守

福岡城に長い間天守がなかったと言われ続けてきた第一の理由は、江戸時代の地誌類に記載がないからである。

確かに、福岡藩の修史事業の先駆である『筑前国続風土記』は福岡城についての歴史を簡単に記すが、建物については何ら具体的に記載されていない。[1]ましてや天守など全く記載がなく、僅かに、城地のこと、堀割のことなどを記すのみである。それによれば、黒田長政は「慶長五年（一六〇〇）、初めて筑前の国を拝領し、その年の瀬も押し詰まった十二月十一日に入国し、先ず、今の福岡市東区の名島城に住んだ」が、あまりにも海浜に近く、名島川の河口にあり、かつ城下が狭いので、長政は事が起こる前によくよく考え、乱世にはこの城でもよいけれども、世の中が落ち着いてきて、これから長く久しく国を守っていくためには、別に城を構築しなければならないと考えた。そこで、父の如水（孝高）に自分の考えを伝え相談した上で、新しい城を構築する場所探しをはじめた。その結果が今の福岡城址である。

如水は幼名を万吉（孝隆）といい、後に孝高に改め、さらに致仕後政成に改めた。キリシタン大名でもあり、洗礼名ドンシメオンといった。通称であった官兵衛も良く知られている。

ここで注目すべきは、長政が新城築造にあたって父如水に相談していることである。如水はこの時点で福岡城創建に関わっている。つまり、福岡城は城の縄張りの名手である如水と実際に采配を振るった長政親子が構築したのである。

『筑前国続風土記』について編纂された『筑前国続風土記附録』は、福岡城について、「此御城の事は本編（五六）『筑前国続風土記』に詳なる故に更に贅せず」としてあえて新しい事柄を避けている。[2] この後の『筑前国続風土記拾遺』や『筑前町村書上帳』にも記述がない。[3] 勿論『石城志』や『筑前名所図会《ずえ》』にもないことは、『石城志』が博多関係の地誌であって、福岡の地誌ではないからで、[4] また一方の『筑前名所図会』は文政年間（一八一八～三〇）に制作されたものであって、福岡城の草創について極く簡単に記載するけれども絵図はない。その時代に天守は破却されて存在しなかったからであろうか。

しかし『筑前名所図会』について言えば、天守はなくても、福岡城の櫓や門など今日まで存続していて、しかも城内に入ることが無理であっても外部から櫓や門を十分スケッチすることは可能だったはずである。ちなみにいまの明治通りは、江戸時代には肥前国（佐賀県）へ続く街道であり、長崎街道と共に小倉から佐賀県へ通じる主要道であって、人々の往来も激しい。

したがって、『筑前名所図会』の作者・奥村玉蘭《ぎょくらん》はおおっぴらに描きづらかったのかも知れない。しかし、北西の隅にあった潮見櫓、上の橋や下の橋、上の橋の御門や下の橋の御門（大手門）、堀や石垣などは街道に面しているので、往来する人々には目に入らなかったはずがない。作者・奥村玉蘭に描く気があれば描けたはずである。しかも、福岡城が軍事施設とはいえ、時は江戸後期なので、世の中は戦国時代とは大きく変わっていた。にもかかわらず、描いていないのは作者の奥村玉蘭が名所として福岡城を認識していなかった。つまり、すでに天守がなかったから、福岡城に魅力を感じなかったのかも知れない。もし、福岡城に天守があれば、その巨大さと異様さに大きな感動と感銘を作者自身が受けて福岡城を描いていたに違いない。

天保七年（一八三六）に斎藤幸雄（長秋）らによって上梓された『江戸名所図会』には江戸城の門が「元旦諸侯登城之図」として描かれている。『筑前名所図会』が描かれた時代と変わらない時に、江戸城は曲がりなりにも描かれ、日本の中心地から一千キロ程離れた外様の福岡城が描かれていないのは、すでに人々の間で、福岡城が忘れられていたのかも知れない。そうであるとすれば、やはりそれは天守が無かったからであろう。天守があった江戸時代初期には当時の超高層建築で、どこからも見えたはずである。

『筑前国続風土記』『筑前国続風土記附録』『筑前風土記拾遺』『筑前町村書上帳』などは『筑前名所図会』とは明らかに性格を異にする。特に、『筑前国続風土記』『筑前国続風土記附録』『筑前国続風土記拾遺』などは貝原益軒や青柳種信・加藤一純《いちじゅん》が福岡藩の公の命令を受けて作成された、いわば官撰の地誌である。したがって、福岡城について記載することが藩命によって禁じられた可能性は否定できない。当時、戦国時代と異なり世の中が安定していたとはいえ、どこの城も軍事施設なのである。いま、『日本地誌大系』をみても、城について記載するのは、決して多いとは言えない。藩命によって禁じられれば、貝原益軒といえども福岡城の資料を収集したり、ましてや天守がなくてもそうそう簡単に城内に入ることはできなかったのであろう。

正保の『福博惣絵図』

天守が福岡城に無かったと言われ続けてきたもう一つの大きな理由は、〝正保の絵図〟に天守が描かれていないことがあげられる。〝正保の絵図〟とは正保三年（一六四六）に描かれた『福博惣絵図』のことであって、徳川幕府が全国に城絵図を描いて、幕府に提出することを命じて作成された絵図である。そして、現在、福岡城を描いた絵図類十数枚のうち描かれた作成年代がはっきりしている絵図の中で、最も古い絵図である。この絵図の天守閣の位置には「天守台」と記されているのみで、周囲の櫓や門、石垣が描かれているにも拘わらず、天守の建物が描かれていない。従来、この『福博惣絵図』をとりあげて、福岡城には創建当初から天守はなかったと言われ続けてきたのである。

しかしながら、最近の研究によりこの『福博惣絵図』が描かれた正保三年にはすでに福岡城の大天守を含む中天守、小天守などの天守閣は取り壊されていたことが判明している。現在でも残存している天守の石垣は描かれていて、その上にかつては天守が立っていたのであり、この石垣は記入されているように文字通り「天守台」だったのである。

次に、寛永四年（一六二七）の江戸幕府目付による『筑前・筑後・肥前・肥後探索書』にも福岡城天守は触れられていないし、添付された福岡城の「指図《さしず》」（方位を記し、「侍屋敷」や「町家」などの区画をも示す）にも描かれていない。これについても、前に触れたように、寛永四年にはすでに天守はなかったので、『筑前・筑後・肥前・肥後探索書』に描かれるはずもないことが最近の研究で分かってきた。

研究側の問題

明治以後今日までずいぶん長い間、福岡城には天守がないことが定説のようになっていたのは、研究者に日本史関係者が多く、政治史を研究の中心とすることが多いため、一般文化史を研究することが少ないことにも起因するだろう。たとえ取り上げたとしても天下人の城、すなわち信長の安土城、秀吉の大坂城、家康の江戸城、あるいは天守閣が実際に存在する姫路城、松本城などである。

さらに、建築を本格的に学んだ「建築史」を専門にする研究者が、福岡城の研究を本格的に研究しなかったことにもよると私は考えている。当時は県内に建築学科を有する大学がなかったから当然かもしれない。ちなみに、県内で一番古い九州大学に建築学科が設けられたのは昭和二十九年（一九五四）で、さらに建築学科の中でも大変地味な建築史を専攻する学生は少ない。たとえいたとしても地元のお城の研究をする学生は殆どいなかったであろう。

しかも、建築史学の中では従来、中世以前の建築研究が多く進められ、近世の建築を本格的に研究するものが少なかった。昭和四十年代に民家の調査研究が全国的に進められ、同五十年代に近世社寺建築の調査研究が文化庁の補助事業で進められてからようやく近世の研究が進展したといえる。

しかしながら、特に、お城というのは明治まで残され、わずか百四十年余り前の事であるにもかかわらず、よく分からない部分が多い。というのは、城は軍事施設であったため、明治維新になったとき多くが取り壊され、その際秘密文書をはじめ、多くの資料が焼かれたり、散逸したからである。まして、草創からの沿革をたどろうとすれば大変困難である。研究者は一般に研究しにくい対象を忌避することが多い。斯《か》くいう私も平成七年（一九九五）、ＦＢＳ福岡放送番組センター報道制作部「ズームイン朝」の担当者が研究室に見えられ「もし福岡城に天守があったら、どのような天守だったのですか」という質問を受けた時から、研究をはじめたのである。その際、私は「天守は石高に比例する。黒田は五十万石なので、姫路城の天守、すなわち地上六階、地下一階、五重の大天守であろう」と応じた。ちなみに現在の姫路城は、岡山藩五十二万石、池田輝政のお城で、慶長十四年（一六〇九）に完成した。別名白鷺城といわれ現在世界遺産（平成五年十二月登録）となっている。

その後、平成九年（一九九七）にＦＢＳ福岡放送の創立三十周年記念特別番組で福岡城天守を取り上げることになり、いよいよ本格的に福岡城の研究を進めることになったのである。(5) 私は早速福岡城址に出かけた。

【注】

（1）貝原益軒著『筑前国続風土記』（名著出版・昭和四十八年刊）

（2）加藤一純・青柳種信著『筑前国続風土記附録』（文献出版・昭和五十二年刊）

（3）青柳種信著『筑前国続風土記拾遺』（文献出版・平成五年刊）

青柳種信著・福岡古文書を読む会校訂『筑前町村書上帳』（文献出版・平成四年刊）

（4）津田元顧校訂・津田元貫編録『石城志』（九州公論社・昭和五十二年刊）

奥村玉蘭著『筑前名所図会』（文献出版・昭和六十年刊）

（5）その結果、同十一年（一九九九）七月十四日「甦れ！　福岡城幻の天守閣」と題して四十五分間にわたり放映された。

三　史料が語る天守

『細川家史料』の発見

福岡城址は黒田氏の居城跡として国の史跡に指定（昭和三十二年八月二十五日指定、昭和五十七年十月十四日追加指定）されている二十四万坪（約八十万平方メートル）余りの広大な城郭遺構である。私は、福岡城址で現場を詳細に観察しながら、最後に正保三年（一六四六）作成の『福博惣絵図』に記された「天守台」に上った。ここでも、詳細に観察をしたが、まず、見晴らしが大変良いのに驚いた。しばし福岡市内を眺めながら、さすがに城造りの名人と言われる如水とその実施にあたった息子長政の着眼点の確かさを実感した。そして、そこには建物の礎石と見られる、ほとんど人工的に加工されていない大きな花崗岩の自然石が一定の間隔で据えられているではないか。思わず据えられた石の数を数えると何と四十個もあった。私はこれでここに天守が建っていたことを確信した。つまり、四十個の礎石とそれを取り囲む石垣こそが天守存在の有力な物的証拠ではないのか。『福博惣絵図』に記されている通り、まさに今私は「天

大天守台跡とその礎石群

守の土台」の上に立っているのである。

　私は建築の中でも大変地味な分野の建築史を専門としている。当然のごとく、この場所に建っていた黒田の天守がどのような大きさで、どのような構造をしていたのかなどの疑問が頭の中をぐるぐる廻り始めた。石垣の幅や礎石と礎石の間の距離などを気にしながらゆっくりと「天守台」を下り、「天守台」の石垣の石を観察した。何百とある個々の石は「天守台」の礎石と違って自然石ではなく石工が鉄の鑿《のみ》とハンマーで一つ一つ丁寧に切断した切石である。今、切石はあっち向きこっち向き、それぞれ勝手気ままに積み上げられているように見える。その上長い年月を経て、個々の石の間に大きな隙間も観察される。創建当初はなるべく隙間のないように石と石がぴったり重なるように石工が石を切断し合わせて積み上げたはずである。

地球には常に我々に感じ取られない微振動がある。この微振動が大振動になって感じられるのが地震である。したがって、築城から四百年もたつと当初隙間なくきちんと積み上げられた石垣に隙間ができるのも当然である。

石垣の切石を丹念に見ると「○」「◎」「◇」「#」「十」「卍」などの記号や文字が見られる。(1)新しい記号を見つける度に楽しい。すかさずこれらの記号や文字をカメラに収めた（76、77頁参照）。

そして、福岡城の資料を収集し出して間もなく次の史料と出会った。それは、隣の熊本城主細川家が代々書き留めてきた『細川家史料』の元和六年（一六二〇）三月十五日の条である。(2)

一、黒筑《（黒田長政）》前殿之儀、二・三日以前ニ御目見被仕候、内々御めし候て被下候様ニ申候つる、左も無御座候哉、御前へ被出候時、當《（当）》暮ニ罷下候ハんと思召候ハヽ《へ》ハ《（は）》、ゑ《（は）》やく罷下候由、御意之通承及候、又、主居城をも、大かたゑ《（は）》きやく被仕候而被参候様ニ、下々取沙汰申候、いつれニ天主なとをくつされ候事ハ《（は）》、必定之様ニ申候、定可被聞召と存候事、（後略）

現代語風に内容を要約すると、

「長政殿は二、三日前に将軍秀忠公に謁見なされた。暮れの福岡帰国についてお許しがあったようだ。主居城をおおかた破壊されてから、また、戻られるようだと下々《しもじも》は噂している。いずれにしても、天守はお壊しなされるに違いないと取り沙汰されている」という意味の記録である。

　当時、諸国の大名たちは参勤交代という、江戸詰めの義務があった。長政も元和六年（一六二〇）には江戸の黒田藩邸にいたのである。黒田藩邸は赤坂溜池、今の港区赤坂二丁目である。また、翌十六日の条には、「福岡の天守も家屋敷もくずします。徳川の御代には城すらもいりません。もし、城を取られても将軍のお力で取り返すことができるからと考えたので、天守の取り壊しを命じました。長政殿はそう申し上げられたようだ」という意味の条も見える。その本文は次のとおりである。(3)

　尚々、（中略）、又ちく前縁邊（辺）之事、何とも取沙汰無御座候、ふく岡の天主、又家迄もくづし申候、御代ニハ（は）城も入不申候、城をとられ申候ハ（は）ヽ、御かげを以取返し可申と存、如右申付候よし被申上と承候（後略）

　右の『細川家史料』は、熊本市文化財保存協会が、熊本城宇土《うと》櫓の修理工事に伴って、『細川家史料』を調査していた際、偶然に掘り当てたのである。そのことが「西日本新聞」平成元年（一九八九）十月十六日付の朝刊に報じられたのが、私の目にとまった。

『細川家史料』を公刊している東大史料編纂所の担当者は当然それをもっと前に知っていた。(4)また、福岡市の教育委員会ではほかにも「天守」の出てくる史料の存在を知っていた。(5)ただ、福岡城には天守は存在しなかったと考える歴史家が多く、通説となっているので、あえて存在したと主張する人がいなかっただけのようである。

いきなり、『細川家史料』を見せられても、にわかに信じられないのは当然であろう。しかし、じっくり考えてみると、仮に天守（主）がなければ、たとえ黒田家と仲が良くないといっても、わざわざ「ふく岡の天主、又家迄もくづし」たなどと、細川家が書き留める必要はない。天守があったからこそ、書き留められたのである。

文書史料の価値

『細川家史料』は日記帳のようにその時その時に書かれたもので、記述はほとんど事実とされ、当時の一級史料として扱われている。したがって、元和六年（一六二〇）三月十五日と十六日の記述のみが誤って書かれているとは考えられない。一方では、着工したが天守の完成を待たず中止されたと、なおも食い下がる人もいるかも知れない。しかし管見によれば、「くづし」た記録はあっても、着工中止の記録はない。したがって、元和六年三月十六日の「ふく岡の天主、又家迄もくづし申候」の記録を認めざるを得ない。

この記録を否定するとなると、かつての法隆寺再建・非再建論争のようにならざるを得ない。つまり、養老四年（七二〇）に著されたわが国初の官撰史である『日本書紀』の記述が史実であることが実証され、現在の法隆寺西院の東南にあった若草伽藍が天智九年（六七〇）の火災にあったことが確定された有名な論争である。

それは、『日本書紀』に「天智九年法隆寺に災けり、一屋も余ること無し。大雨降り雷震る」(「法隆寺は天智九年に全焼した」という意味)の記載を巡る、建築史家の関野貞と歴史家の喜田貞吉の間で行なわれたもので、どちらも東京大学の教授であった。関野は法隆寺西院の金堂や五重塔および回廊などを実測して、法隆寺はそれ以前の時代に用いられていた高麗尺によって設計されていることを突き止め、尺度論を展開し、法隆寺西院の建物が『日本書紀』にある天智九年の火災により全焼したという記載は誤りであって、「法隆寺西院の金堂や五重塔および回廊などの建物は火災後、再建されたものではなく、様式から飛鳥時代に建立されたものである」とした。一方、喜田貞吉は『日本書紀』は我が国で初めて国によって編纂された官撰史であって、しかも天智九年は編纂されたわずか五十年前の事柄なので、間違えることなど考えられない、したがって、「法隆寺の建物は天智九年焼失後の再建である」と主張した。結局、石田茂作(当時東京教育大学教授)が行った昭和十四年(一九三九)末や同十八年(一九四三)の若草伽藍の発掘調査によって、『日本書紀』の「法隆寺」に起きた「災」とは、争点になっていた西院の金堂や五重塔でなく、若草伽藍の焼失であったことが確かめられた。[6]一方、現在の法隆寺西院の金堂は、平成二十年(二〇〇八)修理に当たって天井板を年輪年代調査した結果、天智七年(六六八)ごろ伐採されたことが判明し、この頃には建立されていたと考えられる。現在、金堂や五重塔および回廊などの建物は世界で一番古い木造建築として、世界遺産に登録（平成五年十二月）されている。

こうして、『日本書紀』の記録は否定はできない史実であることが発掘によって証明された。ましてや『細川家史料』は細川家の公式記録に相当するものである。また日記は毎日書くものであるから、間違えを記すことは極めて少ない。むしろ無いといっても過言ではあるまい。歴史史料としてはその意味で手紙と共に一級史料である。史料の記述を否定することはよほどの反証が出てこないかぎり困難なのである。

さて、『細川家史料』はまず、「天主などをくつされ候事ハ、必定之様ニ申候」と記し、翌十六日の記録は「ふく岡の天主、又家迄もくづし申候」としているけれども、城の中で最も大きな建物である天守（主）を一日で壊すことは、現在のようにバックホーや重機械があっても不可能である。おそらく、元和六年（一六二〇）の内には実際に取り壊しにかかったのであろう。

ここで再び確認しておくと、「天守などを」や「天主、又家迄もくづし」と記す以上は天守（主）がなければならない。この『細川家史料』元和六年（一六二〇）三月十五日と十六日の記録が年代のはっきりした福岡城天守存在の第二の証拠である。

また、後に触れるように熊本県八代市の松井文庫所蔵の元和六年（一六二〇）、細川忠興書状にも天守を取り壊したことを記す。

黒田家側史料の記述

それでは、肝心の福岡藩黒田家関係の史料には天守関係の記述があるのか、今度はその点が問題である。

『三奈木《みなぎ》黒田家文書』〈No一一四八〉に黒田如水書状がある。(7)はっきりした年号は分からないが、八月十二日付けで、如水が家臣栗四郎右衛門（栗山利安）、井九郎右衛門（井上之房）、黒惣右衛門（黒田直之）、後又兵衛（後藤基次）、母多兵衛（母里友信）、黒三左衛門（黒田一成）たちに宛てた書状であって、「天守の石垣を今日より油断することなく、精を入れて進めるように申し付けられる」という内容の記述がある。そして『野口家文書』〈No八〇五〉七月二十四日付けの如水の書状にも野口左介（一成《かずしげ》）と益田与介（宗清）に宛てて「石垣について、八月十二日より着工すべきよう」と記されており、この八月十二日が石垣普請の着工日であったことが推測できる。(8)さらにこの書状によって、如水も何かと福岡城天守造営に関わっていた事実が分かる。

勿論、長政も関わっている。三奈木黒田家（本姓伊丹・加藤）の先祖は、摂州の土豪で同国（兵庫県）伊丹村に住んでいた伊丹一族であり、その祖は三左衛門一成である。一成は如水より黒田姓を賜わり、泉州（大阪府）岸和田陣の後、日州（宮崎県）耳川、また豊前（大分県・福岡県）諸所、高麗（韓国）金海城、同晋州城の城攻め等で功名をなした。天正十六年には豊前国ではじめて采地をあてがわれたが、筑前（福岡県）入国後、慶長七年（一六〇二）十二月二十三日には下座郡《しもつくら》にて一万二千石を拝領した。その後、本家と区別して「三奈木黒田家」と称する。代々黒田家の筆頭家老で、寛永十八年（一六四一）に福岡藩が長崎警備の命を受けるや、以後同家が警備の主宰を務めた。

また、やはり年号は分からないが、黒田長政が黒田三左衛門に宛てた二月十五日付けの書状（『三奈木黒田家文書』〈No一一六六〉）に、「天守の柱立を此月中にするように、大工達や奉行達にいうまでもなく強く伝えるように」と見える。

『三奈木黒田家文書』ばかりでなく、播州（兵庫県）以来黒田に仕えた林五助（重久）所持の史料である『林家文書』〈No八九一〉にも、八月二十五日伏見に到着した黒田長政が、翌二十六日付けで家臣の上原与平次（直近）、堀久七《きゅうしち》、林太郎右衛門（直利）に宛てた書状に、「天守の裏の石垣は九月中に完成させるよう、皆に申しつけてある。惣右衛門（黒田直之）ならびに年寄りどもは普請の現場につとめているか、石場で忙しく歩き回っているか、あるいは自分の知行所（領地）に入って楽をしていないかどうか、毎日丹念に調べて記録しておくように」とある。[9]「天守の裏の石垣」がこの時点で未完成であることがうかがえるが、逆に天守のその他の石垣は既に完成していたと推察される記録でもある。林五助は忠之の守役として仕えた万徳《まんとく》衆の一人である。ちなみに惣右衛門（黒田直之）は如水の父職隆《もとたか》の四男で、永禄七年（一五六四）に生まれ、如水の異母弟にあたる。

また、『黒田家文書』〈№一六九〉の次の記録で、黒田長政が、「城山ねかさよりのおくびの所、十一間に石垣を築き」「天守の土台」が完成するように、益田与介（宗清）と野口左介（一成）の二人に命令している記録があって、長政が福岡城天守の普請について指示しているごとくに考えられる。「城山ねかさよりのおくびの所」の叙述は、福岡城築城中の福崎の地形を思わせる。また、記録では、「黒甲長政」とあって、これは黒田甲斐守長政を指す。長政の筑前守任官は慶長八年（一六〇三）年三月二十五日なので、この記録はそれ以前の記録であることがわかる。[10]つまり、自らが筑前国（福岡）に帰着する前に、十一間に石垣を築き、天守の土台が完成するように、益田与介と野口左介の二人に命令しているのである。

またこの書状では「天守の土台」や城の「石垣」以外に「三十間の居矢倉」などについても福岡城普請に油断することなく精魂を入れるようにはっぱをかけている。そして、具体的に「城山ねかさよりのおくびの所、十一間に石垣を築く」ように指示しているのである。さらに興味をひくのは、これが「たとえ父如水の好みに相違したとしても」という強い指示だという点である。野口左介一成は築城時の普請奉行で、石積みの名人と伝えられる。

『林家文書』や『野口家文書』と同じく、黒田家側の史料にも「天守の裏の石垣」や「天守の土台」などの工事の進捗に長政が強い意志を示している様子が書かれ、かつ、『細川家史料』が元和六年（一六二〇）三月十六日の条に、「天主、又家迄もくづし」たと記す以上、天主（守）はやはり築かれたとするのが自然であろう。

数多の傍証

ところで、九州大学檜垣文庫にある『三奈木黒田家文書』と推察される寛永十五年（一六三八）の史料に目を惹かれる。すなわち、「御天守臺《(台)》廻り之御矢倉・長屋御除候之段申上候処、御尤ニ思召候、惣様御作事之首尾仕候上を以、御天守なと被成度時分可有御座候間、其節被得御内意可然思召候由、御座候」である。

この史料は、福岡藩の重臣明石四郎兵衛が福岡城内の櫓や長屋を修理するにあたって、幕府の老中たちとの交渉過程を綴った書状である。具体的には、松平伊豆守信綱、酒井讃岐守忠勝が、明石四郎兵衛にあてた城所作事について、幕閣と交渉した際の返答の写しである。信綱は幕府老中で、武蔵忍《おし》城城主である。酒井讃岐守忠勝も幕府老中で、讃岐守になったのは慶長十四年（一六〇九）、数えの二十三歳の時である。

内容は「天守台まわりの櫓や長屋を取り除くことを申し上げましたところ、了承されました。全体の修理工事を済ませた上で、天守などを建設されたい時もあるだろうから、その時には将軍様の御内意を得られるのがよいと考えている」とのことである。

寛永十五年（一六三八）といえば、天守はすでに元和六年（一六二〇）に取り壊し始めているので、存在しなかったはずである。したがって、もし再建の意志があれば、再建願を提出すれば、幕府として考えてもよいという意味である。すでに一国一城令も発布されているこのこの時期に、天守が当初よりないのに「御天守など被成度時分」などと奨めるようなことを言わないであろう。これも文献史料として天守存在の有力資料の一つである。「御天守臺（台）廻り之御矢倉・長屋御除候段申上候」とあるので、天守台廻りの埋門《うずみもん》上の渡櫓《わたりやぐら》などは、天守や屋敷を取り壊した元和六年（一六二〇）に同時に取り壊したのであろうが、北西隅に建つ天守櫓やそれに続く渡櫓あるいは中・小天守などは壊さず、寛永十五年（一六三八）まで存在していたのかも知れない。ちなみに、正保三年（一六四六）の『福博物絵図』に天守櫓やそれに続く渡櫓などはあっても、埋門上の渡櫓や中・小天守は見られない。

また、元和九年（一六二三）七月廿《二十》七日付「黒田長政遺言覚写」の一部分が残されていて、「高麗（韓国）にて、長政がつけた一ノ谷ノ甲《かぶと》が、福岡天守にある。[11]これを長政の四男高政にやる」という意味の記述がある。すなわち、朝鮮出兵の時に、長政が付けて戦った甲である。高政は初代東蓮寺藩主（のち、直方藩と改称）である。一ノ谷の甲は、黒糸威《おどし》胴丸具足の名称で、国の重要文化財の指定（昭和五十二年六月十一日指定）を受けている。ここでは、天守が元和九年（一六二三）まで存在していたことを思わせる。

また、『郡家文書』〈No五二三〉の記述は、二代藩主忠之から、野村隼人（祐直）と郡正太夫（慶成）に宛てた八月四日付けの判物で、「天守より取り出した銀子二百貫目ほどを二郎兵に渡すように」という意味である。[12]忠之の藩主就任は元和九年（一六二三）十月で、退任年月日は承応三年（一六五四）二月十二日である。したがって、この史料によっても元和九年以降も天守が残存していたことを思わせる。

『郡家文書』の内容は、前に提示した『細川家史料』の元和六年（一六二〇）三月十五日と十六日の条に見える天守破却の記事と相違して、忠之の代にも天守が存在していた可能性のあることを示している。いずれにしろ構造・規模は不明ながらも何らかの構築物が存在したのかもしれない。

また、『郡家文書』〈No五三〇〉には、年号は分からないが、二代藩主忠之が極月《ごくげつ》（旧暦十二月）十五日付けで郡正太夫に「天守にある道具や家内道具、諸道具など全てを調べて、大帳に記入し、内匠（小林重利）と倉八正俊の二人に渡すように」指示したという意味の記録がある。『細川家史料』の元和六年（一六二〇）三月十五日と三月十六日の記録はいうまでもなく、これら黒田家側の諸々の記録からも、福岡城天守の存在は確実なものと言っていいのではないだろうか。

【注】

（1）三木隆行著「福岡城物語」（朝日新聞福岡本部編『はかた学7』〈葦書房・平成八年刊〉所収）六十八頁

（2）『大日本近世史料』細川家史料　八（東京大学出版会・昭和五十七年刊）一一九頁

（3）注（2）一三一〜一三二頁

(4) 東京大学史料編纂所助教授　山本博文著『江戸城の宮廷政治』(読売新聞社・平成五年刊)
(5) 福岡市教育委員会文化財整備課・三木隆行著「福岡城関係資料年表稿」(『福岡城跡・Ⅳ―内堀内壁の調査』福岡市埋蔵文化財調査報告書・第二三七集〈福岡市教育委員会・平成三年刊〉所収)
(6) 石田茂作著『伽藍論攷―仏教考古学の研究』(養徳社・昭和二十三年刊)
足立康著『法隆寺再建非再建論争』(龍吟舎・昭和十八年刊)
(7) 『三奈木黒田家文書』(No一一四八)(『福岡県史』近世資料編・福岡藩初期〈下〉〈西日本文化協会・昭和五十八年刊〉所収)
(8) 『野口家文書』(No八〇五)(『福岡県史』近世資料編　福岡藩初期〈上〉〈西日本文化協会・昭和五十七年刊〉所収)
(9) 『林家文書』(No八九一)注(7)所収
(10) 『黒田家文書』第二巻(福岡市博物館・平成十四年刊)No一六九「黒田長政書状」は慶長六年(一六〇一)とする。
(11) 『諸家文書』(No一四九六)注(7)所収
(12) 『郡家文書』(No五二二三)注(8)所収

四　天守復原に挑む

天守は何重何階だったか

一般に、建物を建てる場合には、どのような間取りで、どのようなデザインで、どのような工法で内部にどのような設備を設けるかなどを、施主と設計者が協議しながら設計図書を整えていく。福岡城天守の場合は、黒田長政が施主で、要人たちと黒田藩おかかえの大工棟梁と打ち合わせをしながら、設計図書を整えていったのであろう。今、その設計図が残っていれば、天守の様子もただちに分かるのだが、残念ながら、正保三年（一六四六）以後若干の絵図があるだけで、具体的な設計図も、規模形式を示す詳細文書もない。(1)本格的な設計図ではなく、大工棟梁が建物を建てる際によく使用する、板に書いた「板図」も、創建当時ならあったかも知れないが、それも残っていない。

やがて、施主と大工棟梁の話し合いの結果、着工となるのであるが、まず、木取りをし、柱や、柱と柱を結ぶ梁《はり》や桁《けた》などの木造りを作業場の木工小屋、または大工小屋で行う。と同時に建設現場では、「縄張り」と言って地面に杭を打って縄を張り、建物の位置を決め、地盤を整え、地均《じなら》しをし、礎石を据えていく。そして礎石の上に木造りを終えた柱を建て、梁や桁を渡し、小屋組を組んで、棟木《むなぎ》をあげて、建前《たてまえ》、つまり上棟式《じょうとうしき》を行う。これらの工程は住宅を建てた経験のある方なら、なおよく理解できるであろう。

第一の物的証拠として挙げた大天守の礎石や石垣および中天守、小天守の石垣が残っている事実は、大天守があったと記す『細川家史料』の確実性を掩護するものではないか。

さて、この二つの証拠をもとに私は姫路城や豊臣秀吉が築いた大坂城天守と同じ地上六階、地下一階、五重の天守をコンピューターグラフィックでかつて復原して見せた（口絵3参照）。大天守を「五重」とした第一のわけは、お城の天守の大きさは石高に比例するからである。現存する近世初期建立の五重の天守は松本城天守、姫路城天守などである。

松本城は、室町時代は小笠原氏の領有地になっており、甲斐の武田氏の侵攻によって支配されたが、武田氏の滅亡後は徳川家康の配下となった小笠原貞慶《さだよし》が深志城を松本城と改称して宗家の再興をはかった。天守は国宝（昭和二十七年三月二十九日指定）で、元和初年頃石川氏の建立による。

一方、姫路城は当初豊臣秀吉が自ら築いて、木下家定をおいたが、慶長五年（一六〇〇）徳川家はその婿池田輝政を三河吉田よりここに封じた。池田輝政の拝領高は五十二万一千三百石であった。池田輝政は譜代大名である。同じ譜代大名や徳川家門の大名は、石高の多少にかかわらず五重の天守を構築しているが、一方では、二十万石以下の大名は譜代であろうと外様であろうと三重の天守が多い。たとえば、十二万石余りの犬山城（譜代）、十八万石の彦根城（譜代）、五万石の丸亀城（外様）などで、いずれの天守も三重で万治三年（一六六〇）までに建立されたものである。

逆に、原爆で焼失した広島城天守（外様、四十九万八千石）、昭和二十年（一九四五）の空襲で焼失した岡山城天守（外様、七十二万石とも四十九万石ともいう）、名古屋城天守（御三家、四十七万三千三百四十四石）などはいずれも五重の天守であった。したがって、福岡城天守も五重と考えても不自然ではなかろう。それでは、具体的にどのような天守であったのか。

黒田長政は幼少のころ、豊臣秀吉に預けられ、秀吉の建立した大坂城を目の当たりにしていた。大坂城天守は天下人にふさわしく五重、地上六階、地下一階の堂々たる天守であった。長政も幼いながらもいつの日か一国一城の主となった暁には大坂城天守のような立派な天守を建立することを心に焼き付けていたに違いない。その上、秀吉の大坂城は長政の父、如水の縄張り（工事監理）によって、築城されたと言われている。その父に長政が福岡城建立を相談していたことは前に述べた。こうした経緯と、第二部で詳述する『九州諸城図』や『西国筋海陸絵図』の図像も充分に考慮し、私は福岡城天守は秀吉の大坂城天守とほぼ同じ規模形式の五重、地上六階、地下一階の堂々たる天守と考えて復原した。

ところが、これに対し福岡城天守存在派の中に、それが四層であったとする主張がある。この場合の「層」は屋根の数を表している。しかし、屋根の数と階数が一致している建物であれば取り分け問題にする必要がないが、一致しない場合がある。そのため、建築学では屋根の数を「重」（庇《ひさし》や裳階《もこし》は別である）、階数は「階（層）」を用いる。荻野忠行氏は、この絵図（『九州諸城図』）を「天守と思われる絵はがき」（青柳隆著『博多実録』〈櫂歌書房〉掲載）や『福岡藩吉田家伝録』の裏表紙に描かれていた四層櫓に合わせると、天守は四層であったというかなり有力な状況証拠ともなりえる、とする。また、「熊本城に建っている、重要文化財の『宇土櫓』は四層櫓の『天守閣』でもあった。四層櫓の天守閣は多く存在する」とまで言い切っている。実際の宇土櫓は三重五階である。(2) そこで、この主張に対して第二部で『九州諸城図』を詳しく観察し、その解釈と共に、五重の福岡城天守を描く『西国筋海陸絵図』を提示し、結論とした。

ちなみに『福岡藩吉田家伝録』は、享保十八年（一七三三）に書かれたもので、この時には、福岡城天守は既になかった。しかし、裏表紙の絵図が、『福岡藩吉田家伝録』完成時のものではなく、もっと遡るものであれば、この絵図の「四重（層）」の建物が、福岡城の天守なのか、城内の四十七棟あったという櫓の一つなのかを含めて、今後検討しなければならない絵図かも知れない。

天守の高さ

次に福岡城天守の高さを検討してみたい。

福岡城址には、幸い正保の『福博惣絵図』に描かれている「天守台」が残っている。それは、石垣と礎石である。そこで、先ずこれらの実測をはじめた。石垣は上部で東西十二間、南北十一間、礎石は石垣の内側に南北に九列あって、東から各列に三、四、五、四、五、五、四、五、五、合わせて四十個ある。東西の向きでは六列になっており、北から各列に八、五、九、二、八、八で四十個になる。したがって、礎石の列から、地下（石穴とも呼ばれる）は東西八間、南北五間であることがわかる。一間は一柱間のことで、礎石の間隔は六・五尺（約二メートル）であるから、地下は、東西五十二尺（約十五・八メートル）、南北三十二・五尺（約九・九メートル）である。[3] 礎石は花崗岩で、一つの大きさは直径六十センチから一・二メートルほどの自然石である。

次に、一階の広さは、石垣の上に載るので、石垣上の実測の結果東西十二間、すなわち七十八尺（約二十三・六メートル）、南北十一間、すなわち七十一・五尺（約二十一・七メートル）である。こうして、（大）天守の地下と一階の広さ（平面の面積）は「天守台」の遺構からはっきりした。しかしながら、高さの決定打がない。ところが、幸い江戸時代前期の建築百科全書である平政隆著『愚子見記《ぐしけんき》』は次のように記す。[4]

一、殿守ハ太躰《ダタイ》恰‐合肝‐要也。桁行ヲ石ヨリ物見ノ桁迄建ルト云習也。是上ニテ可二高下ヲ加一、下ノ重ノ破風モ常ヨリ少太ク而、上‐程猶々太ク輪《ソリ》モ上‐程輪《ソラス》ヘシ。物見ノ妻成‐程大キナル

福岡城跡（大天守礎石と石垣）
高低平面測量図

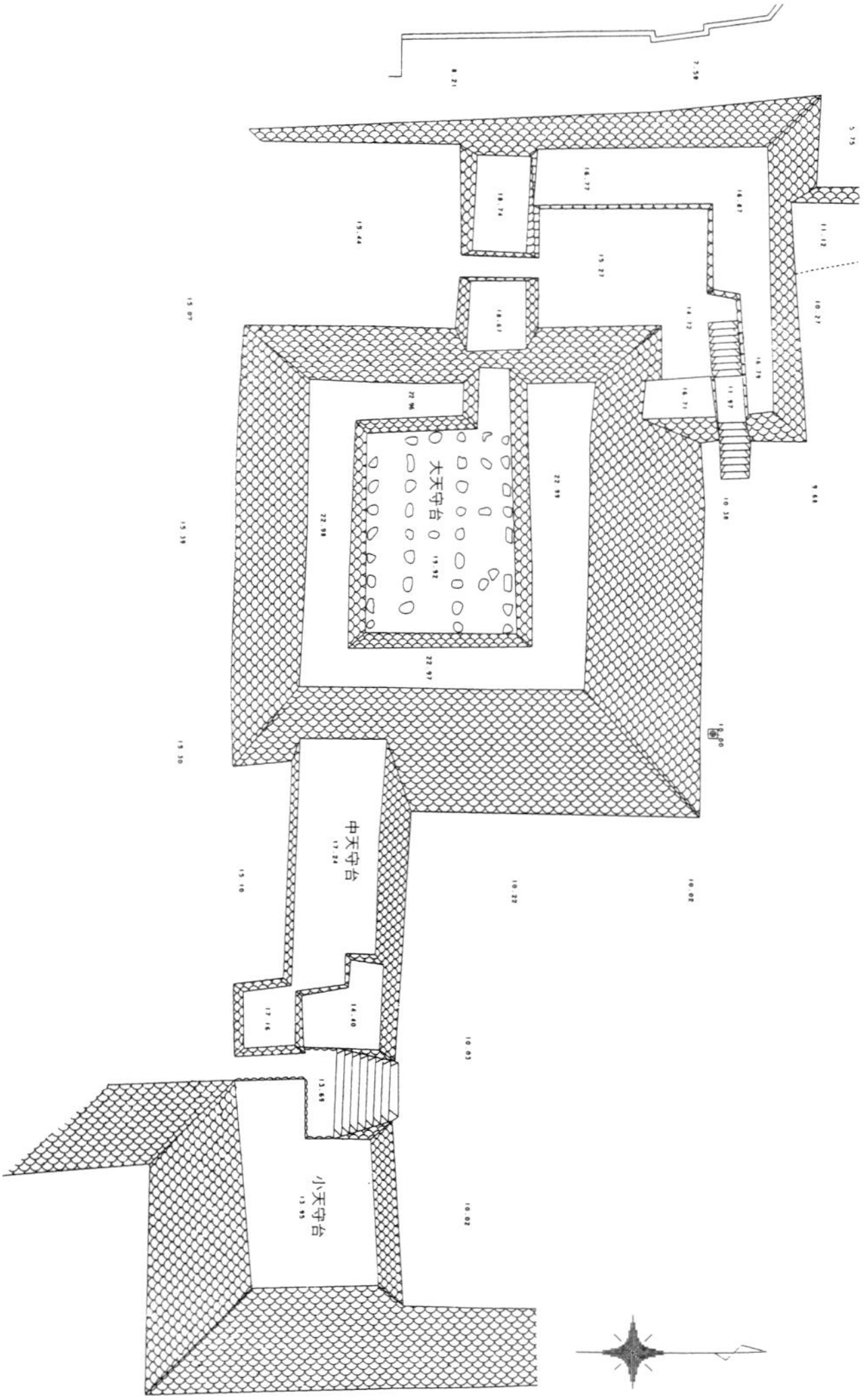

著者監修／『甦れ！　幻の福岡城天守閣』（河出書房新社）から再掲

福岡城縄張り概念図

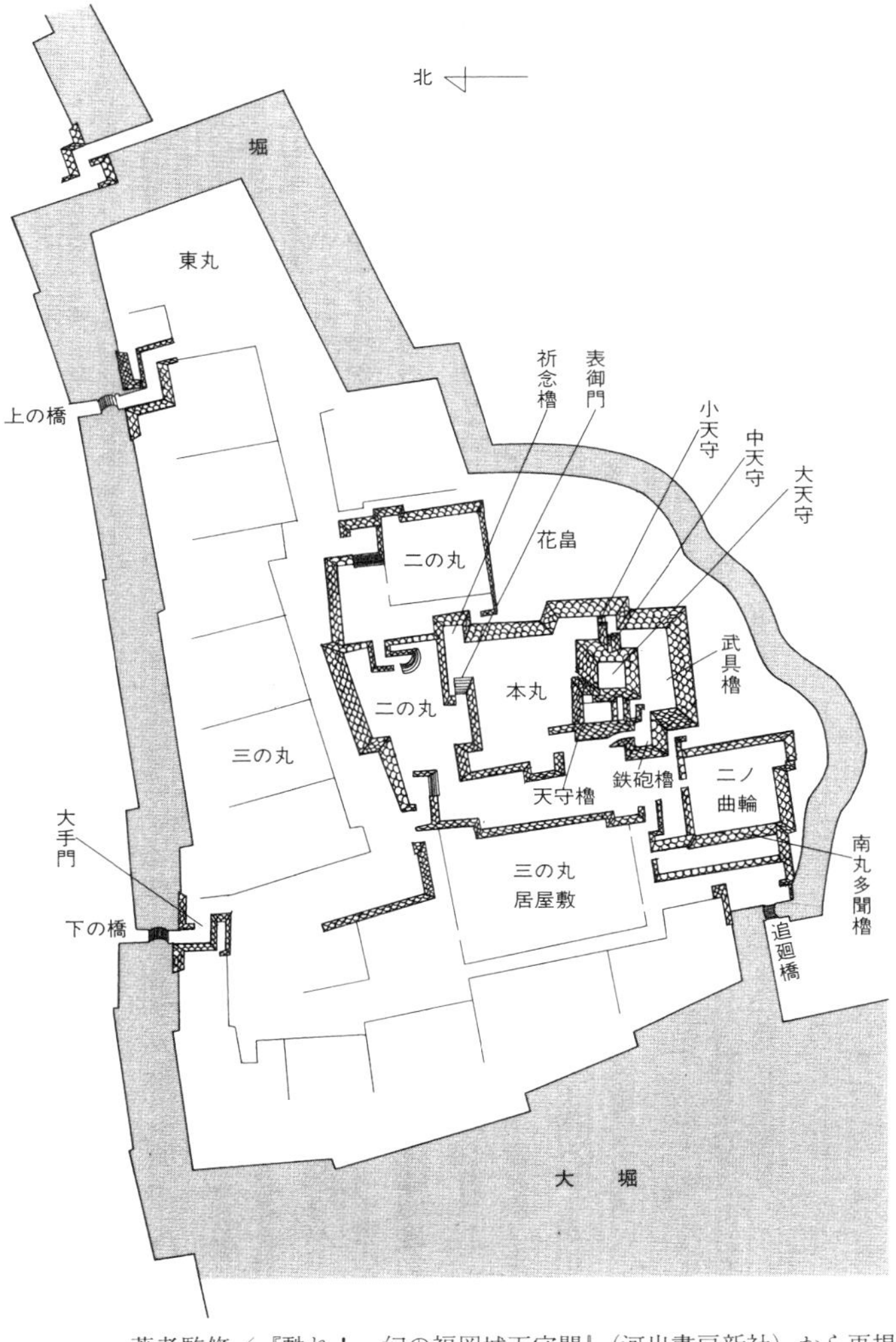

著者監修／『甦れ！　幻の福岡城天守閣』（河出書房新社）から再掲

様ニ而、同破風モ下ニテ不ルレ被レレ見程太ク〆《して》上ニテ吉也。土－塗ハ思ヒノ外ニ見－消ス物也。破風ノ立所ハ随－分外ヘ持チ出シタル吉。

右掲によれば、「桁行を石より物見の桁迄建てると云う習わしなり」とあるので、一階が載る石垣上端より、最上階の物見（天守）の軒桁までの高さは桁行（建物の長辺）と同じであると言うのである。その上、「高い低いを調節」して、「だいたい格好よく」造れとある。つまり、「天守は大体格好が肝要である」と言うのである。

そこで、福岡城天守と同じ頃に建立された天守の高さを調べたところ、毛利輝元が建立した広島城天守（慶長四年・一五九九）の一階が桁行十二間（約二十三・六メートル）に対して、七十八・三六尺（約二十三・七メートル）でやや高めである。やや高めの天守は、江戸城天守や二条城天守で、前者は慶長十二年（一六〇七）、後者は寛永二年（一六二五）の建立でいずれも福岡城築城後の天守である。

これらに対して、一階の桁行より少し低めの天守は、姫路城天守、宇和島城天守、松江城天守、熊本城宇土櫓などである。熊本城宇土櫓は、もとの宇土城天守を移築したものと言われていて、慶長六年（一六〇一）から同十二年（一六〇七）にかけて建立され、三重五階、地下一階で、地上一階は桁行九間、梁行（建物の短辺）六間である。[5] 松江城天守は、慶長十二年（一六〇七）から同十六年（一六一一）にかけて建立され、四重五階、地下一階で、地上一階は桁行十二間、梁行十間である。宇和島城天守は、寛文四年（一六六四）から翌五年（一六六五）

にかけて建立され、三重三階で、一階は桁行も梁行も六間である。姫路城天守は、慶長十三年（一六〇八）に建立され、五重六階、地下一階で、地上一階は桁行十三間、梁行九間である。

要するに、福岡城天守が建立された慶長のころの天守の高さは、地上一階の桁行より、高いものもあれば低いものもあり、『愚子見記』の「桁行を石より物見の桁迄たてると云う習わしなり」を遵守しながら「天守は大体格好が肝要である」ことに尽きるといえる。

そこで、福岡城天守の高さは、黒田藩の石高が五十二万石なので、同じ石高の姫路城を参考にした。姫路城天守は、実測によると地上一階の桁行が十三間、八十七・三七尺（約二十六・四七メートル）であるが、一階石垣より最上階軒桁までの高さは八十六・四二尺（約二十六・二メートル）である。すなわち、高さが一階の桁行の長さより低めである。外観は五重六階、地下一階である。そこで、福岡城大天守も地上一階の桁行七十八尺より低めとし、外観は五重六階、地下一階で考えた（その詳しい論証は第二部で行なう）。そして、長政が、父如水が設計した大坂城を見ていることは確実なので、大坂城の外観、つまり屋根の破風の取り付きなどを考えて、屋根勾配を六寸五分（約三十三度）にすると、一階石垣上端より最上階軒桁までの高さが七十五尺（約二十二・七メートル）ぐらいが落ち着いて格好がよい。

構造は、地下も含めて地上一階より四階まで各階に柱を立て、五階と最上階の六階は、通し柱にすると、破風などの納まりも大変良い。『愚子見記』に「天守は大体格好が肝要である」ことに従ったのである。天守は、城郭の中心建物で、最上階は物見をするためである。換言す

各天守の規模比較（桁行方向）

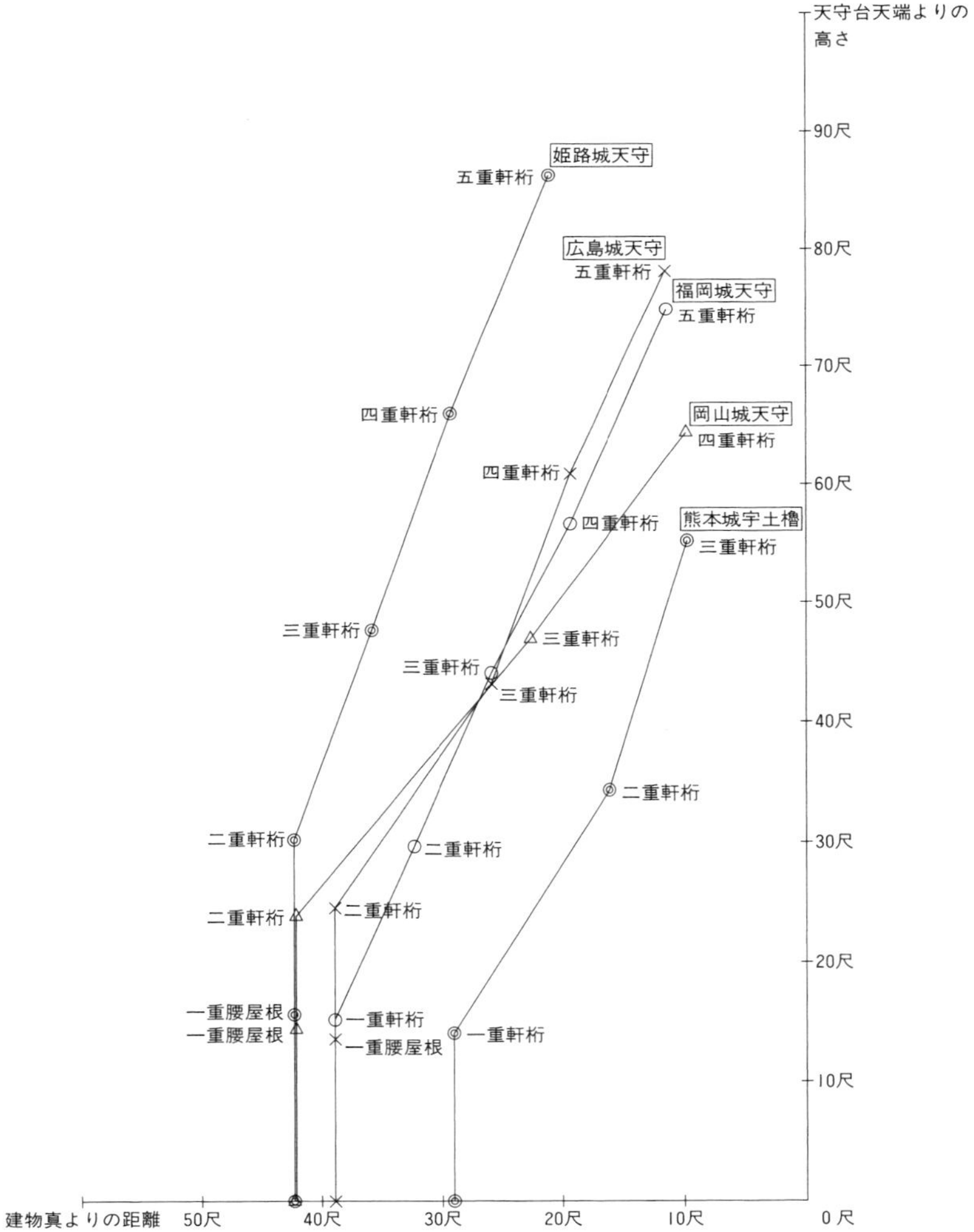

著者監修／『甦れ！　幻の福岡城天守閣』（河出書房新社）から再掲

各天守の規模比較（梁行方向）

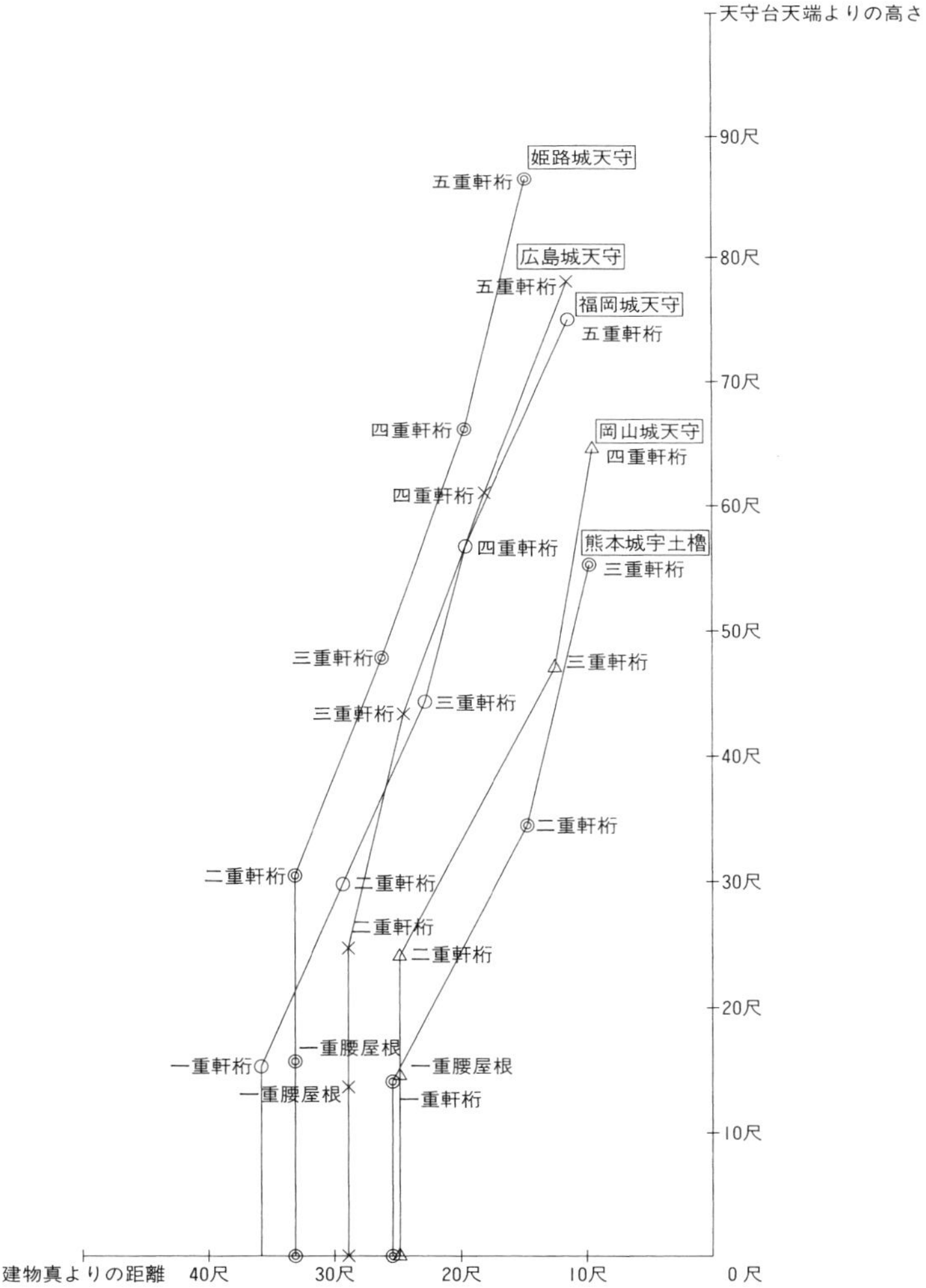

著者監修／『甦れ！　幻の福岡城天守閣』（河出書房新社）から再掲

れば、城下町（領内）内のどこからでも目立つ建物なので、「格好よく」造るべきだったのである。

外観

さらに、外観の決定のために、福岡城内の遺構を調査した。城内には、南丸多聞櫓《たもんやぐら》（嘉永七年・一八五五建立、昭和四十六年十二月二十八日国指定重要文化財）、潮見櫓《しおみ》(6)（昭和二十七年三月二十九日県指定有形文化財）、最近復原された下之橋御門（大手門・渦見門《うずみ》とも言う、昭和三十一年四月三十日県指定有形文化財）、大正寺（北九州市八幡東区・臨済宗）から再び福岡城址に移築された祈念櫓（万延元年・一八六〇建立、昭和三十二年八月十三日県指定有形文化財）、名島城表門が残る。

これとは別に、崇福寺《そうふく》（福岡市博多区・臨済宗）に移築されていた月見櫓と花見櫓、本丸表御門もある。月見櫓と花見櫓は、現在解体され、城内の収蔵庫に材料が一括保管されていて、いつでも復原できる状態である。これらの中で、南丸多聞櫓は、長い石垣の上に建ち、白漆喰壁に腰下見板張りで、南端などに出格子が付き、石落しや狭間がある。軒は方杖で支えられ、鼻隠し板が付く。この外観は、宇土城天守を移築した熊本城宇土櫓、また昭和二十年八月六日の原爆投下で焼失した広島城天守とも同じである。前者が慶長六年（一六〇一）から同十二年（一六〇七）にかけて建立され、後者が慶長四年（一五九九）に完成していた。つまり、慶長以前

福岡城の遺構

①南丸多聞櫓
②潮見櫓
③名島城表門
④下之橋御門(大手門)
⑤祈念櫓
⑥月見櫓(左)、花見櫓(右)(崇福寺)
⑦本丸表御門(崇福寺)

④

①

⑤

②

⑥

③

⑦

の天守の外観の特徴は壁面の上部は白漆喰壁であるものの、腰下見板張り、方杖付きであった。いわゆる「黒の天守」である。ところが慶長以後の天守の外観は姫路城天守のように、腰下見板がなくなり、下から軒先まで白漆喰塗りの壁が特徴になる。いわゆる、「白の天守」である。

そこで、私の復原では、福岡城天守は南丸多聞櫓の手法を生かした外観とした。また、黒田長政が父如水の関わった大坂城を見ていないことはあり得ないという考えから、屋根飾りとして、大坂城に類似した破風を付けた。

天守の正面にあたる北側と背面にあたる南側は、千鳥破風（△）を一重目の屋根に二個、二重目に一個付け、四重目は軒《のき》唐破風を付けた。三重目と最上階五重目は入母屋造《いりもやづくり》の屋根とし、その妻の入母屋造の破風（△）は東側と西側、つまり梁行に見える。東側と西側の一重目は千鳥破風一個を付けた。最上階入母屋造屋根の妻飾りは木連格子《きづれごうし》とし、破風打合せは鰭《ひれ》付きの蕪《かぶら》懸魚《げぎょ》を吊り、破風板には飾り金物を付けた。鰭付きの蕪懸魚や飾り金物は千鳥破風にも付けた。最上階屋根の頂部東西の両端には大きな鯱を置いた。この鯱は熊本城宇土櫓に載る鯱を参照した。また、最上階には廻《まわ》り縁《えん》に跳高欄《はねこうらん》を付け、四面の中央間には外開き桟唐戸《さんからど》をたて、両脇間の板壁に「舞鶴城」にちなんで飛翔する鶴を横板落し込み壁に描いた。そのために、最上階の外壁のみは白漆喰下見板張りではない。そして、内法長押《うちのりなげし》を内・外に回し、飾り金物を付けた。

南側と北側の一階ほぼ中央に出格子《でごうし》を三間分ほど設けて、一階東北と西南の隅に石落しを設けた。腰高窓は各階とも熊本城宇土櫓がそうであるように、竪《たて》格子、内側に障子引違いをたて、外側に突き上げ板戸を付けた。

　福岡城が「舞鶴城」とも呼ばれるのは、城地が北に張り出した荒戸山（現在の西公園）を軸として、左右に広がる地形で、ちょうど鶴が両翼を広げて舞うように博多湾から見えたからである。

　各階の平面、全体の高さ、外観のおおよその形式などが決まったところで、実際に、一階石垣上端より最上階軒桁までの高さが七十五尺（約二十二・七メートル）ぐらいが、「恰好よい」天守になるかどうか、シミュレーションをしてみなければならない。

　その場合、五階・六階は通し柱であるが、その他は各階ごとに柱を立てるので、各階の高さを決定しなければならない。ここでも逓減率（第一重に対する上重の幅の割合）と「恰好よい」を頭に描き、しかも、梁などに頭がつかえて上り下りが困難な階段ができないように考えながら、慎重に決定しなければならない。地階の高さは石垣の高さと石垣から一階床までの高さ、一尺九寸くらいを考慮すると、石垣の高さは実測により十・一三尺（約三・〇七メートル）で決定しているので、十二・〇三尺（約三・六五メートル）ほどとなる。

　ほぼこれに準じて各階の床上から上階の床上まで高さをとると、一階は十四・四尺（約四・三六メートル）、二階は十四・五尺（約四・三九メートル）、三階は十三・五尺（約四・〇九メートル）、四階は十二・五尺（約三・七九メートル）、五階は八尺（約二・四二メートル）となる。但し、最上階の六階は格天井《ごうてんじょう》が張ってあったと考えられるので、天井高九尺（約二・七三メートル）

となる。これに一階の根太《ねだ》や最上階の梁の高さを加えると一階石垣上端より最上階軒桁までの高さが七十五尺（約二十二・七メートル）になる。

こうして、ほぼ決定した平面・断面・立面図などを作成すれば、後は木材に墨付けをし、木造りをして、礎石上に実際に柱を立てていけばよい。

地下から一階、二階と順次柱を組立て最上階の柱を立てて、屋根瓦を葺《ふ》き終わると外壁や内装に取りかかる。

内装

天守の最上階は、四面中央間に外開きの桟唐戸をたて、両脇間は横板落し込み板壁にし、外側に廻り縁を巡らし、跳高欄を付ける。床は畳敷きにし、天井は天守の最上階にふさわしく格天井を張る。外側脇間横板落し込み板壁は各面とも切目《きりめ》長押と内法長押の間に黒漆喰下地に飛翔する鶴を描いて、福岡城の別名「舞鶴城」の所以を示した。また内側は内法長押と天井廻縁との間を白壁とするが、床上から内法長押下に狩野元信の「西湖図」を襖絵として部屋いっぱいに描くことにした。柱は黒漆塗り、天井は生漆《きうるし》塗りとする。最上階への登り階段は南側中央間寄りに設ける。南側は山側にあたるため、無理に桟唐戸を開けて物見をする必要がないからである。

五階は六階と同じ広さの方三間（三間四方）であるが、四面が白漆喰壁で、板張り床に根太天井である。非常に暗く、唯一の明りは六階への登り階段と、四階への下り階段で、前者は南側に、後者はほぼ中央北側にとりつく。部屋中央に四天柱（四本柱）が立つ。床の板張りと根太天井は四階以下も同じ手法である。

四階は一間ごとに柱が林立する。南と北壁に各々三個の窓が付き、東・西中央の切妻部分の張り出し一間の中央にも窓が付く。窓はいずれも竪格子を入れ、内側は障子引違い、外側は板戸の突き上げ戸とする。これらは熊本城宇土櫓や広島城天守にも見られる手法である。五階への登り階段の他に、西側中央に三階への下り階段を設けた。

三階は千鳥破風が二重の屋根の南側と北側に付く関係で、窓は入側《いりがわ》二間目に各一カ所、つまり二個付く。東側と西側は中央間を避けてその両側に二カ所ずつ、つまり、四個付く。三階は東側、西側と北側の入側に引違い舞良戸《まいらど》をたて五つに間仕切りをした。すなわち、東側に東西三間、南北二間の部屋を三つ南北に並べ、西側は入側、南側に東西三間、南北四間の階段室一室と、北側に東西三間、南北二間の部屋を一つ設ける。階段室には四階への上り階段が西南に付く。

二階は、南側と北側に四カ所ずつ、東側と西側は中央部の一階屋根に付く千鳥破風下と、左右の壁に各一カ所、計三カ所、合計十四個の窓が付く。間仕切りは中央部を六つに分け、東側も西側も東西三間、南北二間の部屋が南北に三室連なり、舞良戸の建具をたてる。西側の中央の部屋は三階への踊り場付き上り階段が付く。

一階は、南側と北側中央に三間の出格子窓を両側に各二カ所、計四個の窓と、東側は四カ所、西側は三カ所の窓を付ける。東北と西南隅に石落しを設ける。入側一間は廻り廊下で、中央部は十五部屋に仕切る。地下階への階段室は東西三間、南北四間であるが、その他の部屋はそれぞれ東西二間、南北二間から東西三間、南北三間までの大きさで、それぞれ間仕切りに舞良戸引違いをたてる。但し、南側の東西三間、南北三間の二部屋は北側以外三方を横板落し込み壁とし、南の外側に銃架を設ける。これ以外にも外側の壁の内側には銃架を設けて、一旦緩急ある時に備えた。また、各階の窓はすべて腰高窓であるが、一階の腰板下見張りの壁には『愚子見記』の次の記載によって「狭間」を設けた。(7)

一、矢狭間之叓（事）　竪狭間ノ長一尺二寸、横四寸、丸狭間（以下中略）。

一、矢狭間　高地ヨリ一尺四寸、鉄‐鉋狭‐間高、地形ヨリ一尺二寸ト云説モ有。

狭間には四角い竪狭間と円形の丸狭間があるが、丸狭間は南多聞櫓や熊本城宇土櫓などに見られないので、いずれも竪狭間にする。

西南の部屋に二階への上り階段が付き、中央西より二つ目の東西三間、南北四間の部屋に地下階への下り階段が付く。

なお、一階東側南端三間は中天守への接続部分にあたり、中央間が中天守二階への上り階段となる。

福岡城天守（北立面図）

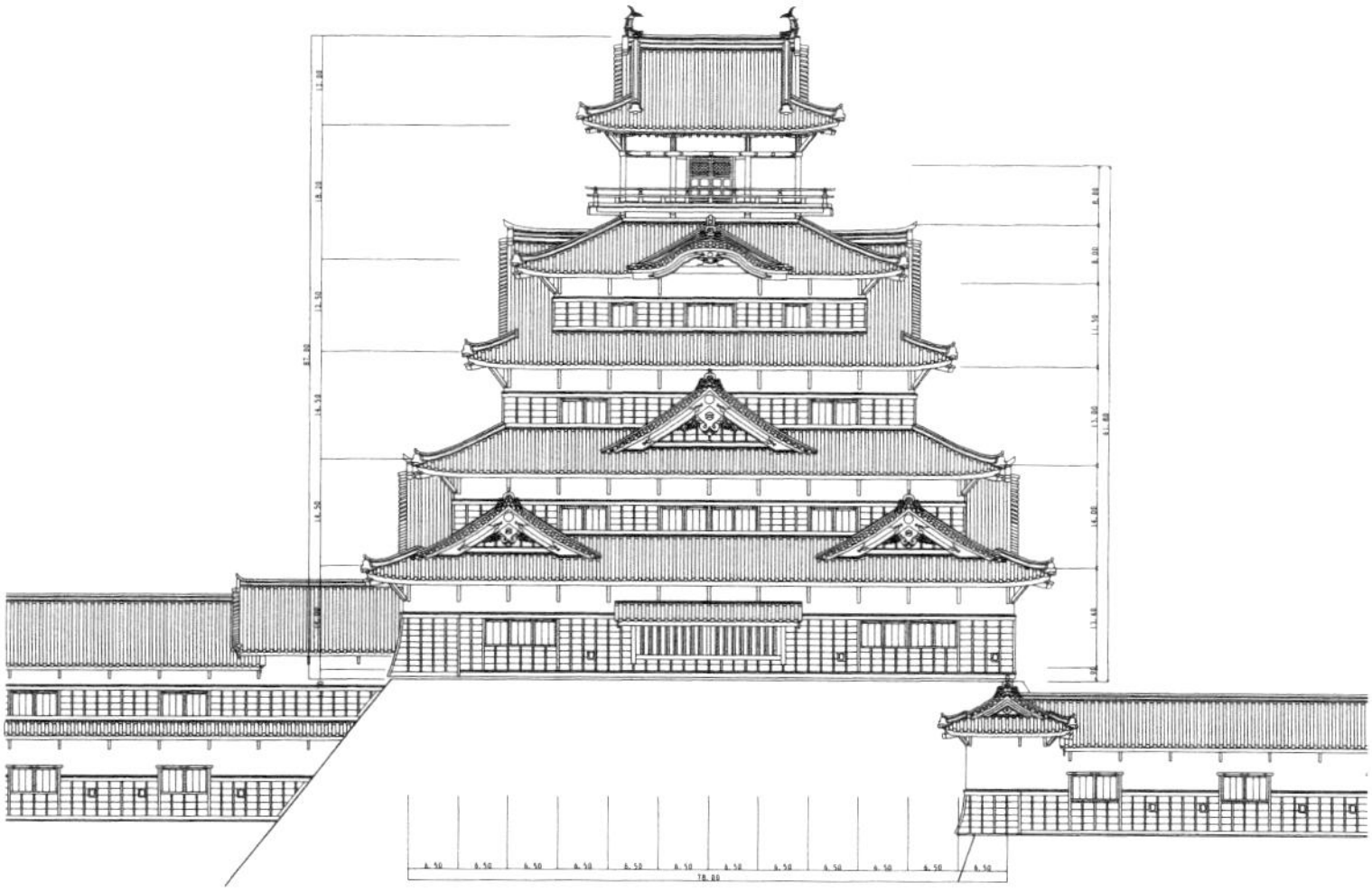

福岡城天守（桁行断面図）

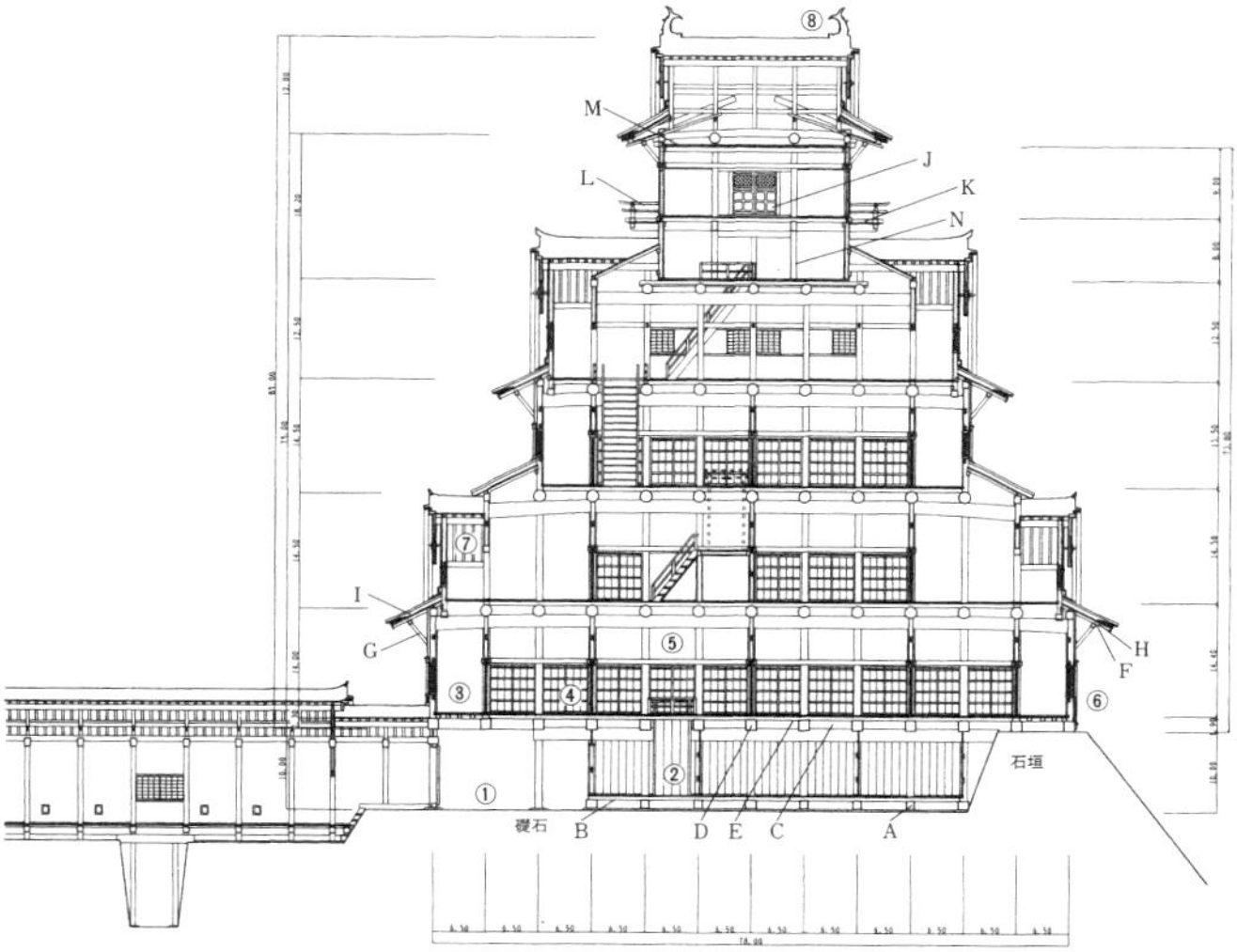

著者監修／『甦れ！　幻の福岡城天守閣』（河出書房新社）から再掲

地下階は西側の北側二間分に腰高窓を付ける以外、外壁は横板落し込み壁である。西側の北より三間目の北側から出入りし、西側は埋門の石垣上の櫓一階に続く。内部は北側に南北二間幅で三部屋、中央は南北二間、東西四間の二部屋、南側は南北一間半幅の一部屋とする。北西の東西二間、南北二間の部屋に一階への上り階段が取り付く。建具は舞良戸をたてるが、適宜横板落し込み壁を間仕切りに設けた。

さて福岡城は別名「舞鶴城」と呼ばれていた。黒田家に『大坂夏の陣図屏風』が残り、そこに描かれた大坂城に飛翔する鶴が描かれている。そこで、福岡城のどこかに飛翔する鶴が描かれていても不自然ではないと考えられる。福岡城は博多湾の方角から城全体を見渡した時、あたかも鶴が翼を広げて大空を舞う姿に見えるということから、「舞鶴城」とも呼ばれるようになったという説もある。

姫路城の場合は、城全体が白漆喰の壁なので、あたかも白鷺が飛んでいるようなイメージがあり、「白鷺城」と呼ばれているのであるが、福岡城は腰下見板張りであるから、白漆喰壁に腰下見板張りの天守全体のイメージから「鶴」は浮かばない。

しかしながら、宮上茂隆氏による豊臣秀吉の大坂城の天守復原の場合、最上階外壁には、鶴を金色で描いている。[8] 大坂城は長政の父如水が関わったもので、黒田長政もこの大坂城を見ていたに違いないことは前に述べた。そこで長政もこのイメージを福岡城に再現してみせたに違いないと考えて、最上階外壁に鶴を飛翔させてみたのである。

最上階内部は、あるいは絵がなかったかも知れないが、五十二万石、九州随一の城を思い、最上階に狩野元信の「西湖図」を襖絵として、板壁に嵌め込んでみた。これだけの天守閣最上階であるから、障壁画があってもよい。とすれば、著名な画家の絵である。黒田長政は関ヶ原の戦いの論功行賞で、中国筋の領地を振り切ってまでして、筑前五十二万石を拝領した。これは、豊臣秀吉の文禄・慶長の役で朝鮮出兵し、晋州城を攻めた、その経験から、大陸を意識して筑前国を希望したのに違いない。

『黒田家譜』天正五年（一五七七）の条に、「天正五年の秋、如水は、自ら進んで、当時十歳であった嫡子松寿丸（のちの長政）を安土につれて行き、人質に差し出すことを申し出ている。信長は、如水の好意を喜んで受け、秀吉に松寿丸を預けた」ということが記載されている。[9]

天正四年（一五七六）正月に着工した安土城は、天守も竣工し、八楼十門をめぐる城下町も、新しい大都市としての偉容が、次々と整えられていた。

松寿丸は、安土城や城下町の様子に目を丸くしていたに違いない。姫路の城とくらべると、安土の城の豪壮と絢爛さは、十歳の松寿丸にとってもただ驚いて息をのみこむばかりであったろう。

松寿丸は、安土城を確かに十歳の時に見ている。宮上茂隆氏の復原によれば、安土城天守の最上階の内壁には三皇五帝、孔門十哲などの儒教画が描かれ、一階や二階には狩野永徳の「四季花鳥図」などの絵が描かれていた。[10]松寿丸はこれらを目に焼き付けていたであろう。この時

天守最上階の内部。畳敷きに格天井、壁面は狩野元信の西湖図を配した（ＣＧによる復原）

から一国一城の主になった際の、自らの城の形に夢を抱いたに違いない。自らの福岡城天守の内壁に絵を描かなかったとは考えられない。

それでは、いかなる絵を描いたか。再び『黒田家譜』に注目すると、関ヶ原の戦いの論功行賞を行うにあたって、家康は本多忠勝を呼んで、長政に次のような内意を聞いて参れと記す。[11]

> 家康公本多中務太輔に仰せけるハ、甲斐守事中国筋にて二ヶ国も下さるへきや。又筑前は九州都府の地にて、殊異国の防禦のため大切の所なれハ、甲斐守をおかせられたくおほしめす也。汝先甲斐守か所存相たつね候へとの仰を奉り、其内意を問れしに、長政御請申上られけるハ、豊前を改て大国を御恩賜あるへき事、先以かたしけなき御事に候。殊都ちかき中国にて二ヶ国は尤望むへき事に候へとも、凡此後天下彌《弥》太平に罷成候へハ、日本におゐて御恩を謝し奉るへき弓矢もをこり申ましく候。筑前の守護ハ古来の都府の地、殊異国防禦のため、先鋒の所にて候へハ、武門の大望これにしかす候。然れハ中国にて二ヶ国拝領仕候にまさりて願ふ所に候と申されけれハ、家康公聞召甚御悦ありて筑前を賜はりける。

こうして、豊前の地より三十四万三千石多い、筑前一国五十二万三千石と決まった。いよいよそのお墨付きをもらう日、長政の家臣黒田三左衛門、後藤又兵衛、小河喜助、菅《すが》六之助らは、家康の面前に召されて、その武功を賞せられた。これは、長政の功を深く家康が感じているからであった。

長政は十一月十七日、大坂を出て豊前に帰着した。

右の一文から、長政は大陸に対する守護を意識して、筑前一国の主になったことが知られる。とすれば、天守最上階の絵は狩野元信の「西湖図」が最も相応しいであろう。

狩野元信（一四七六〜一五五九）は、狩野正信の長男で、大和絵の技法を取り入れ、装飾性のある様式を創造した。大仙院の「花鳥図」、霊雲院の「山水花鳥図」などが遺作であるが、当時の画家たちが好んで画題とした中国杭州の西湖を描いた「西湖図」が出光美術館に所蔵されている。これを天守最上階にCGで描いてみたのである。

私が「西湖図」を選んだもう一つの理由は、昭和二年（一九二七）に開催した東亜勧業博覧会会場の造成の際、草香江《くさがえ》と呼ばれていた湾状の入江を埋め立て、中国杭州の西湖を模して大《おお》濠《ほり》公園を造ったと言われているからである。時代は違っても、福岡城築城の際、外堀として利用した湾状の入江を埋め立てるにあたって、福岡城天守には狩野元信の「西湖図」がふさわしいと思いついたのかも知れないと考えてみたのである。

さて狩野元信の「西湖図」は六曲二双であり、CGではぴったり四面の内壁、内法長押下に収まった。

木材と石材の調達方法

黒田五十二万石、二十四万坪余りの広大な福岡城を築くにあたって、膨大な材料と人手を要したことは否定できない。築城にあたり、元寇防塁の石以外にも名島城を取り壊して、その古材を利用したが、管見によれば、「黒田長政筑前に封ぜられ名島城に入るや、父如水は福岡城造営の為自ら穂波郡に入り、良材伐出の才判をなし之を厳行せられたるが故、当時国内の茂林は多く伐採せられ吾鞍手郡亦其余響を免れざりしが……」と『鞍手郡誌』に記載されている。(12)かなりの木材が領内の森林から調達された様子が分かる。

『嘉穂郡誌』にも「如水公の福岡城を築くや、用材を三郡山に採りたり、現に如水の原、休場、山立など土地の小字に残れり」と記載がある。(13)

福岡城築城にあたって、木材が領内の山間部の穂波郡や鞍手郡から集中的に集められたことが分かる。しかも、それは長政の父如水自らの手によっていることがうかがえる。ちなみに、飯塚市馬敷《ましき》の西光寺（浄土真宗本願寺派）は当時たびたび如水の宿泊所にあてられた。現在は殿様ゆかりの紅葉寺として知られている。

築城で重要なのは、木材もさることながら石材である。その石材調達については、「石垣石は名島城のもの以外に平尾・高宮（福岡市）などの古墳の石材が利用されている」と、『福岡県の歴史』は記載する。(14)

古墳の石ばかりでなく、元寇防塁の石までも築城に利用している。博多を「石城」と称したのは元寇防塁があったため、という説もある。元寇防塁に関しては、『伏敵編』がかなり詳細に記載しているが、[15]この元寇防塁の膨大な量の石を使用できたからこそ、「石城」と言われるほどの、高さ五メートルから十五メートルを誇る堅固な石垣を築くことができたのかも知れない。

慶長六年（一六〇一）に柳河（川）、福島、福岡の各城を築いた時にも、古塚、古塔、石人、石馬、古墳の石などを多く利用していることも注目すべきことであろう。これらは、いずれも古人の創作・造営にかかわる石造美術品として、美術史上あるいは考古学上、大切なものばかりであったはずである。近世に各地で盛んに行われた築城の陰でこれらの美術品がどれほど多く破壊されたか計り知れない。[16]

もちろん、福岡城の堅固な石垣が、転用された石材のみによって出来たわけではない。石垣の石を丹念に調べてみると、福岡城の石垣には「○」「#」「⟠」「◇」「+」「卍」など二十数種類の石印《いしじるし》があって、ほとんどが自然石ではなく、切石である。それらの石は、玄武岩類と花崗岩類、堆積岩類、変成岩類からなる。[17]

玄武岩類は能古島《のこのしま》、今山、毘沙門山などに産するものと同類である。花崗岩類は糸島や早良《さわら》のもので、前者は能古島、今山と津船崎、長垂《ながたれ》海岸、立花山、香椎《かしい》南方に、後者は月隈《つきぐま》丘陵、油山《あぶらやま》山地、飯盛《いいもり》長垂山塊に分布している。堆積岩は姪浜《めいのはま》、天神、警固《けご》、野間《のま》付近のものに近い。変成岩類は香椎東方、立花寺東方、能古島、長垂、今津、柑子岳《こうじ》など福岡市内の諸所である。

高さ五メートルから十五メートルの福岡城の堅固な石垣は石垣積みの名人といわれた重臣野口左介一成の指図によって積み上げられ、「石城」と言われるまでに至った。

福岡城の石垣に見られる「○」「#」「◎」「◇」「+」「卍」など二十数種類の石印は、符丁なのか、家紋を表すのか、速断できないが、現在でも、瀬戸内海の石工たちは、石切り場から大石を多量に切り出す時には、ヤスコ（×）、ヨキバ（ハ）、ヤマガタ（∧）、ミツボシ（∴）、ソバツボ（△）などの石印を付ける。⑱

木材、石材の運搬は陸路よりも海、河川の水路を多く利用していたらしい。

大工はどこから来たか

福岡城が黒田長政とその父如水の工事監理（縄張り）によることは、まず間違いない。およそ城主が施主なのであって、施主の計画が実際の工事監理者や設計者によって実現していくのである。秀吉の大坂城の実際の工事監理者である如水を父に持つ長政は、父の智恵を借りながら、福岡城の施主としての計画構想を固め、工事したものと思われる。

そして、実際の設計に基づいて材木を調達し、墨付けをし、木造りをし、建てるのは大工で

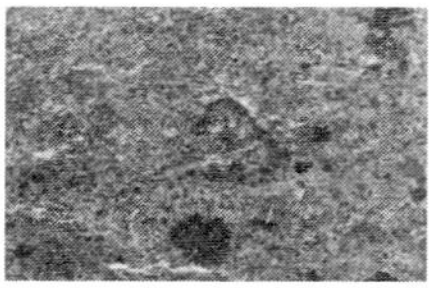

13 ◬

14 ⁙

15 ⊙

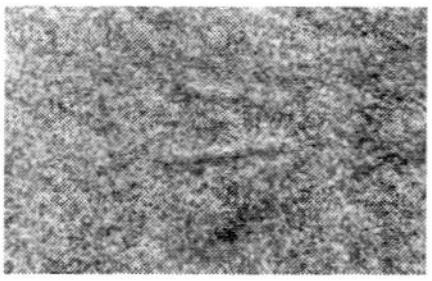

16 二

17 □

18 卍

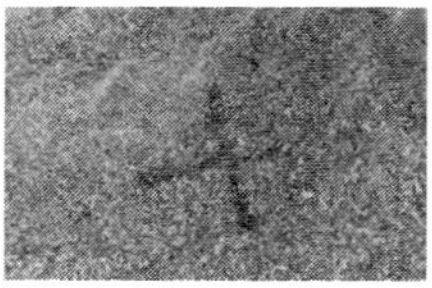

19 ナ

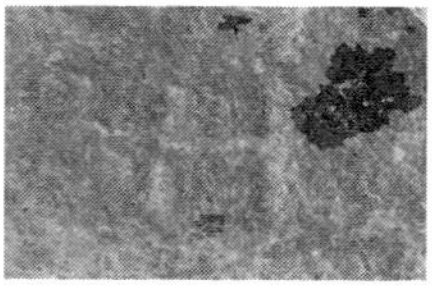

20 H

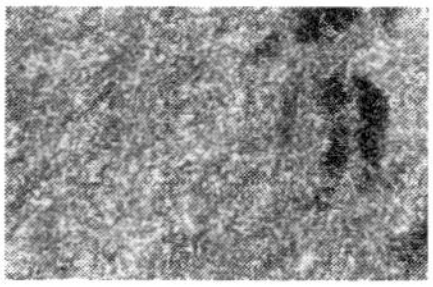

21 ∴

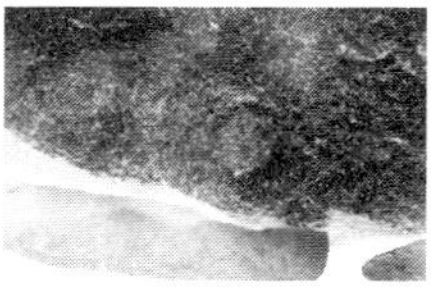

22 ○

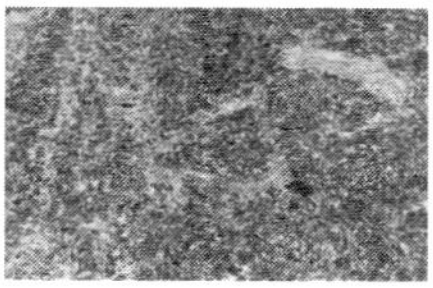

23 △

24 F

20　下之橋御門内側下から4段目
21　下之橋御門右奥上から3段目
22　〃　コーナー上から2段目
23　〃　外側上から3段目
24　テニスコート横下から5段目

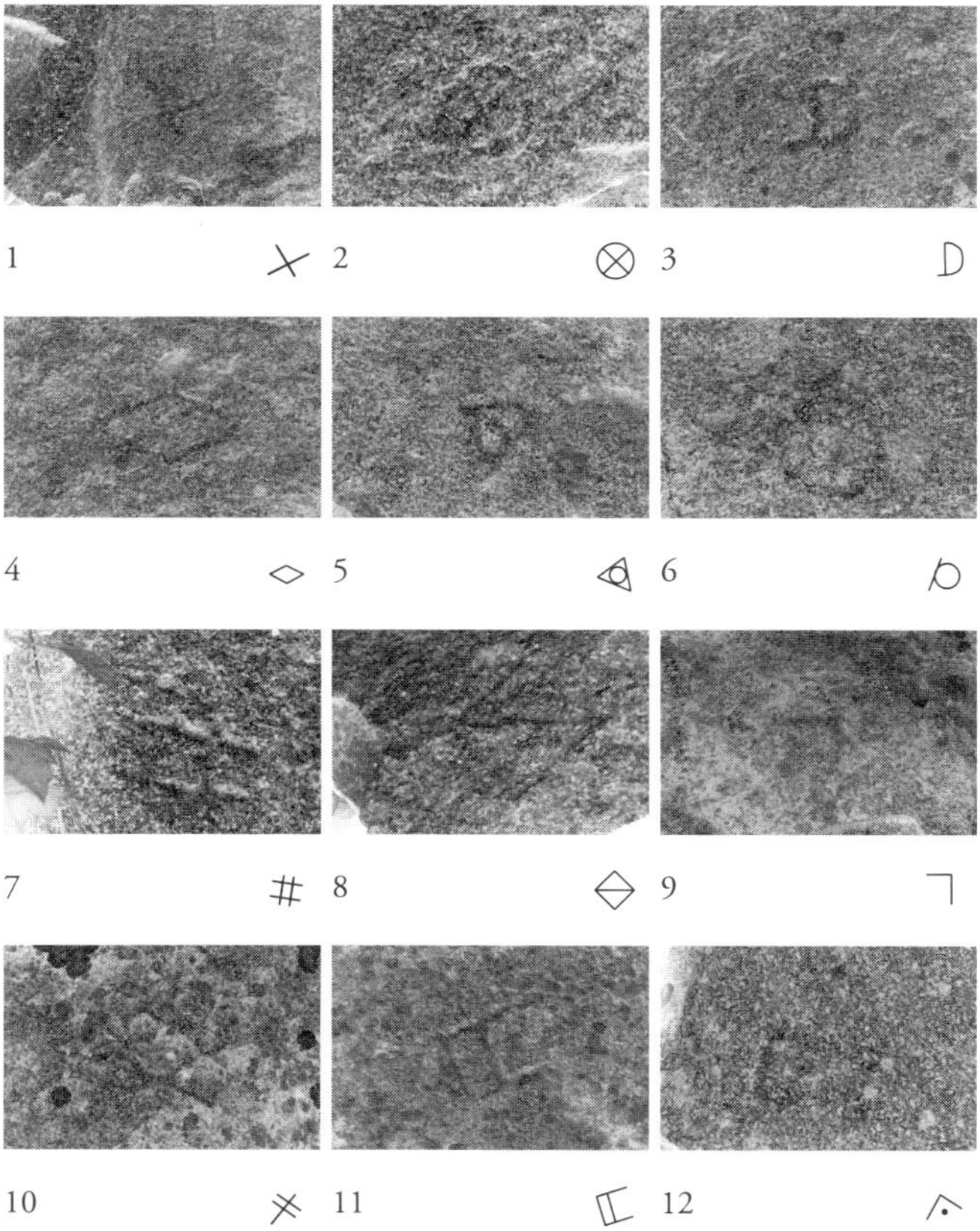

福岡城石垣石印

1 ～ 15　多門櫓下段
16　鉄門下から４番目
17　伝潮見櫓上から２段目
18、19　下之橋御門（大手門）外側上から３段目ある。一国の城を築くにあたって重要なことは、城内の秘密が軽々に外部にもれないことであった。それは、石垣一つをとっても本来はそうであったろう。

今西祐行著『肥後の石工《いしく》』は、鹿児島の町の中央を流れる甲突《こうつき》川に架かる石橋の建設に携わった肥後の石工たちが、無事仕事を終えて帰国する際、島津領（鹿児島県）と肥後領（熊本県）の国境で、島津藩の追手にうたれながらも、奇跡的にたった一人生き残った石工頭の岩永三五郎の物語である。肥後に帰った後の岩永三五郎のヒューマニズムと、封建社会に生きた石工達の人間模様が巧みに描かれているが、彼らが狙われたのも、肥後の石工たちが甲突川に架かる石造の眼鏡橋や島津藩の鶴丸城の秘密を十分に知っていたからにほかならない。

福岡城築城にあたって、長政は城が軍事上重要な施設である上、自らの居城でもあるから、秘密は守らなければならないことを十分知っていたはずだ。それ故、施工は信頼のおける大工に任せたに違いない。そして、その大工は父黒田如水の出身地播磨国飾東《しきとう》（兵庫県）から連れて来たのではないかと推測される。ちなみに如水はもともと、御着《ごちゃく》城（播磨国・天川城ともいう）主小寺氏の家臣であった。

福岡市東区に鎮座する筥崎宮の楼門には、その藁座《わらざ》に「播州住大工清三郎二十五」の墨書が残り、この楼門が播州（兵庫県）の大工によって建立されたことがわかる。楼門は桃山時代のもので、黒田入封以前の小早川隆景の建立ではあるが、播州大工が福岡に来ていることはこの墨書をもって確実である。(19)

【注】

（1）三木隆行著『福岡城の櫓』（福岡市教育委員会・平成六年刊）は、十九枚の絵図を掲載する。但し、『九州諸城図』と『西国筋海陸絵図』などは、掲載されていない。

（2）三木隆行著『福岡城物語』（朝日新聞福岡本部編『はかた学7』〈葦書房・平成八年刊〉所収）六十一頁
荻野忠行著『福岡城天守と金箔鯱瓦・南三階櫓』（梓書院・平成十七年刊）七十二頁
荻野忠行著『福岡城祈念櫓・月見櫓・大手門のなぞ』（梓書院・平成十六年刊）二〇四頁
荻野忠行氏は「四層」を屋根の「四重」として記しているが、熊本城の宇土櫓は三重五階である。現存する四重天守は、四重五階、地下一階の松江城天守（慶長十六年・一六一一頃建立）と四重五階の高知城天守（延享四年・一七四七建立）の二棟である。なお、大垣城天守（元和六年・一六二〇建立）は昭和二十年戦災で焼失した。また、明治維新まで存在し、取り壊された天守は、尾崎城天守、米子城天守、大洲城天守などで、いずれも四重であった。

（3）地下の南側の柱間は、九・七五尺で広い。したがって、南北五間で、三十五・七五尺（約十・八三メートル）である。

（4）太田博太郎監修　内藤昌校注『注釈愚子見記』（井上書院・昭和六十三年刊）五～二十六頁

（5）宮上茂隆著「熊本城天守小天守および古天守の造営移築について」（『日本建築学会大会学術講演梗概集』一九八九年刊所収）

（6）『重要文化財　福岡城南丸多聞櫓修理工事報告書』（福岡市教育委員会・昭和五十九年刊）

（7）注（4）五～二十九頁

（8）宮上茂隆著・穂積和夫イラストレーション『大坂城　天下一の名城』（草思社・昭和五十九年

刊）

（9）川添昭二校訂『黒田家譜』第一巻（文献出版・昭和五十八年刊）三十九頁

（10）宮上茂隆作『復元模型安土城』（草思社・平成七年刊）

宮上茂隆著『安土城』（坪井清足・吉田靖・平井聖監修『復元大系日本の城』5 近畿〈ぎょうせい・平成四年刊〉所収）八十八頁

（11）注（9）・三八七～三八八頁

（12）鞍手郡教育会編『鞍手郡誌』（復刻版・臨川書店・昭和六十一年刊）八九八頁

（13）嘉穂郡役所編『嘉穂郡誌』（復刻版・臨川書店・昭和六十一年刊）二六一頁

（14）平野邦雄・飯田久雄著『福岡県の歴史』（山川出版社・昭和四十九年刊）一四三頁

（15）竹内理三編『大宰府・太宰府天満宮史料』巻八（太宰府天満宮・昭和四十七年刊）二九五～二九七頁。元寇防塁を「石畳」とする。

（16）佐藤正彦著「福岡県における近世建築資材供給地と運搬路について」（日本建築学会『研究報告中国・九州支部 第四号・2計画系』昭和五十三年刊所収）三二一頁

（17）福岡市教育委員会編刊『福岡城址―内堀外壁石積の調査―』（『福岡市埋蔵文化財調査報告書第一〇一集』昭和五十八年刊所収）

（18）田淵実夫著『石垣』（法成大学出版局・昭和五十年刊）一三九頁

（19）楼門は三間一戸、入母屋造、檜皮葺きで、国指定重要文化財（明治三十五年四月十七日指定）である。

五　天守はなぜ破却されたか

いままでわかっている福岡城天守関係の史料に目を通すと、福岡城に当初天守が存在したこと、かつそれが江戸初期の段階で破却されたと考えるのが至当である。細川家の書状で知られる元和六年（一六二〇）三月の福岡城天守などの破却。それはどうして起こったのだろうか。

それを明らかにするためには、一旦、時代を遡って黒田家の流れを読み解く必要がある。

黒田家の出自と武功

筑前国五十二万石を拝領した黒田氏とはいったい何者であろうか。黒田氏の出自を調べていくと、確実に宇多《うだ》源氏に突きあたる。

宇多源氏は、宇多天皇の皇子、敦実《あつみ》親王の子雅信、重信が「源」姓を与えられ左大臣に列したのを祖とし、雅信の子孫の時に最も繁栄した。雅信の子扶義《すけよし》の子成頼《なりより》は近江（滋賀県）佐々木庄に住み、近江佐々木氏の祖となった。そして、やがて京極《きょうごく》氏、六角《ろっかく》氏、尼子《あまこ》氏などの武家に発展したのである。

黒田氏はこの近江佐々木氏の流れに属し、鎌倉末期の宗満の時、近江伊香《いか》郡黒田村に住し、姓を黒田と称した。黒田氏の家紋は藤巴《ふじともえ》で、巴は右巻きの三つ巴である。巴はもともと「水」を表し、如水（黒田官兵衛孝高）の号に対応するものである。「藤」は終生の主、豊臣秀吉の旧名木下藤吉郎の「藤」を表しているともいわれる。

やがて、十六世紀の初頭、如水の曾祖父にあたる高政の時、備前（岡山県）に移り、赤松氏の被官となる。その拠点は備前邑久《おく》郡福岡郷だった。これは現在の岡山県邑久郡を流れる吉井川の東南にある「福岡」村に該当するらしい。長船《ながふね》（長船町）のあたりらしく、もしそうだとすれば、北西方に大廻《おおめぐり》・小廻山の白鳳期に遡る古代山城がある。これは岡山県西部の備中にある「鬼の城《きじょう》」とともに岡山地方の二大古代山城の一つでもある。

高政の子重隆（如水の祖父）の時、播磨（兵庫県）に移り、重隆の子職隆《もとたか》は赤松氏の一族小寺氏に仕え、養子となって小寺氏を継ぐ。この小寺氏が戦国時代居城としたのが、現在の姫路城の前身である。小寺職隆の子、小寺官兵衛こそがのちの黒田如水である。如水は天文十五年（一五四六）十一月二十九日姫路城で生まれ、幼名を万吉、長じて官兵衛、名を孝高という。如水は法名（如水軒円清居士）である。

天正元年（一五七三）以降、織田信長に属していた荒木村重《むらしげ》が、同六年（一五七八）に信長に背いた時、孝高は村重説得のため、その居城摂津国（大阪府）有岡城《ありおかじょう》に赴いた。しかし、村重は孝高の説得に応じないで、有岡城に来城した孝高を抑留したが、翌七年、信長が有岡城を攻略し、孝高はかろうじて有岡城を脱出することができた。

孝高の子、長政は文禄元年（一五九二）の朝鮮出兵の際（文禄の役）、五千人の家来を率いて渡海することになった。朝鮮派遣軍の総司令官は秀吉の養子宇喜多秀家であったが、彼は当時まだ二十一歳だったため、秀吉は老練な孝高（当時四十七歳）を参謀長兼後見役として付け、孝高は軍監として渡海した。(1)

この時、長岡（細川）忠興《ただおき》などが率いる二万の軍勢が全羅南道の晋州城を攻めたが、陥落しなかった。そこで、翌文禄二年（一五九三）、秀吉は孝高を再度派遣して、十二万四千人の陣立てを整えやっと陥落させた。この戦闘で日本軍の一番乗りを果たしたのが黒田配下の後藤又兵衛であった。晋州城は難攻不落の堅固な城として著名である。それゆえ福岡城は晋州城をモデルとしたと言われたらしい。

続く慶長の役も文禄の役と同様に、さしたる戦果もなく日本軍は撤退した。秀吉も慶長の役の二年後の慶長三年（一五九八）八月十八日、伏見城にて数えの六十三歳の生涯を閉じた。

すると、天正十一年（一五八三）賤ヶ岳《しずがだけ》の戦で、ともに軍功のあった石田三成と長政は、次第に対立するようになった。

三成は長政よりも八歳年上であって、早くから秀吉に仕え、長政の父孝高とともに九州征伐や小田原征伐に加わって大いに軍功があった。しかし、文禄・慶長の役の際、軍需輸送や占領政策に大いに才能を示した三成は、孝高と戦略、戦術をめぐって反りが合わなかったとも伝えられる。

また孝高が軍奉行石田三成、増田長盛《ましたながもり》、大谷吉継《よしつぐ》らの訪問を戦地で受けた際、囲碁に夢中で、彼らと会わなかったのを理由に、ざん訴され、秀吉の勘気をこうむった。そこで、孝高は帰国すると剃髪し「如水」と号してひたすら謹慎した。当然息子である長政も三成を心よく思っていなかった。長政は文禄・慶長の役後の論功行賞が期待にそぐわず、少なかったのはこの三成のざん訴によるものと内心考えていた。

文禄四年（一五九五）以来、近江佐和山《さわやま》城主として二十一万石を拝領していた三成であったが、秀吉死後、徳川家康の勢力を忌みはじめたのをきっかけに、黒田長政との対立が決定的となっていった。

長政は父如水とともに、仲間を取り込み、徳川家康の勢力を認め、関ヶ原の戦闘では、三成と対決することになった。

関ヶ原の戦闘で、長政はいちはやく東軍不利とみて、筑前国（福岡県）にいた小早川隆景の養子秀秋を寝返らせた。これによって不利とみられた戦況は一変し、東軍有利になり勝利を得た。

秀秋の家老平岡は長政の縁者であり、さらに秀秋の家人川村の兄が、長政の重臣井上九郎右衛門であるという関係があり、内々の交渉がしやすい条件があったとは言え、長政が秀秋を寝返らせた功績は大きかった。

戦いが終わって家康を諸将が謁見した折、その一番手の栄誉は黒田長政に与えられた。徳川幕府の正史『徳川実紀』はそのときの模様を次のように記す。(2)

一番に黒田甲斐守長政御前に参りければ。御床机をはなれ長政が傍らによらせられ。今日の勝利は偏に御辺が日比の精忠による所なり。何をもて其功に報ゆべき。わが子孫の末々まで黒田が家に対し粗略あるまじとて。長政が手を取ていただかせ給ひ。これは当座の引出物なりとてはかせ給ひし吉光の御短刀を長政が腰にささせ給ふ。

戦後の恩賞として筑前か備前（岡山県）かの二者択一を提示された長政は、筑前国を選択した。これを見ても、功績の大きさをうかがい知ることができよう。一方の父如水は、恩賞を断った。これは、如水の野心はすでに皆よく知るところであり、領地をもらっては、長政の立場さえ危うくするとの判断があったのであろう、あっさり世俗に生きる意思のないことを表明した。如水は京都に閑居して隠居生活を送った。

こうして、父如水が秀吉を天下人にしたと同様に、子長政もまた、家康を天下人にしたのである。父子二代にわたりそれぞれ天下人を生み出したにもかかわらず、有能な父如水を同じく有能な子長政があえて天下人にしなかったところに歴史の教訓を感じざるを得ない。

大坂の陣

さて、家康は、豊臣家を滅ぼす意志を、おそらく秀吉死後の慶長三年（一五九八）頃から持ち続けていた。徳川氏は豊臣家の戦力削減のため、しきりに社寺の修復を勧奨したといわれる。慶長七年（一六〇二）の火災により灰燼に帰した京の方広寺《ほうこう》大仏殿の復興も同十四年（一六〇九）から造営奉行の片桐且元《かつもと》、大工中井正清に命じて着工させ、五年間をかけて慶長十九年（一六一四）にようやく完了した。それにもかかわらず、家康は落慶供養と開眼供養を承認しながら、豊臣家大老の立場として、式の直前になって禅僧文英清韓《ぶんえいせいかん》の撰した鐘銘（昭和四十三年四月二十五日国指定重要文化財）に不吉の語がありと言い出し、さらに日取りの問題と、棟札の記載も問題があるとして、且元を駿府に招致し、本多正純《まさずみ》を介して暗に秀頼の移封あるいは募集牢人の放逐を迫った。且元はこの挑発を回避するため、淀君の江戸移住案を構想したが、失敗し、失脚させられた。

さらに郡山《こおりやま》転封の案を淀君が拒否したため、慶長十九年（一六一四）、家康は出陣を命じる。いわゆる大坂冬の陣である。豊臣方の大名も真田幸村《ゆきむら》らが豊臣秀頼とともに大坂城に籠城し、要害を利して防戦した。このため家康自身も豊臣方をなお一層警戒するようになった。そのため江戸城普請の助役にも、より一層拍車がかかったであろう。一方、九州においては島津を監視する細川が豊前小倉に陣取っていた。

翌元和元年（一六一五）四月、大坂夏の陣では、黒田長政をはじめ元和五年（一六一九）改易されることになる福島正則、加藤嘉明は出陣することが出来ず、江戸にとどめられた。しかし長政は、息子忠之（万徳）には次に示すように病をおしてまで参戦させた。

長政の息子忠之（万徳）及び福島正則の子正勝や加藤嘉明の子明成には大坂夏の陣の出動が要請されていた。ところが、そうしたなか、福岡の城から急使がきた。忠之が傷寒（急性の熱疾患）を患い床に伏したとの報せである。熱も高く、出陣するのは無理だという。それには長政も顔色が変わった。長政は「病に死すとも、軍勢を率いて出陣せよと、忠之に申し伝えよ。遅参してはなるまいぞ」と、厳しく命じて福岡からの使者を急ぎ立ち戻らせた。

忠之が参陣しないとなれば、家康や秀忠から叛心があると疑われる恐れもあるからだった。結果として、忠之は参戦した。

大坂夏の陣によって、家康は難攻不落といわれた大坂城の内堀を埋めることによって落城させ、名実ともに徳川の世を築き始めた。

家康の死後、江戸幕府は、同じ年（元和元年）の七月には、早くも武家諸法度を定め、それに違背するものは武家の手で処罰すると朝廷にも通達し、また大徳寺、妙心寺、知恩院など八寺の住職となるには、勅許を受ける前に幕府の同意を必要とするという「紫衣の制」（勅許紫衣法度）を制定していた。その一事からも、大御所・家康と将軍・秀忠が日本全国の一円支配に自信を見せ、それを着々と進めていることが知れる。

武家諸法度の城郭関係文書を次に揚げておく。(3)

○武家諸法度台徳院

慶長二十乙卯年七月

一　諸国居城、修補なすといえども、必ず言上すべき、いわんや、新規に居城を構築することは固く禁止す

城百雉を過ぎて、国の害なり、峻塁浚隍、大乱の本なり

○武家諸法度大猷院

寛永六己巳年九月六日

一　新規に城郭を構築することは固く禁止す　居城の隍塁《こうるい》石壁壊れた際は、奉行所に届け、その上裁をあおぐべき　櫓門塀などは先規の通り修補すべきこと

「先規の通り修補すべき」とは、ここでは「もとの通り補修すべき」ということである。

同じようなことが、「武家諸法度文照院」の宝永七庚寅年（一七一〇）四月十五日にもある。

武家諸法度は、新規に居城を構築することを禁止している。従来の居城を修築する場合も必ず幕府に修築願を提出し、幕府の許可を得てから修築しなければならなかった。広島城主福島正則はこれに抵触して元和五年（一六一九）六月二日、津軽（青森県）に改易されたのである。

このことは黒田長政にとって大きなショックであった。それは、福島正則が長政と同じ豊臣恩顧の国持大名であったためである。しかも、福島正則は何回も居城修築願いを幕府に出して

いたにもかかわらず、それが取り次がれなかったか、取り次がれても無視され続けて、やむなく修築してしまったことも伝えられている。

正則は、江戸城の改築、家康の居城・駿府城などの構築に続いて、家康の九子・義直のために慶長十五年（一六一〇）名古屋城を築くことになり、長政も参加した。その時、秀忠が長政に宛てた文書が残る。[4]その普請工事の時のこと、諸候が集まっているところで、福島正則が池田輝政に「江戸や駿府の城は仕方なかろうが、この名古屋城は末の息子の城である。我々にしてももはや疲弊の極みである。ご貴殿は大御所の縁戚もあるから何とかしてもらえまいか」と不満をもらした。すると横にいた加藤清正がすかさず、「不用意なことを口にするべきではない。不服があれば、国に立ち戻り、兵を挙げればよい」と忠告した。この正則の不満がひょっとすると幕府関係者に伝わっていて、広島城修築の願が取り次がれなかったのかも知れない。

福島正則は加藤清正、石田三成らとともに豊臣秀吉の有力な家臣であった。いずれにしても、福島正則の改易が直接のショックとなって、長政は元和六年（一六二〇）に始まる福岡城天守の取り壊しを決心したとも考えられる。

大坂夏の陣により、完全に豊臣の関係者を滅ぼし、天下の実権を徳川が握った。このような世の中にあって、もはや軍雄割拠の時代は完璧に終わりを告げ、徳川の安定期に入ったことを黒田長政は読みとったのである。

一国一城令の発布

年号は分からないが、八月十二日付けで長政が息子松平右衛門佐（忠之）に宛てた書状には、「十年前までは武力によって物事が決まっていたが、今の世の中は立ち居振る舞い（大名としての応待）の上手下手で評価がきまるのであるから、結局は少々のろまである位が鷹揚にみえてよろしい」とある。(5)この書状に長政の考えがよくあらわれている。

また、八月朔日付けで、右衛門佐に対し「今の時代は、少々のろまでまぬけでも言葉使いさえよければ、人々がほめる。言葉使いや立ち居振る舞いなどの上手下手が最も大切なので、不断から深く心に留めるように。それがくせになって、世の中で後悔することなどないように心得ることが最も大事である」と再三注意を繰り返している。そのまえがきの尚々書《なおなおがき》では、長政は「私が、こうして座敷に病で寝ている事は、親の如水が何か悪い事をしたからであろう。私は、年寄であるが、よき時代に生れ合せた。忠之にとっては今程大事な時はない。不断から第一に十分覚悟してやるように」と記していて、特に如水時代の不行儀に馴染まないようにとして、如水・長政の時代と忠之が将来藩主になるであろう時代の差異を明確に述べている。(6)このような長政の書状類が意味するところは、長政においてすでに元和偃武《えんぶ》の時代を迎えたという冷静な認識がなされていたということであろう。

陣後ただちに一国一城令が発布されたため、各藩では中心となる居城のほかは破却した。いわゆる「城割《しろわり》」である。

毛利家では、出来て間《ま》もない吉川広家の岩国城まで破却した。特異な形の天守はもともと城下から目立たない奥にあったが、そんな細かい気遣いも無効の場合もあった。

築城はもともと許可を必要とした。普請申請の厳格化は言うまでもない。その上、とくに天守は周りの大名に対しても気を遣った。しかし、近隣の大名たちもいつも敵対していたとはかぎらず、隣国の大名が親しければ手伝ってくれることもあった。福岡築城の際には、肥前鍋島氏が福岡城東側から博多の町に通じる堀の掘削を手助けし、今に肥前堀の名を残す。

黒田氏は当時長政の代であったが、『細川家史料』元和六年（一六二〇）三月十六日の条にある、「御代には城も入り申さず候。城をとられ申候はば、御かげをもって、取返し申すべきと存じ……」という文言に見られる如く、徳川の時代（御代、この時は第二代将軍徳川秀忠）になって、今さら軍事施設としての城などは不必要と判断するに至ったことは前に述べた。(7)

思えば、徳川家康が関ヶ原の戦いの勝利ののち、慶長八年（一六〇三）二月に征夷大将軍につき、二年後の同十年（一六〇五）四月に隠居して第二代将軍秀忠の治世となり、十数年を経ていた。長政は平和の世の訪れを感じ取っていたのであろう。

黒田家が徳川に恭順を示さなければならない理由は、右のような黒田家の事情や、当時江戸城の縄張りをしたのが、如水と共に大坂城に関係した、かの有名な藤堂高虎であり、その後塵を拝していることへの焦りがあったことと、また長政が豊臣恩顧の大名として筑前国五十二万石を領し、その上、豊臣の大坂城の縄張りをした如水を父とするからでもあったからであろう。

天守破却の理由

関ヶ原の戦いが終わった当初、黒田長政が功労として筑前国五十二万石を自ら望んで取得し、「よしっ」とばかり意気込んでいたことは、慶長六年（一六〇一）からただちに築城にとりかかっていることからも推察される。その上、かなり工事を急がせており、おそらく着工後一、二年の間に天守や主な居城は出来上がった。七年がかりで福岡城全域が完成したと言われているほどの早さである。

それでは、元和元年（一六一五）の一国一城の制に基づいて、すでに諸出城を破却していた福岡藩が、どうして一国一城令の発布から五年もたって、居城の天守の破却をせねばならなかったのか。

この問題を解く鍵としては、天守の破却が始まった元和六年（一六二〇）が、徳川幕府による大坂城再築工事が始まった直後であったという事実に注目すべきであると思う。

熊本県八代市の松井文庫所蔵の書状には、天守を取り壊した理由について、興味深い記録が残されている。(8)

松井家は細川家の筆頭家老でのちに肥後八代城主となる家柄で、その松井家に伝わる松井文庫の中にある元和六年（一六二〇）の細川忠興書状がそれである。

この書状は忠興が家臣の松井興長《おきなが》に宛てたものである。

一、黒筑手廻おくられ候と、其元ニて申候由候、ふくおかの城をくつし、石垣も天主ものほせられ候由、爰元ニ申候、如何様替たる仁ニ候間、可為其分候、乍去、別之儀有間敷候事

文中の「石垣も天主ものほせられ候由」（天守を取り壊して石垣の石も大坂へ持っていくという）と記すことは、天主（守）の存在説を補強してあまりあるものがある。さらに、天守を取り壊した理由が、「黒筑（黒田筑前守長政）が大坂城普請工事の遅れを取り戻すため、福岡城の天守を崩して、天守の部材や石垣の石を大坂に持っていった」からであるという。そして忠興は「（黒田長政は）変わり者であるから、そういうこともあるのだろう」と付け加えている。これは、細川忠興書状であるから十分信憑性がある。丸山雍成氏はこの史料によって「福岡城の天守・石垣その他の破却が大坂城普請と無関係であるはずはなかった」とする。(9)

大坂城は元和元年（一六一五）四月の夏の陣によって落城焼失後、六月には松平忠明に与えられた。そして、間もなく再建工事が始められ、寛永六年（一六二九）ごろ出来上がり、直轄領となった。初代大坂城代には内藤信正を任命し、幕府の近畿における防衛体制が整えられた。この時の大坂城再建工事は、あの秀吉が邸宅的城郭として文禄三年（一五九四）に建立した伏見城を破却し、その材の一部分を運んで再築された。伏見城に代わる城としては淀《よど》城（京都市）

が再築されることになり、ここにも伏見城の建物などが移築された。

淀城は古くからあったが、秀吉が伏見城を築くにあたって不要として破却され、天守などは伏見城に移築されたが、再度反対のことをしようというのであった。淀城は豊臣時代とは異なる南方（京都市伏見区淀）に敷地が決まり、松平定綱が元和九年（一六二三）に完成させた。

ちょうどその頃、二条城に後水尾天皇の行幸を仰ぐべく拡張が企画され、伏見城の天守は結局二条城に縮小移建された。こうして、伏見城破壊の結果、その建物は二条城以外にも、大徳寺、本願寺、豊国《ほうこく》神社、高台《こうだい》寺、津久夫須麻《つくぶすま》神社などにも移築された。

さて、元和元年（一六一五）から始められた大坂城の普請工事は、将軍秀忠が自ら指揮して行われた。もちろん、工事は普請の責任者である藤堂高虎とともに現場を視察して協議しながら進められた。

このような時期に福岡城の天守が壊されなければならなくなったのは、長政に対して諸大名たちの間で誹謗中傷があり、幕府としても無視できない状況があったのではないかと推測される。誹謗中傷の一つは、長政が、大坂城の普請工事に遅れたことなども十分考えられることであろう。

長政は、関ヶ原での功績におごることなく、幕府・将軍に忠実に仕えた。将軍の覚えもよかったはずである。それゆえ、黒田謀叛の噂が事実に反することは幕府も十分承知していたはずである。長政としては将軍の立場を苦しいものにしないよう、また噂が大きくならないうちに名誉を挽回する必要があったものと思われる。その上、筑前国五十二万石の領地判物《はんもつ》も得ていたので、長政は率先して自身から天守破却と、大坂城への部材の供出や高石垣七十間分の普請下命を申し出たと推測されるのである。

一国の大名は、城や領地を所有してこそ本格的な大名である。長政は、慶長五年（一六〇〇）に関ヶ原合戦の功績によって筑前国に領地を与えられた。早速、同七年（一六〇二）に検地をし、同十年（一六〇五）、同十八年（一六一三）に幕府に領地高として差し出したが、家康からは領地判物は与えられなかった。しかしながら、家康の死後、元和三年（一六一七）の二代将軍徳川秀忠の単独での最初の上洛の際に、それに従った諸大名に領地判物が与えられた。次の判物はその時のもので、黒田家の領地が公に認められた大変重要な記録である。

筑前国都合五拾万弐千四百拾六石目録在別紙事、（目録在）宛行之訖、可有全領知之状如件、

元和参年九月五日　（花押）（徳川秀忠）

黒田筑前守とのへ

この判物は、現在福岡市博物館に所蔵されていて、徳川秀忠領地判物・収納箱「御判物」「徳川秀忠より黒田長政宛」として収められている。

判物とは領地の保証書である。いわば保証書によって所領地が保証されたことによる。今時の学生が、入社試験を受けて、とりあえず電話で内定通知をもらったのでは安心できず、文書による内定通知をもらって、はじめて安心することができるのと同様に、長政は判物を得て初

めて五十二万石の本格的大名になったのである。そして、黒田長政自身、心より安心したのであろう。

如水の死

福岡城の全体の竣工も間近であった慶長九年（一六〇四）三月二十日、敬愛していた父如水が、「思ひおくことのはなくてつゐにゆくみちはまよはじなるにまかせて」の辞世の句を遺して、五十九歳で世を去った。[10] 墓は福岡市博多区の臨済宗大徳寺派横岳《よこたけ》山崇福寺にある。龍光院と号す。崇福寺は、もとは太宰府横岳に仁治元年（一二四〇）に創建された寺である。

長政は、今まで築城ばかりでなく、諸々の政事《まつりごと》に父如水の意見を聞いていたのであろう。三十七歳とはいえ、長政にとって父如水はもう少し生きていて欲しい存在だったに違いない。

如水が晩年、その余生を過ごし、『黒田家譜』に「福岡にて病に臥せり」と記される場所が福岡城城内三の丸の隠居屋敷である。現在、福岡城址（舞鶴公園）の一画に「黒田如水公御鷹《おたか》屋敷跡」という石碑が立てられている。

隠居屋敷（通称御鷹屋敷）での生活は妻光姫《てるひめ》（幸円）と数人の使用人のみとの質素な生活であった。如水が倹約家であったことはよく知られていることで、先に引用した『黒田家譜』のあとにも記されている。

徳川秀忠は如水の逝去を聞いて、次の書状を持たせ、使者を送った。(11)

如水逝去之儀無二是非一仕合候。為レ其相二越使者一候。仍銀子弐百枚送レ之候。謹言

五月朔日　　秀忠御判

黒田筑前守殿

如水の三回忌にあたる慶長十一年（一六〇六）長政三十九歳の年、長政は江戸城改築により、江戸城天守台の石垣工事を命じられている。普請奉行は母里太兵衛であった。この時の功労により、母里太兵衛は以後改姓して毛利太兵衛となる。(12)

家康はこれより前、慶長十年（一六〇五）四月に征夷大将軍の座を息子秀忠に譲っていた。その座が何事もなく第二代へ引き継がれていく様を、長政は身にしみて感じ取っていたに違いない。そして、翌十一年（一六〇六）に江戸城改築の命を秀忠から受けることになり、ますます徳川治世の安泰を感じていたことであろう。

家康には、如水の遺品として、備前長光と木の丸の茶入れを献じ、さらに秀忠には、これも如水が秘蔵していた「東鏡《あずまかがみ》」を献上した。小田原を開城した折に、北条氏政から贈られた天下に名高い稀覯書で、秀忠が執心していると聞いていたのだ。長政は、家康の後の世までも睨んだ布石を、はやくも打ちはじめていた。

また、如水の死去から六、七年の間に、豊臣恩顧の大名が次々と死んでいった。たとえば、田中吉政（天文十七年・一五四八〜慶長十四年・一六〇九）、細川幽斉（天文三年・一五三四〜慶長

十五年・一六一〇）、浅野長政（天文十六年・一五四七～慶長十六年・一六一一）、堀尾吉晴（天文十二年・一五四三～慶長十六年・一六一一）、加藤清正（永禄五年・一五六二～慶長十六年・一六一一）など、同時代の武将が次々に亡くなっている。

さらに、慶長十八年（一六一三）には池田輝政（永禄七・一五六四～慶長十八・一六一三）や浅野長政の子、浅野幸長《よしなが》（天正四・一五七六～慶長十八・一六一三）も不帰の客となった。

黒田長政にとって彼らの死は、時代の移ろいを感じさせるに充分な出来事だったに違いない。

泰平の世への布石

清正らが亡くなった慶長十六年（一六一一）といえば、長政にとって一大目的であった福岡城の天守もほぼ完成していた年であるが、この年、家康は四月十二日付けで三箇条の条例を西国諸大名に示して、誓詞を提出させている。三箇条の内容は、「一、源頼朝以来、代々将軍家の法式を重んじ、やがて秀忠が発布すべき条目を順守すべきこと。一、法度や将軍の命令に背いたものを匿わないこと。一、拘置の諸侍や、反逆殺害者などお互いに検査し召しつかうことを禁止する」というものである。そして、「もし、三箇条に違反するものがいれば、問いただし、追及し、厳重に処罰する」と付け加えている。勿論、それには「黒田筑前守長政（花押）」とあって、長政も提出している。[13] これは、慶長二十年（一六一五）に幕府から出された「武家諸法度」

の前蹤《ぜんしょう》である。長政は、誓詞を提出した時点で、徳川幕府の安泰を確信するとともに、身の処し方を常に考えていたものと思われる。

それればかりではない。長政四十五歳の慶長十七年（一六一二）十二月十八日、後妻保科《ほしな》正直の娘との間に生まれた長男忠之（万徳）が駿府に行って、初めて徳川家康に拝謁している。その時の様子を『黒田家譜』は次のように描写する。(14)

同年十二月、万徳筑前より駿府へ参り、初て家康公を拝謁し奉る。同月十七日長政銀二千両・小袖十領を家康公へ被レ献。万徳より綿二百把・銀三千両を献ぜらる。翌十八日諸大名に御茶を賜ハり、退出以後長政父子を御広間におゐて御前へ被二召出一、御盃を被レ下、万徳を右衛門佐に任ずへき由上意あり。

手ぶらでないことに注意されよう。また、『黒田家譜』は万徳から改名し、忠之になったいきさつを慶長十八年の条に次のように記す。(15)

正月二十一日江戸におゐて、将軍秀忠公より、右衛門佐に、松平の御氏と、御諱《いみな》の忠《たゞ》の御一字を賜ハり、松平右衛門佐忠長と号す。其御証文に御判を加へられ、これを賜ハる。此時御盃を被レ下、守家の御太刀、国次の御脇指、鹿毛《かげ》の御馬拝領せらる。御礼として長政より銀千両、忠長より銀三千両を献せらる。同二月朔日忠長諸大夫に任じ、従五位に叙す。御暇賜て帰国せらる。忠長後に名乗を改て忠政と称す。是家光公の御弟、駿河大納言忠長卿の御名乗をさけ給ひてなり。其後又忠政を改て忠之と号せらる。是ハ家康公の御外祖父《はゝかたのおほぢ》、水野右衛門大夫忠政の名乗をさけ給ひて也。

ここでも長政は礼を十分に尽している。慶長十七年、徳川家康に拝謁するより先、万徳（忠之）は父長政が十一歳で甲冑を初めて身につけたことにあやかって、五月五日に初めて甲冑をつけて、筥崎宮に参詣している。[16]

万徳筑前に在て初て甲冑を着給ふ。長政十一歳にて初て鎧を着給ひしかば、其吉例に任せられしと也。吉田壹岐・竹森石見是を着せ申ける。……長政ハ毛利但馬と共に、万徳の甲冑を着し給ふ容貌、如水によく似給ひたりとて、懐旧の涙を催し給ふ。……かくて但馬を初め、をの〳〵召集め、祝儀の燕饗行ハれける。

万徳既に初て鎧を着し給ひ、八幡宮ハ武将の尊敬する神なれはとて、甲冑を着し箱崎八幡宮に参詣し給ふ。家臣竹森石見旗を六流立させて供しける。其外近習の士共二十余人相したかふ。

父長政としても、長男忠之のこの成長ぶりを誇りに思っていたのであろう。忠之の初めての甲冑姿を見て、忠之のおじいさんにあたる「如水によく似給ひたりとて」と記している。

だがしかし、父長政は、この忠之のことに関しても、幕府を多分に意識して行動していることが十分うかがえる。翌慶長十八年（一六一三）五月五日、忠之が再度甲冑を付けて、士卒数千人を連れて筥崎宮に参詣したところ、江戸にいる長政から、「たとひ武備のたしなミのためにといふとも、静謐の時世のうたがひもはゞかり多しとて、其後かたく禁じ給ひしかば、来年より其事やミぬ」と、今後このようなことのないようにかたく禁じているのである。[17]

ちなみにこの筥崎宮は福岡市東区に鎮座する、日本三大八幡の一つに数えられる神社で、延長元年（九二三）筑前大分《だいぶ》宮（飯塚市大分）から勧請したと伝えられ、応神天皇、神功皇后、玉依姫命《たまよりひめのみこと》を祀る。現存する本殿は大内義隆の寄進により天文十四年（一五四五）に建てられたものである。拝殿も同じ頃ということで、両建物とも国指定重要文化財（明治四十年五月二十七日指定）である。もと官幣大社で、拝殿前には当時名島城主だった小早川隆景が寄進した楼門があって、やはり国指定重要文化財（明治三十五年四月十七日指定）となっている。この楼門に「敵国降伏」の扁額がかかっているので、「伏敵門」の別称がある。ちなみに、本殿は大陸に向けて建てられている。また、旧長崎街道に面して、街道沿いに黒田長政四十二歳の厄年にあたる慶長十四年（一六〇九）に寄進した石造明神《みょうじん》鳥居が立つ。これは昭和三十年六月二十二日に国指定重要文化財になった。石造明神鳥居とはいうものの、肥前国（佐賀・長崎県）に多く見られる笠木《かさぎ》がバナナ型になったものであるため、俗に肥前鳥居と呼ばれている。

筥崎宮は武士が崇拝している八幡神を祀るためか、黒田家もその例外ではなく、長政もまた、鳥居を寄進するほどの崇敬を示していた。

細川家との確執

長政五十五歳の時、徳川秀忠の養女と息子の黒田忠之との縁談話が持ち上がり、元和八年(一六二二)一月二十六日、二人は結婚した。(18)

この縁組こそ、黒田家が徳川に示した恭順のしるしにほかならない。それは、黒田家のお家安泰にもつながるはずのものである。

そもそも長政の妻栄姫《ねね》は、保科弾正忠正直《ほしなだんじょうちゅうまさなお》の息女(家康の姪)を自分の養女として江戸から伏見へ呼び寄せてあるからという家康の申し出によって、蜂須賀家から輿入《こしい》れしていた正勝の娘をわざわざ離別して、後妻として娶《めと》った結果正室となった女であった。

豊臣の大坂城が落城して、瘤を落とし、こわいものなしの天下となった徳川秀忠が、ただちに慶長二十年(一六一五)、正確には元和元年(一六一五)閏六月十三日、諸国の端城《はじろ》を破却すべきことを令し、一国一城令を布したことは先に触れた。(19)

これに基づいて、忠之は七月十六日に伏見の家康公の奥の座敷へ召し出され、御暇をもらって帰国し、国内の端城すべてを取り壊した。その端城は黒崎、鷹取《たかとり》、小石原《こいしわら》、大隈《おおくま》、麻氏良《までら》(左右良《までら》)、若松の六つの城であった。

大隈は別名益富《ますとみ》城とも言われ、現在の嘉麻市中益富にあり、城主後藤又兵衛基次《もとつぐ》は一万四千石で大坂城にて討死した。

鷹取は鞍手《くらて》郡の鷹取城で、現在の直方《のおがた》市付近である。城主は日本号の槍を飲み取った「黒田節」で名高い母里（毛利）太兵衛友信で、当初一万四千石がのちに一万六千石に加増されている。

麻氏良（左右良）は現在の朝倉市杷木《はき》町志波付近で、城主は栗山史郎右衛門利安、一万五千石である。子息の大膳《だいぜん》の時、二万石に加増されて国家老であったが、黒田騒動で有名になった。

黒崎は現在の北九州市八幡西区黒崎で、城主井上周防之房《ゆきふさ》、一万五千石、のちに一万七千石に加増されている。

若松は同じく現在の北九州市若松区若松で、城主三宅三（山）太夫、三千石である。三太夫は船手組の大将格であった。

小石原は現在の朝倉郡東峰大字小石原で、山の上の要地である。城主黒田（旧姓中間）六郎右衛門、三千石である。

六端城の建立にも深い事情があった。関ヶ原合戦（慶長五年・一六〇〇）後、黒田長政は、豊前国中津城からただちに筑前国名島城に入った。この時の様子を『黒田家譜』は次のように記す。[20]

長政ハ十二月八日に先家臣を遣ハし、名嶋の城を請とらせ給ふ。（中略）同十一日始て名嶋の城に入たまふ。

『黒田家譜』は右のようにごく簡単に記しているが、実は中津から名島城へ移る際、長政はその年の年貢米をすべて持って移ってきたのである。

ところが、その後へ丹後国（京都）長岡から中津城へ移って来た細川忠興は当時の転封の場合の武士の作法を守って、その年の年貢米を旧領丹後国に置いて、中津には持ってこなかった。そこで、細川忠興は黒田長政が持っていった豊前国の年貢米を返すよう徳川家康の了解のもとに交渉したが、長政が返却する様子も見せなかったために、細川氏は門司に番船を配置し、筑前から上方への廻米を差し押さえようとした。そのため、黒田・細川両氏と親しい大和国竜田《たつた》藩主片桐且元や土佐国高知藩主山内一豊らが仲裁し、返還の日時まで決めた。しかしながら、実際には二年後の慶長七年（一六〇二）五月までかかった。(21)

長政が慶長六年（一六〇一）、福岡城の造営を始めると同時に、これらの六端城（支城）の大部分を細川忠興の支配する豊前国と筑前国の国境に置いた理由が理解されよう。もともとは黒田も細川も豊臣恩顧の大名から国持大名になったのであるが、年貢米事件以来、両者の間は険悪な状態であった。

このような因縁もあったからこそ、元和六年（一六二〇）福岡城取り壊しの記録も『細川家史料』はあっさりと記したにすぎなかったのではないか。すなわち、『細川家史料』同六年（一六二〇）三月十五日の条に、「いずれにしても、天守はお壊しなされるに違いないと取り沙汰されている」と記すのみであった。(22)

また、同三月十六日の条は「福岡の天守も家屋敷もくずします。徳川の御代には城もいりません。もし、城を取られても将軍のお力で取り返すことができるからと考えたので、天守の取り壊しを命じました」と天守の取り壊しを記すことも前に触れた。[23]

この年、長政は大坂城の石垣を築くよう命じられていた。ここで長政の大坂到着遅延をめぐる誹謗中傷があり、幕府としても無視できない状況となったことはすでに述べた。また、この頃、地元筑前国では遠賀川に新川、堀川を掘る改修工事を計画したことも細川に何らかの刺激を与えたかも知れない。

なぜ「家屋敷」まで破却したのか

さて、先掲の『細川家史料』によると、長政は「家屋敷」まで、すなわち天守ばかりでなく、長政自身の御殿まで崩したらしいが、これは何を意味するのか。

長政夫妻は当初、三の丸の東端の屋敷に住んだ。現在の福岡高等裁判所の所在地にあたる正方形の敷地である。当初長政夫婦が居住し、長男忠之の生誕したことにより、その特殊な由来を重んじて、のちにここは東の丸とも呼ばれた。長政夫妻が本丸御殿に移ったのは慶長七年（一六〇二）で、代わりに栗山備後守《びんごのかみ》利安（黒田騒動で有名な栗山大膳《だいぜん》の父）が屋敷に入ったが、二代忠之はここを産所として生まれた（『黒田家譜』）という。

そもそもここは島状の地形だったと考えられ、本丸より先に仮住まいとして使われた東の丸御殿は当然、古建築の移築であったはずである。御殿は既に正保の『福博惣絵図』の段階でなくなっていた。

この御殿とともに注目すべきは、この東の丸の東北と東南にあった櫓、すなわち、「東の丸北櫓」と「東の丸南櫓」とも称すべき櫓があったらしい点である。[24]『福岡城下之絵図』に「先年ノ矢倉跡」の付箋の記載がある。[25]正保の『福博惣絵図』にも「屋くら跡」と記されている。[26]町の方から城を見たときに一番正面の目立つ櫓なのに、早くからなくなっているのは不自然である。

これらを合わせて考えると、東の丸の御殿と櫓は、当初、ほかの城から移築されて長政夫妻の屋敷に使われていたものの、それが早くに破却され、それが天守と同時であった可能性もある。

破却せざるを得ないのは、それが豊臣家と何らかの関係がある建築であったからではないかと思う。ひとつには、肥前名護屋城の櫓、御殿の一部を拝領した可能性もあろう。あるいは名島城から持ってきたものであって、それが、小早川隆景が豊臣家から拝領した建物であったという可能性も考えられるかも知れない。小早川隆景は、秀吉が信長の武将として毛利と戦っていた当初からの秀吉の交渉相手であり、本能寺の変の際は結果的に秀吉の天下取りに大きく貢献し、秀吉の大のお気に入りであった。

聚楽第の破却後、その建物を賜わった例はいくつか見られ、小早川隆景の本拠三原城の御殿にもそれと思われるものがある。養子の秀秋を住まわせる名島城にそういうものがあってもおかしくない。私は、後者の可能性が高いと考えている。

破却したのが天守のみでなく、東の丸の御殿や櫓も含まれたのは、後者が豊臣に由来する建築であったがために、長政が率先して破却したものと考えれば辻褄が合う。

伊達政宗は仙台城に天守を造らなかったが、それでも謀叛の噂があって、事実謀叛の計画を持っていた。江戸初期はそのような時代だったのである。

江戸では各大名が幕府、とくに執政の重臣との関係に心を配り、その中でも細川氏はそうした権力の中枢との政治に熱心な大名として知られていた。細川忠興と黒田長政は元々、仲の良い間柄であった。関ヶ原の戦いの後、黒田の旧領地に細川氏を入れたのも、引き継ぎがスムースにいくことを配慮してのことであった。ところが、実際は黒田氏がその年の年貢米を刈り取って福岡に移ったために細川氏は怒り、幕府に訴えた。裁定の結果、年払いで決着したが、この一件がしこりとなって残り、両家の関係が一変した。

ゆえに『細川家史料』の天守破却の報せの書状にも、同情の気持ちは少しも表われていない。しかし、それは単に黒田対細川だけの問題ではなく、黒田対諸大名たちの問題でもあった。大坂城普請の遅れに関する長政への中傷に象徴されるように、諸大名の気持には将軍家の覚えめでたい黒田に対する妬みも十分感じられる。

その後、初代福岡藩主黒田長政は、元和九年（一六二三）八月、五十六歳で京都報恩寺において死去した。長政は死去の二日前の八月二日、病苦をおして、家老栗山大膳と小河内蔵允《おごうくらのじょう》を枕頭に呼び、ひそかに遺言を述べた。その一部は政治遺訓であった。[27]

一　我等不レ曰可二相果一候。右衛門佐始子共ニ対候而、我等同前ニ忠義を可レ存事不レ及レ言候。其方共か子孫こそ、代々如レ此ニ而筑前之仕置可レ仕候へハ、当座之功を思ふべからず。長久ニ領国の成就ある分別肝要ニ候。

一　其方共親祖父《おほぢ》已来、共身〳〵武功内外之事、さま〳〵骨折せ候へ共、夫程之志も不レ仕、小身ニて置候事心外ニ候。此後も末永く相続候而、安堵候て右衛門佐ニ奉公可レ仕候。諸侍中夫々之志銘々取分可レ申様無レ之候。皆どもニより〳〵此事可レ被二申伝一候。為二暇乞一申置候也。

元和九年八月二日

右は、言うまでもなく、口述したものを筆記させたものであるが、死の二日前にこれだけ長文のものを口述したということだけでも、長政の、父如水とおのれの軍功の評価にかけた執念、黒田家の存続を祈念するすさまじい気迫が感じられる。

忠之が父長政の遺言を忘れなかったら、「黒田騒動」と言われるようなトラブルは起こらなかったにちがいない。

【注】

（1）安藤英男編著『黒田如水のすべて』〈新人物往来社・平成四年刊〉七九頁

（2）『徳川実紀』第一編（新訂増補『国史大系』38〈吉川弘文館　昭和三十九年刊〉所収）二二七～二二八頁

（3）武家諸法度（『徳川禁令考　前集第一』〈創文社・昭和三十四年刊〉所収）第十四章

（4）川添昭二校訂『新訂・黒田家譜』第一巻（文献出版・昭和五十八年刊）四七四頁

（5）『三奈木黒田家文書』№一二八〇

（6）注（5）№一二七八

（7）「細川家史料　八」（『大日本近世史料』〈東京大学出版会・昭和五十七年刊〉所収）一三二頁

（8）『松井文庫所蔵古文書調査報告書　一』（№一三九）（八代市立博物館未来の森ミュージアム・平成八年刊）所収

白峰旬著「近世初期（元和寛永期）の公儀普請（城普請）の実態に関する考察Ⅰ―石材調達・石垣普請の事例を中心に」（Memoris of Beppu University，五一〈平成二十二年〉）

（9）『海路』第四号（海鳥社・平成十九年刊）

（10）注（4）四六七頁

（11）注（4）四七一頁

（12）注（4）四七二頁

（13）『大日本近世史料』第十二編之八・一五三頁

（14）注（4）四七六頁

（15）注（4）四七六～四七七頁

（16）注（4）四七五頁

（17）注（4）四七七頁

(18) 注(4)四九八頁
(19) 注(4)四八九頁
(20) 注(4)四六〇頁
(21) 川添昭二・武末純一・岡藤良敬・西谷正浩・梶原良則・折田悦郎著『福岡県の歴史』(山川出版社・平成九年刊)一八三頁
(22) 注(7)一二九頁
(23) 注(7)一三二頁
(24) 三木隆行著『福岡城の櫓』(福岡市教育委員会・平成六年刊)十四頁
(25) 九州大学九州文化史研究施設蔵
(26) 福岡市博物館蔵
(27) 注(4)五三五~五三六頁
遺言は、『吉田家文書』No一三八七~一三九三や『諸家文書』No一四九五~一四九八などにもある(『福岡県史・近世資料編・福岡藩初期(下)』〈福岡県・昭和五十八年刊〉所収)三一八~三二三、四一五~四二〇頁

追　記

去る平成二十三年（二〇一一）三月二十六日（土）、福岡市の中央市民センターで行われた、「平成二十二年度『福岡城』シンポジウム〝福岡城の実像に迫る〟」は多くの市民の参加のもとに、奈良大学教授・千田嘉博氏の基調講演にはじまり、九州大学大学院教授・服部英雄氏、そして筆者の講演のあと、元佐賀県立名護屋城博物館学芸課長・高瀬哲郎氏と福岡市文化財整備課整備第一係係長・大庭康時氏の司会で、講演者三人と福岡市博物館学芸員・高山英朗氏及び福岡市文化財整備課課長・吉武学氏が参加し、シンポジウムが行われた。高山氏は「福岡城築城と『天守閣』をめぐる諸問題～存否論争の史料整理」として発表を行い、つづいて吉武氏は福岡城跡の指定範囲などの現状を報告した。

天守の存在を否定する服部氏は、正保三年（一六四六）の絵図『福博惣絵図』（口絵参照）の「天守台」という表記について、「天守跡」と書かれていないのは、大天守が初めからなかったからである、と主張した。[1]

これに対し、天守存在を認めているわたしは、次の三点を考えている。

一　この種の絵図を建築では、「配置図」もしくは「見取り図」という。天守が初めからなければ、わざわざ「天守台」と記載しない。初めからない建物は、建物名も姿図も書けないからである。

二　正保三年（一六四六）の絵図『福博惣絵図』は、取り壊された建物には具体的建物名を記載し、存在している建物は姿図で示し具体的建物名はない。文字と姿図をはっきり使い分けて示した大変貴重な配置図である。

三　「天守台」の文言は取り壊された建物を示すのに十分な表現である。

付言すると、「天守台」を隣接する「矢蔵跡」のように「天守跡」や「天守台跡」としなかった理由は、作者に求めるより真実は分からない。作者を代弁することが許されれば次のようである。

①『大漢語林』（大修館書店、平成四年刊）によれば、「台」は、「うてな」とも読み、「㋐：土を高く盛って上を平らにした所。見はらし。㋑：㋐の上に建てた建物。ものみやぐら。また、高殿。『楼台』」の意味がある。よって、「天守高殿」のつもりで、最初から「天守台」と書くつもりであったのではないか。

②さらに、「跡」には、「高殿」の意味は全くない。「天守台」を、「矢蔵跡」と区別して、「天守台」と記載することによって、ひときわ高い石垣（楼台）と高い建物（高殿）を強調し

たかった。すなわち「天守高殿」は、隣接する「矢蔵」よりも一段と高く立派であったことを表したかった。

「台」と「跡」の意味を汲み取らない限り「天守台」の意味は伝わらない。最初から、「天守のなかった天守台」というような解釈を持ち出さなくてもよいのである。

千田氏は、「津山城の『御天守廻之図』の表記は、当時天守が建っていたにも関わらず『天守台』と記した。周囲の隅櫓や渡櫓は、それぞれ『二重櫓』『渡櫓』などと記した。ふつうに解釈すれば、天守は建っておらず、まわりの櫓だけが建っていた、と思ってしまう。→これはいうまでもなく誤った解釈」と絵図を示しながら説明した。(2)

次に、慶長七年（一六〇二）八年二月十五日付、黒田三左衛門（黒田一成）宛て黒田長政書状の「柱立」（『三奈木黒田家文書』No一一六六・年紀は『黒田家文書』による）をどう解釈するか。これについて、わたしは、「天守の柱立上棟（式）」あるいは「初めて地下の柱を立てる」作業を此月中にするように、と大工や奉行に固く申しつけた、と解釈した。

慶長六年（一六〇一）九月朔日付、益田与介（宗清）・野口左介（一成）宛て黒田長政書状の「天守どだい」（『野口家文書』No八一一・年紀は『黒田家文書』による）は、柱は桁や梁に直接立てることもできるので、必ずしも柱が立つ横材と考えなくても地下に残る「いしずえ＝石据」（柱の下の土台石＝礎石）と考えてもよい、と回答した。

建築史の立場からより正確に理解していただくために、若干説明をしておくことがある。

元和六年（一六二〇）の『細川家史料』には「はきゃく被仕候」（三月十五日）との噂をあげ、次の日に「くづし申候」（三月十六日）とあって、「破却し終えた」や「崩し終えた」という記録はない。同年の細川忠興書状（松井文庫）には「ふくおかの城をくつし、石垣も天主ものほせられ候由」とあって、福岡城を崩して石垣も天主も大坂へ運んでいる旨を記すが、天守の石垣は現存している。同年三月十五日には「いつれに天主なとを、くつされ候事ハ必定之様ニ申候」と記すので、まだ取り壊し工事にも取り掛かっていないのだが、五重六階の天守を取り壊すにはそれ相当の年月がいるのは当然である。先ずは足場を確保し、壁土を落とし、大切な屋根瓦を一枚ずつ最上階から順番におろすので、仮屋根も掛けながらの作業になる。さらに倒壊防止のために支柱や筋交いを当てなければならない。柱や梁などの木材も、再利用するために丁寧に解体しておかなければならない。新築するほどの時間がかかるのである。現在のように重機械があっても姫路城の天守修理は六年の歳月（平成二十一〜二十六年）を要するのである。

服部氏は、「大天守だけが取り壊されたという考えもなされるかもしれないが、それはできない。姫路城大天守心柱のように、天守には巨大な用材が使われた。門や施設の破却なくして場外に運び出すことなどできない……」とする。[3]だが、わたしの五重六階、地下一階の復原天守には場外に運び出せないほどの姫路城大天守心柱（心柱は無いので東・西の大柱であろう）のような巨大な用材を用いていない。また、服部氏は「史料上元和大坂城築城時に福岡城天守破却の記事が出てくるが、実際には建物破却・福岡廃城はなかった。悪意を持つ人間の発言からは、真相はみえにくい。この場合風説の対象となった『天守』とは小・中天守を指したものと考える」と主張し、さらに元和九年（一六二三）七月廿七日付、黒田長政遺言覚写（『諸家文書』№一四九六）の「一谷ノ甲遺候、福岡天守ニ有之」をあげて、「この『天守』はどう解釈されるのだろうか。除却されたという大天守とは別物とならざるをえないが、説明矛盾ではなかろうか」とする。(4)

五重六階の天守を取り壊すのに新築する程の時間がかかることは先に述べた。幸い天守には穴蔵や石穴という地下一階がある。そこに、「一谷ノ甲」を保管しておくこともできる。天守の石垣に屋根を付けておけば保管に問題ないのではないだろうか。しかも、地下一階の屋根ならば城郭外からは目立たない。「天守」が無いという思い込みから「小・中天守」を無理して持ち出すことはない。(5)

正保三年（一六四六）の絵図『福博物絵図』は、福岡城郭のほぼ全域を描き、かつ制作年代がわかり、存在する石垣や建物を描いている。櫓や天守のように取り壊されて正保三年（一六四六）時にないものには「矢蔵跡」や「天守台」と記入しているので、分りやすい史料だが、建築では、このような絵図（配置図）には当初より存在しない天守のことを、わざわざ「天守台」などとは書きようがないはずなのである。(6)

【注】

（1）服部英雄著『歴史を読み解く―さまざまな史料と視角』（青史出版・平成十五年刊）一四六頁。当日配布のレジュメ集『福岡城の実像に迫る』二〇頁

（2）当日配布の『福岡城の実像に迫る』一八頁

（3）注（1）一五六～一五七頁

（4）注（1）一五七頁

（5）注（1）一五八頁に「私見では『一ノ谷』の置かれた『天守』も中天守をさす」と記す。

（6）寛政八年（一七九六）～同九年の『佐賀御城分間御絵図』（『復元大系―日本の城』第八巻 九州・沖縄〈ぎょうせい・平成四年刊〉所収）は、享保十一年（一七二六）に焼失した佐賀城天守の跡に「御天守台」と記す。

コラム　天守の地下

天守は高くなければならなかった。天守の最上階から、藩主や大名が領民領地を眺めるためである。単に眺めるだけではなく、領民が毎日田畑に出て働いているのを確認し、田畑に現在のような休耕田がないようにくまなく作付されているか否か大名は十分注意をはらう必要があった。また、朝飼や夕飼の煙が各戸からたち上るかなどなど、領内領民の監視も充分する必要があったのである。

また、天守は一旦緩急あれば、敵の動き、領民達の動きを見る望楼の役目をしていた。慶長ごろ江戸時代初期の天守は殆どこの望楼型天守なのである。そのためには、少しでも高く建設するのが藩主や大名達にとって有利であることに違いない。と同時に敵から攻めにくくするように天守を取り囲む石垣や櫓を構えなければならない。

そうであるならば、高い基壇をつくり、その上に天守を建てればよい。高い基壇をつくるための土は城廻りを掘り上げて調達するのが、運搬コストもかからない。そうして出来たのが、城郭をとりまく堀である。外国ではこうしてつくった堀は、空堀と称して水を入れずライオンやトラの猛獣類を放し飼いにするところもある。ところが、我が国は雨が多い。そのため、水は豊富である。それをためればわざわざ遠くから水を引かなくても間に合った。それは、丁度弥生時代の環濠集落と同じ考え方に通じ発展してきたのである。掘り上げた土をなるべく高く積み上げるのだが垂直では限度があるし、法《のり》を付けた台形（土塁）では、多少高くても雨で法がくずれる。そこで、外廻りに石を積み上げたのである。そうすれば、多少の雨でも崩れない。さらに、敵が城郭内に入るのに時間がかかる。一石二鳥である。

天守台の場合、単に台形の外側に石を積み上げるより、台形の中身の土をえぐり、内部を石積みの壁としてえぐった所と周囲の石垣の高さに合わせて柱をたてると、地下が出来る。こうして、一階は周囲の石積みの端から柱をたてて、二階、三階を載せれば、まるまる地下空間分の広さが広くなり、かつ城攻めの際にも時間かせぎが可能となる。ちなみに『九州諸城図』では、この重要な石垣はⅠ図もⅡ図も単線で極く簡単に描かれている。元来建築とは、内部空間と外部空間のとり合せである。もちろん内部空間は大きい方がよい。

こうして、豊臣秀吉の大坂城や姫路城のように大規模な地下一階地上六階で、屋根は五重の大天守となっているのである。

第二部

『九州諸城図』の図像学

一　建築史における図像の役割

建築物を新たに建てようとすると、いろいろと段取りをしなければならない。人々の生活で必要最小限のものは、よく衣食住と言われる。「住」は住まいである。住まいを新築する場合、まず、何処に、いつ、何を、どのように、などなどを決めなければならない。要するに、準備と段取りである。これがしっかりしていれば、工事はスムースに進む。「何を」は、住宅であるが、デザイン、木造か鉄筋コンクリートかそうではないのか、工期はどのくらいか、そして、何よりも先立つべき資金のことなどなどを考えなければならない。その上で大工棟梁に依頼するのか、工務店や住宅産業会社に一括でお願いするのかなども決めなければならない。

「どのように」ということは、住まいの種類や施工業者などを含めて決まる。例えば、一般に木造建築であれば、大工棟梁が全責任を持って工事を進める。したがって、棟梁は施主と常に綿密な打ち合わせをしながら、工事の段取りをして、決められた工事期間に完成させる。

棟梁が工事を進めるにあたって、まず必要なものは、設計図面である。町を歩いていると、工事現場があって、そこに、○○邸完成図などが工事期間などと共に見られる。それが、姿図であって、建築用語では〝パース〟（透視図）という。『九州諸城図』はこれに相当する。棟梁が描く図面は、平面図と言って、建物を床上一メートルほどのところで、水平に切断したところを上から見た図面で、〝指図《さしず》〟ともいう。

建築は敷地に立つので、外部空間と内部空間の取り合わせの芸術である。そのために、二次元の平面図だけでは、イメージ出来ない。そこで、建物を垂直に切断して、垂直面を水平に見た断面図や立面図、建築用語では〝建図《たてず》〟（姿図、起こし図）ともいう図面を作る。さらに、複雑な継ぎ手や仕口の詳細図を、時には原寸で描く。これらの図面は、紙が貴重であった頃には、板に直接墨で描かれ、そうした板図が由緒ある住宅や寺社で発見されることがある。勿論、紙に書かれた図面も少なくはない。『九州諸城図』や『西海筋海陸絵図』などを含めて、これらの図面は、知識としての建築技術を伝えるために、写真などと共に有力である。

第二部で取り上げる『九州諸城図』や『西海筋海陸絵図』のような史料は、建築史学のイコロジー（図像学）的アプローチにとって、欠かせない素材である。これらが、建物を概括的にとらえるために、視覚的思考ともいえるイメージの重要性をもたらす。そのためにも、これらの絵図を取り扱う場合、建築史学の立場からのみではなく、美術史学や古文書学との連携を取りながら進めないと建築技術は伝わらない。

福岡城天守が描かれている絵図として、『九州諸城図』を対象に取り上げたのは、「福岡城に

（大）天守はなかった」という説が未だに流布し、また福岡城天守は四層又は五層であったかの議論にいまだ決着がついていないことと、この絵図が慶長ごろの城郭の状況を描く絵図として信頼できるものであると確信出来たからである。

二　『九州諸城図』とは

『九州諸城図』Ⅰ図とⅡ図は、山口県文書館蔵の毛利文庫に納められている。Ⅰ図は、黄白色の和紙十枚繋ぎで、全体として縦三六・三センチ、横一五三・八センチの大きさである。Ⅱ図は、中央部に少々虫食いがある。黄紙五枚半の繋ぎで、縦三五・八センチ、横一五二・〇センチで、Ⅰ図もⅡ図も墨一色で豊前、筑前、筑後、肥前、肥後の城郭を描く。すなわち小倉城、若松城、福岡城、柳川城、佐賀城、南関城、熊本城、お熊城、香春岳城の各城である。

『九州諸城図』Ⅰ図とⅡ図の名は、毛利文庫を整理するために付けられた名称であって、絵図に直接書かれた名称ではない。[1]その上、描写した人物名や年号の記載もない。しかし、道路や文字の記入位置などが酷似するので、何らかのすり合せが行われたかも知れない。けれども第一部のはじめに触れたように、Ⅰ図とⅡ図は各城の細部でかなり描写方法に相異がみられ、一方が一方の写しとは考えられず、二人によって直接書かれたものと推測される。

また、Ⅰ図もⅡ図も各城郭をかなりデフォルメして描いているとはいえ、それぞれの城郭を検討した結果、十七世紀初頭の様子を描いているものと推定され、現存する江戸時代の城郭図では正保三年（一六四六）の城絵図より古い。この二枚の絵図は、同文書館の山田稔氏の研究によって、明和元年（一七六四）には毛利家に存在していたことが確認されている。(2)

ここでとりあげた『九州諸城図』は長門国「赤間関」（下関）から下関海峡を渡った対岸の九州は豊前大里（門司）、小倉（小倉城）を描くので、長崎街道を示すものと思われる。しかし、小倉からすぐに「川原ノ道」すなわち香春方面と若松城の次に福岡城を描いている道筋から若松城の前の道路は唐津街道を描いているものと思われる。

つまり、長崎街道の起点の手前、豊前大里（門司）から小倉城下をへて、戸畑《とばた》に至り、洞海《どうかい》湾を渡って若松、芦屋から宗像《むなかた》市の赤間、福津市の畦町、青柳《あおやぎ》、箱崎《はこざき》などを経由して、博多・福岡城下に入る。しかし、その先は、姪浜《めいのはま》・今宿・前原・深江・浜崎から唐津城に到着する道路なのか、福岡（博多）から長崎街道の宿駅山家《やまえ》に抜けて轟木から柳川へ行くのか絵図からは速断できない。はっきりしているのは『九州諸城図』に「なべしま殿」、すなわち鍋島城＝佐賀城が描かれていることである。したがって、唐津から多久《たく》を経て牛津へ抜ける道路を描き、轟木まで長崎街道を北上して柳川への道を示したのかも知れない。

また、『九州諸城図』に記す「田中隼人殿」は柳川城を示す。それから熊本への経路が分からないが「南関城」と「熊本城」が描かれているので、密偵（間者）は柳川から久留米まで北上し、北関《きたのせき》（現・みやま市山川町）から肥後国の南関へ行き熊本まで下ったものではないか、と想像をかきたてる。

それから、帰りはひたすら北上し、秋月へ出て秋月街道をまっしぐらに進み、小倉を経て豊前大里から長門下関に帰ったのではないだろうか。あるいは、その逆の道順をたどったかも知れない。

注目すべきは、主要街道であった長崎街道を利用したとしても肥前国（佐賀県）の牛津（現・小城市）と鳥栖市の轟木又は田代まで出て、佐賀に至ったであろう点である。密偵が人通りの多い長崎街道を極力避けたのか、逆に人通りの多い中にまぎれて長崎街道を南下して行ったのか判断することはできない。

密偵の主な目的は、豊前国の小倉城と筑前国福岡城、筑後国柳川城と肥前国佐賀城及び肥後国熊本城などの天守のある主要な城の規模や形式をさぐるものである。それは、これらの城下町の様子や町勢を探るためでもあった。このことは、毛利氏が『九州諸城図』を作成したとほぼ同時期の慶長時にこれらの地にわざわざ別の間諜を放していることからも窺い知ることが出来る。(3)

その上、いずれも天守閣のある城ないしは城下町を中心としていることは、当時力のある大名たちを対象としていることを示すものである。ゆえに当時、支城である肥前国の唐津城や豊前国の中津城には足を延ばしていない。筑後国の久留米城（有馬藩）を描かなかったのも天守がなかったからであろう。

そういう意味では、お熊城（大隈城、益富城）や香春岳城を描いたのは密偵の使命から外れた仕事であって、何か別の意図があったのかも知れない。

【注】

（1）表紙は『九州諸城図』とある。

（2）毛利文庫では二の一、二の二とする。

山田稔著「『諸役所控目録』にみる萩藩絵図方作製の絵図」（『山口県文書館研究紀要』第三十五号〈山口県文書館・平成二十年刊〉所収）

（3）山口県文書館所蔵『毛利文庫』に次のような史料が残る。括弧内は目録番号。

『豊前国小倉世間取沙汰聞書』（No三―13）

『筑前国御国廻次第其外様子聞書』（No三―8）

『筑前国福岡世間取沙汰聞書』（No三―14）

『筑後国柳川世間取沙汰聞書』（No三―15）

『肥前国竜造寺世間取沙汰聞書』（No三―17）

『肥後国熊本様子聞書』（No三―7）

『肥後国熊本世間取沙汰聞書』（No三―16）

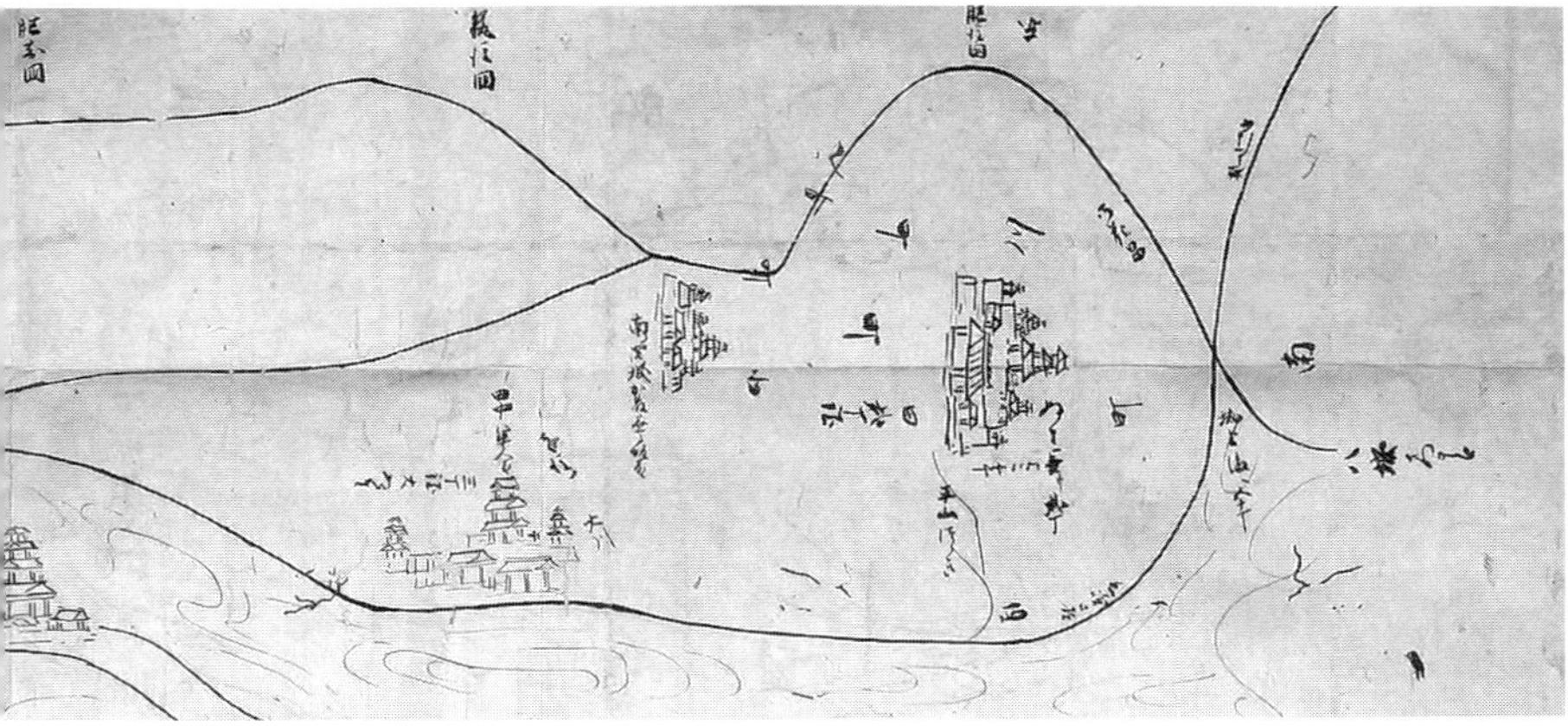

『九州諸城図』Ｉ図　毛利文庫（山口県文書館蔵）

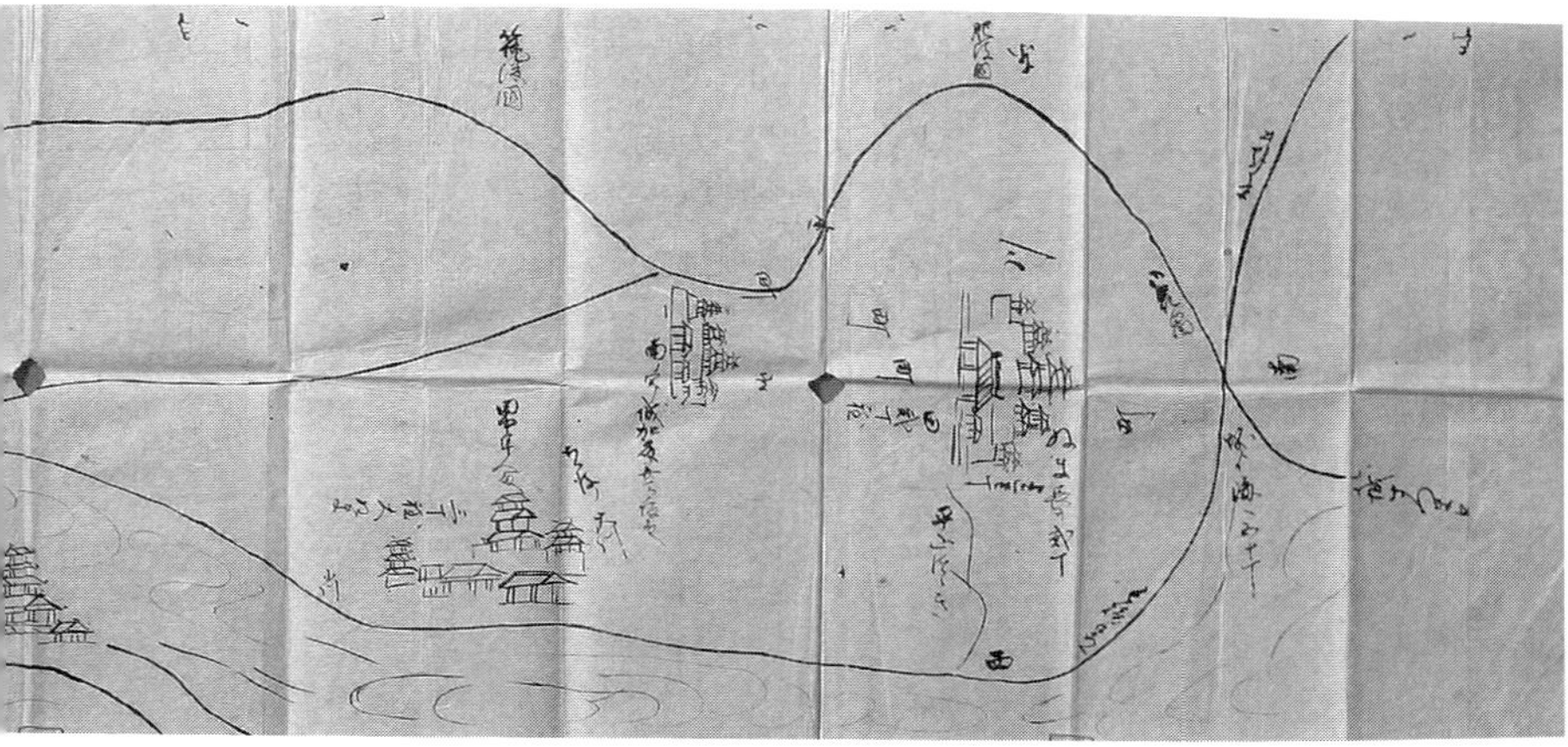

『九州諸城図』Ⅱ図　毛利文庫（山口県文書館蔵）

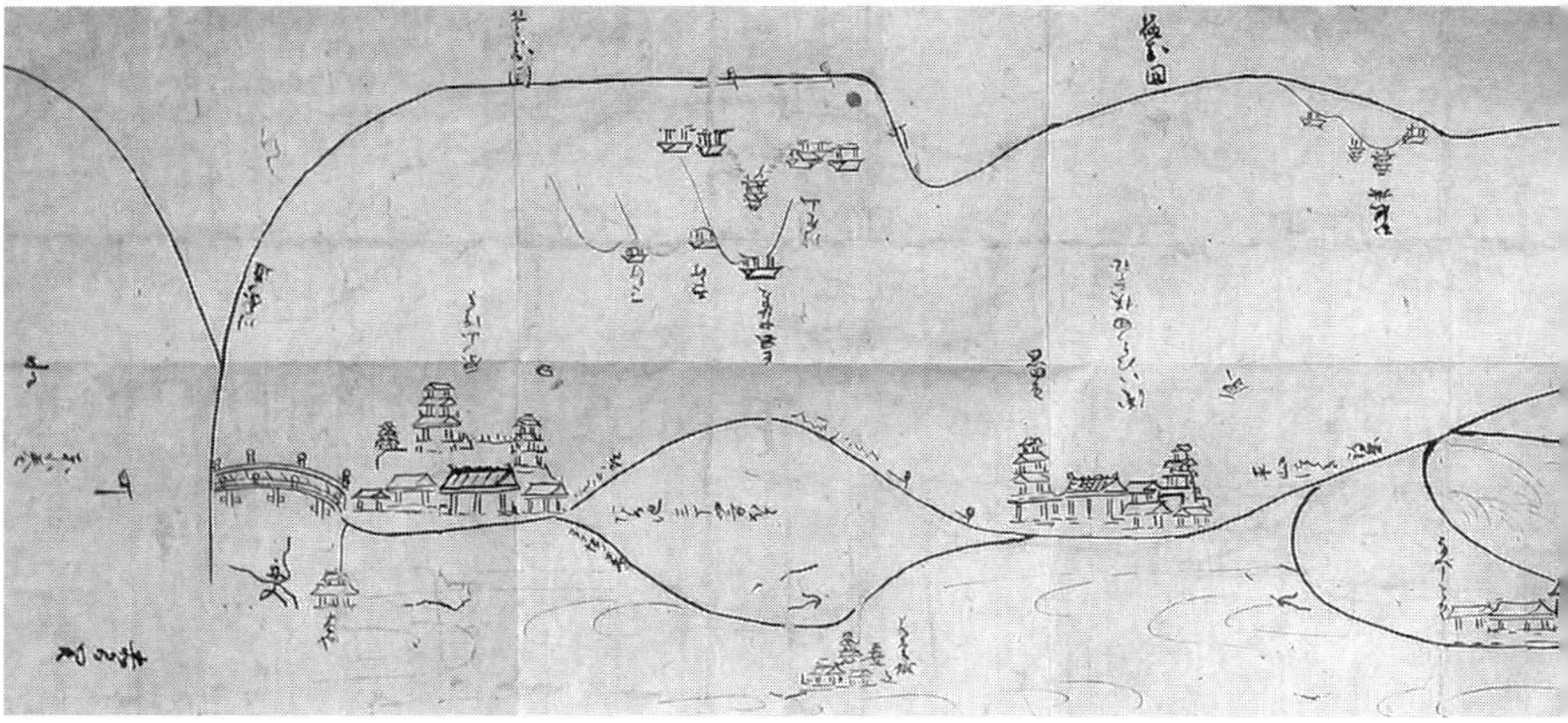

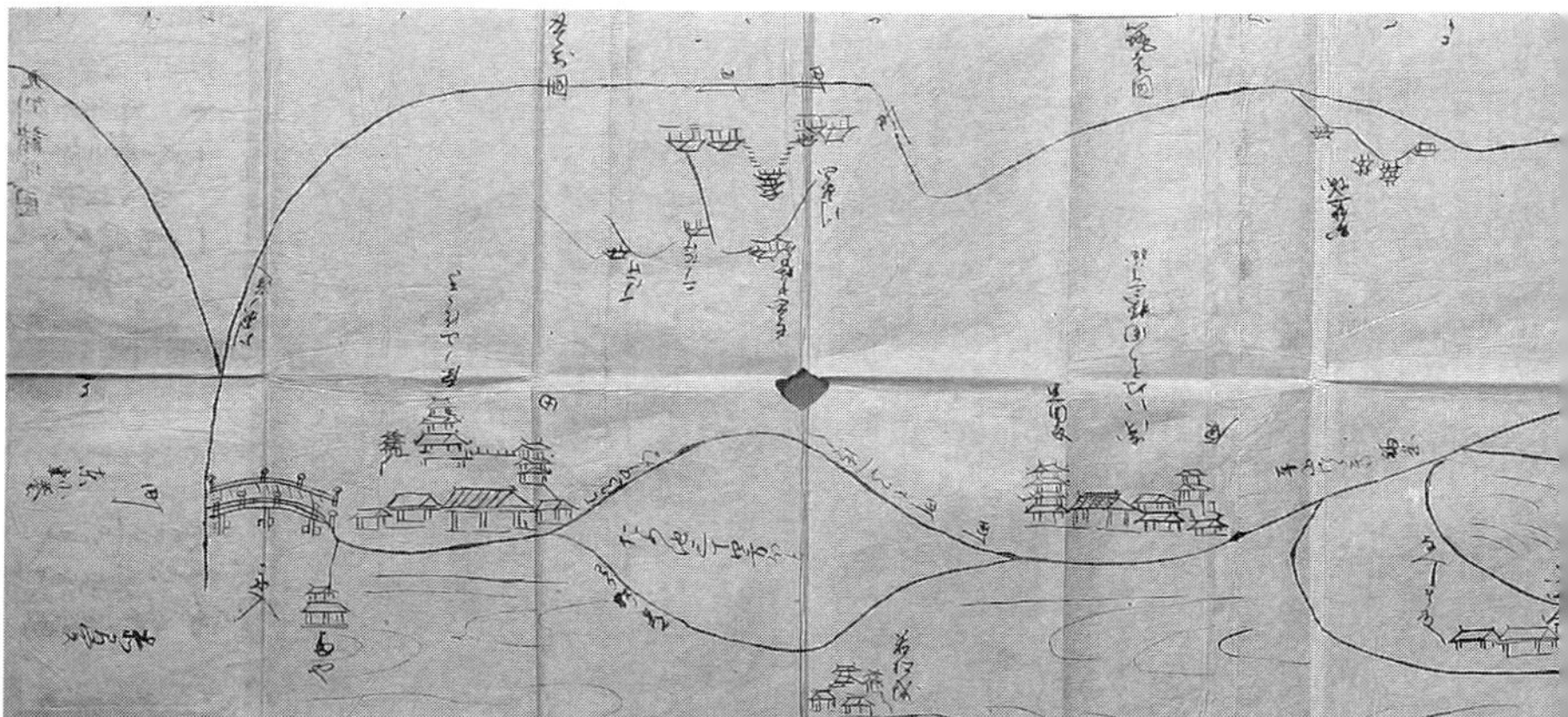

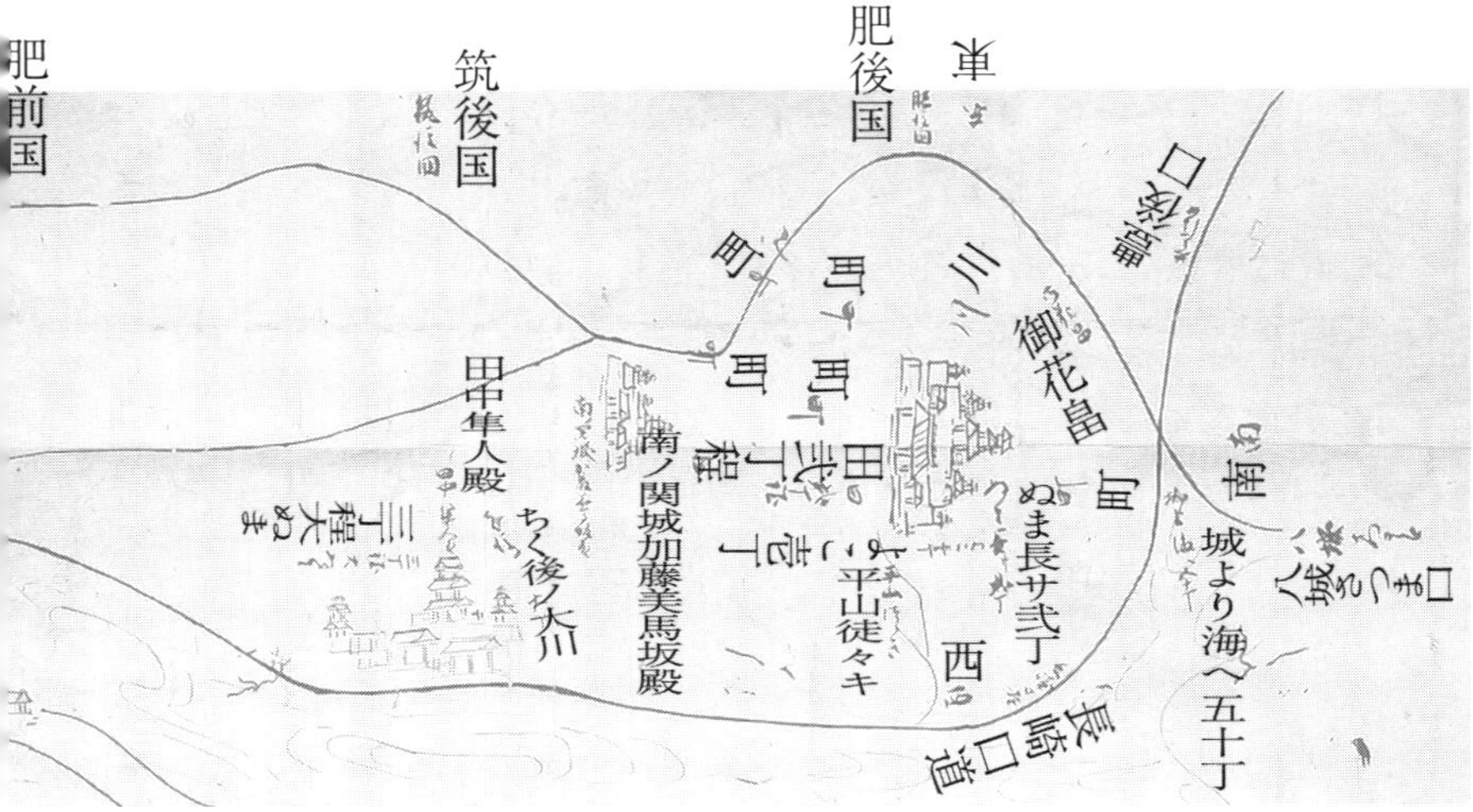

＊『九州諸城図』Ⅰ、Ⅱ図に記された内容を活字化

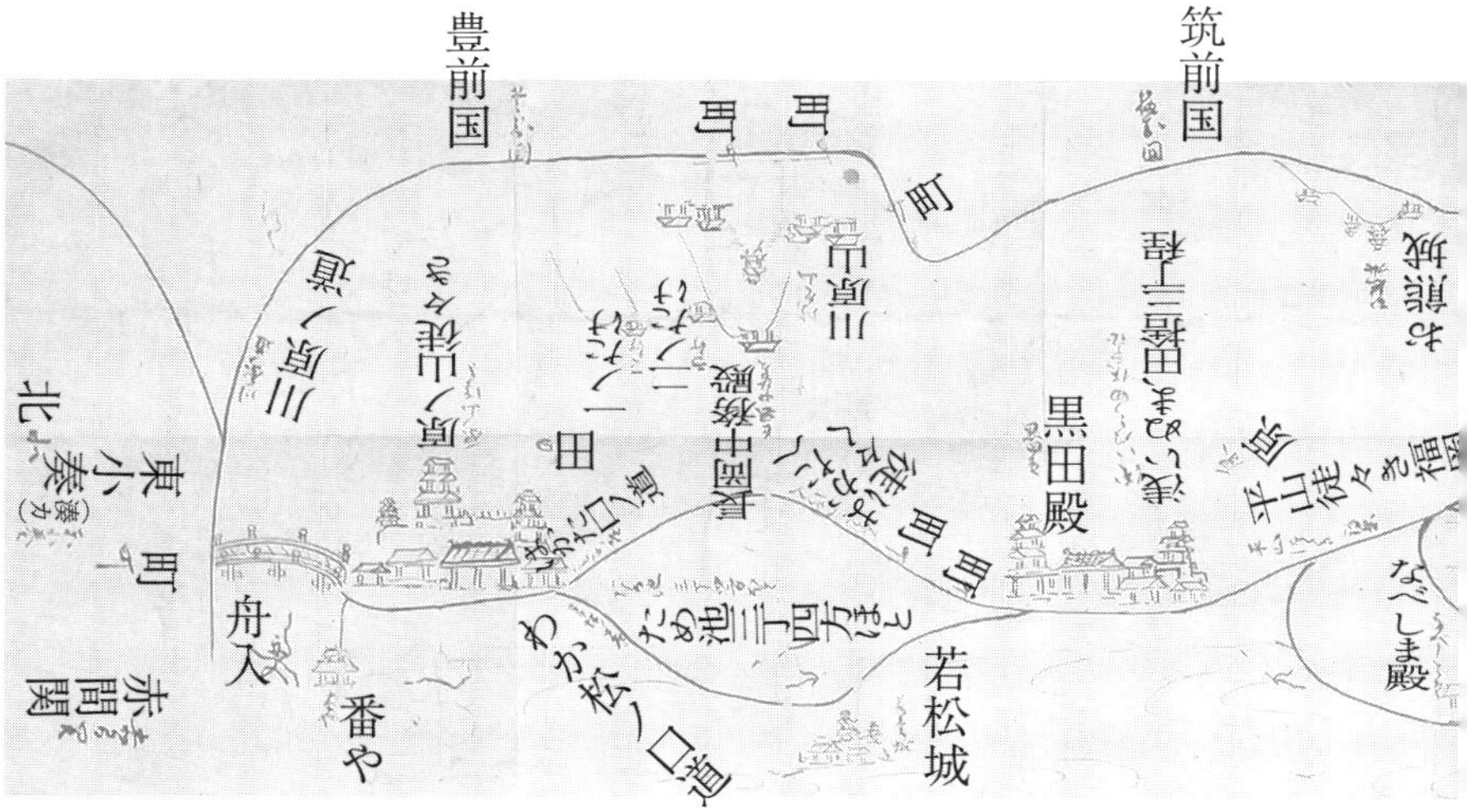
豊前国
筑前国
町
町
黒田殿
若松城
あか松一口道
番や
舟入
町
東小湊
北
赤間関
なべしま殿

三　『九州諸城図』を辿る

一　赤間関

赤間関は、長門国にあり、中世大内氏の城下町山口の出先港として、対外貿易はもちろん、その領国である防長豊筑の物資の集散地であった。中継港湾町として出船入船が輻湊《ふくそう》し、大坂の堺や博多のように繁栄していた。江戸時代になっても、北前船を中心とした諸国物産の集散市場として、出船千艘、入船千艘の殷賑《いんしん》をうたわれた。

大内氏はこの関を貿易管理の基地とし、兵船であり、九州への渡船であり、また、税関船でもあった関船というものを設け、抽分司《ちゅうぶんし》という役人をおき、海峡を通過する船を調べ貿易品や略奪した財宝の一部を関税として、上前をはねていた。赤間関はいわば大内氏の財源獲得の基地としての使命を果たしていたのである。

赤間関の発展の基盤は中継港湾町としてであり、内外海運の寄航地として、その繁栄をもたらした。けれども、陸上交通においても、本州の最先端すなわち、山陽道、山陰道の交合点として恵まれた立地条件をなしていた。そのために、陸路の面からみても、交通上重要な位置を占めている。

赤間関の殷賑の状況について、元治元年（一八六四）八月の下関戦争の従軍者であるアルフレット・ルーサの『日本海岸の役』は、「街路の両側はおおむね商店で、旅人宿・飲食店・呉服屋・工場があり、繁華を呈している。この市（赤間関）は数百年来内地貿易を営み、近ごろは外国との取引きも行なわれ、日本の商業のおもな所の一つである。無数の和船は米穀・綿布・食品・材木・酒などを積んで往来が絶えない」と書きとめている。(1)

滝鶴台《たきかくだい》の『鶴台先生遺稿』にも、「赤間関は陸海の要路、海西第一の関隘なり。此《この》津を経ざれば東来西去すべからず。舟船雲のごとく列檣堵《（ママ）》の如し。往来上下織る如く、港の大を以て多々益々弁じ且よろしく風潮を避くべし。商賈《しょうこ》軒を連ね、沿岸山を背にして家を為す二十里ばかり、繁華喧鬧《けんどう》海西の一都会なり」と赤間関のにぎわいを描写する。(2)

さらに赤間関諸荷物会所編の『関《カン》港繁栄録』の中でも、赤間関のにぎわいを「日夜数千艘之出入客船、諸荷物、諸相庭高下之前後を算要して利得商ひ、懸引自由なる事肝に銘じ、廻着之時日を不違、前売買其便利なることあげて数へがたし。于時文久元年庚申より海岸に平浜を築地して行程数町におよび爰《ここ》に大なる素蔵三個所造立し、炎暑俄《にわか》に風雨発り、或《あるい》は厳冬之雪風を

凌ぐ其便りならしむ為か」と記す。(3)

赤間関を包含する下関について、佐藤信淵《のぶひろ》の『九州紀行』は、「下ノ関は西国第一の大港にて、出羽の秋田領より、庄内及び北陸道七州、山陰道の八州と、西海道の筑前、筑後、肥前、肥後、薩摩、壱岐、対馬等の諸国より、山陽道、南海道と大坂に通行する舟船の必ず係らざる（ことを得ざる）所の要津にして、日本総国四五分の国より運送する舟路の咽喉也。故に其《その》繁華都会なること諸国に勝る。便利なること論ずるにも及ばず。是以、大家甍を並て富盛なるもの万有余家、其他の小家は勝《あげ》て算《かぞふ》べからず」と下関が西国第一の大港であることを強調する。(4)

中世以来江戸時代、このように出船入船をはじめ商売や人々の往来で賑わっていた繁華な赤間関から、江戸初期とはいえ密偵は誰にもとがめられず船に乗って九州へ渡ったのである。

【注】

（1）『下関市史』藩制～明治前期（名著出版・昭和四十八年刊）一二六頁
（2）注（1）一二六頁
（3）注（1）一二六頁、文久元年（一八六一）は「辛酉」である。
（4）板坂耀子編『近世紀行文集成』第二巻　九州篇（葦書房・平成十四年刊）所収一〇五頁

二　常盤橋

堂崎から関門海峡を渡り、門司、小倉に入ると、紫川《むらさき》に架かる橋が『九州諸城図』に描かれている。紫川には、常盤橋《ときわ》と豊後橋が架けられていた。常盤橋の方が豊後橋より下流にあって古く、豊後橋は豊後へ行く道中に架かっていた。『九州諸城図』では紫川に架かる橋は一カ所で、しかも海側に「舟入り」「番所」などの書き込みが見られるので、描かれた橋は紫川下流に架かる大橋すなわち常盤橋と判断してよいであろう。

その位置は、尾張の商人菱屋平七が著した『筑紫紀行』享和二年（一八〇二）四月二十日によれば、「川口から一町」、すなわち、川口から百メートル程のところである。今は、上流からの堆積土と護岸工事により川口から百五十メートル余りのところにあたる。そして、「橋を渡れば、見付番所があり」と描写されている。この見付番所が次に触れる『九州諸城図』に描かれている「番や」であろう。この常盤橋の西側が城内で、大変賑わっていて、小倉城の天守が高々と聳えていた。一方、城外の人家は小倉城の外堀を背にして浜に沿って建ちならんでいた。

常盤橋は豊後橋よりやや大きな大橋であった。江戸日本橋が東海道の始点であるように、常盤橋は長崎街道をはじめ、中津街道や旧秋月街道、門司往還の始点である。そのため、常盤橋は九州に於ける日本橋と言っても過言ではない。

伊能忠敬（延享二年・一七四五～文政元年・一八一八）は文化六年（一八〇九）から同八年（一

八一二）にかけて、この常盤橋を基点に九州の地図作りをした。常盤橋が架け替えられたのは寛永十一年（一六三四）ごろであって、当時は単に「大橋」と称していたらしい。そして、元禄五年（一六九二）から同七年（一六九四）にも架け替えられて「常盤橋」と名称を改められた。[1]

菱屋平七が常盤橋を通った享和二年（一八〇二）には欄干付き擬宝珠《ぎぼし》は鉄製であった。現在、この時菱屋平七が見た擬宝珠と同じようなものが、北九州市歴史博物館に残る。それには「享和六年三月吉日」の陰刻がある。ちなみに、擬宝珠柱の一部は北九州市の文化財に指定（平成二年十一月十三日指定）されている。

常盤橋は、文政十年（一八二七）と、天保三年（一八三二）の二回にわたって柱脚の修理などが行われ、それ以外にも何回か架け替えられてきたらしいが、江戸時代を通して、木橋であった。しかし、明治二十一年（一八八八）に県費によって、木製太鼓橋から鉄製の橋に架け替えられた。

ところが、平成七年（一九九五）に国土交通省のマイタウン・マイリバー整備事業の一環として、歩行者専用の長さ八十五メートルの木製太鼓橋が脇に架けられ、再び往時を蘇らせて市民に親しまれている。また、平成九年（一九九七）六月三日に発売された〝ふるさと切手〟にも「長崎街道」の図案の中に登場し、小倉城をバックに右手に大きく描かれている。

佐藤信淵はその著書『九州紀行』の中で、「此城郭《この》と町との間に河流あり。橋を架して通行す。此河［紫川］は同国須川の大滝の水の此に流来て海に注ぐ者なり。小倉の東の海辺に長浜［小倉北区長浜〕、柳ヶ瀬（ママ）〔門司区柳ヶ浦〕、大浦等の地を経て文司ヶ浜〔門司区〕に至る」（〔　〕内は原注）と書きとどめている。(2)

文中の「大滝」は板坂耀子氏の注釈（注2）によれば、北九州市小倉南区菅生《すがお》ノ滝。紫川の上流にある。また「大浦」は北九州市門司区大里《だいり》。近世には「大裏」とも書いたための誤写らしい。

【注】

（1）『小倉市誌』上巻（名著出版・昭和五十七年刊）一七二頁

（2）板坂耀子編『近世紀行文集成』第二巻　九州篇（葦書房・平成十四年刊）所収一一〇頁

三　番や

『九州諸城図』は、常盤橋と思われる大橋の北方、つまり下流に「舟入」や「番や」を記す。大橋が紫川に架かるとすれば、紫川河口付近に設けられた「番や」である。

「番や」は二階建て、入母屋造《いりもやづくり》のように描かれている。あるいは、二階は上屋構造で、単なる物置程度の空間で、一階の屋根が上屋の周囲に廻らした下屋なのかも知れない。いずれにしても屋根は二重である。つまり、山口県上関町に残る「番所」に相当する構造形式を表現してい

るらしい。(1)

この「番や」の建物は、舟の出入りを監視する建物である。現在、北九州市立博物館に残る『西国内海名所一覧』を見ると、常盤橋下流の紫川の河口西側に「御番所」が描かれている。これが位置的にも『九州諸城図』の「番や」に相当する。そして、それは、菱屋平七が『筑紫紀行』に記す「番所」すなわち「見付番所」であることは前に述べた。『西国内海名所一覧』の「御番所」の構造はまさに、上関町に残る番所のように上屋の周囲に下屋を付けた形式である。

上関町に残る番所(平成十二年三月三十一日山口県指定有形文化財)は、同町の秋月家から上関町が所有権を得て、県立熊毛高校上関分校の校庭の見晴らしの良い所に平成七年度に移築復原されている。

さて、元禄三年(一六九〇)に長崎出島のオランダ商館へ来たドイツ人医師ケンペルは、翌四年(一六九一)商館長に従って江戸に旅したが、その時の『日本旅行記』によれば、九州への玄関口小倉について、「細川氏の時代は『殷賑《いんしん》なる市』であったが、その後はかつての繁栄を失っている」と、町勢が不振なさまを述べている。(2)そして、「紫川には百艘《そう》ばかりの小舟が浮び、両岸の連絡舟になっているが、水深は浅く、大船は航行できない」と、紫川の状況を描写し、この「百艘ばかりの小舟」が『九州諸城図』に描かれた「舟入」に相当するのであろう。

燕石贅人《えんせきぜんにん》が著した『旅の恥かきすての日記』弘化元年(一八四四)五月二十日の条にも、小

「番や」と常盤橋

上関町旧番所復原（復原：佐藤正彦）

倉の城下についての描写があって、「此《この》町はいと貧乏らしくて城下のようには見えない。自国の広島の城下に比べるとまるで月と鼈《すっぽん》のようである」と言い切っている。(3) これは、燕石贅人の自国贔屓《びいき》のようにとれるが、小倉の町家は確かに、帯のように細長く狭い町並みを形成していた。これは、海を巧みに取り込んで小倉城を構築したことによる。したがって、町家は帯のように細長く建てざるを得なかった。それがまた、小倉の名物にもなっていたのである。ちなみに燕石贅人は讃岐(香川県)から船出して下関を経て、小倉に至り、宗像・箱崎・太宰府・唐津・長崎などを巡った帰り道であった。

【注】

(1)『山口県指定文化財旧番所保存修理工事報告書』(山口県教育委員会・平成九年刊)

(2) 米津三郎著『わが町の歴史小倉』(文一総合出版・昭和五十六年刊)一四一頁。『小倉市誌』上巻二三一頁に原本所収

(3) 板坂耀子編『近世紀行文集成』第二巻　九州篇(葦書房・平成十四年刊)所収四三頁

四　小倉城

ドイツ人医師ケンペルが著した前掲の『日本旅行記』によれば、九州への玄関口小倉について、「街は長方形をなし、東から西にのびており、その距離は四キロほどである。町家は小さ

く屋根も低いが、通りは広くて碁盤の目状に整備されている。街には二、三の大きな料理店と旅館があり、屋内には炉《いろり》、家のうしろには湯殿と『奇異なる庭』がある」と書きとどめている。[1]この東から西にも延びた長方形の街が、小倉の名物、帯のような街並みなのである。

ケンペルは、十七世紀の小倉の城下町の様子を小倉城天守を含めて『江戸参府紀行』（呉秀三訳註）に描写しているので、城の部分を次に引用しておく。[2]

牙城は凡その中央にありて、麗はしき白き雉堞に取巻かれ、東北角には数門の砲を据え、高き六層の望楼ありて、藩侯の居城たるを知るべし。

また、佐藤信淵は、その著書『九州紀行』で先に触れたケンペルや燕石贅人とは見方を変えて小倉の町の富饒を、「小倉城は細川三斎の所築なり。海船の出入便利の津にして要害も亦《また》堅固に、市中も頗《すこぶ》る富饒にて土民の居家六七千も有べし。物産は木綿及び火打鎌等世に名あり。其他種々の物を出す。近来紙を漉《す》くことを励み、半紙を出すこと多く且上品なり」と描写している。[3]

小倉は九州の玄関口で要衝の地であるから、古くから争奪が繰り返されている。

小倉城は、紫川河口の西側台地に凛として建つ。海城と言っても過言ではない。また、平城でもある。

古くは、蒙古来襲の文永年間（一二六四～七五）緒方惟重《これしげ》が居城していた。また、小倉城は元徳二年（一三三〇）黒崎土佐守景経が築城したのがはじまりとも伝えられる。

その後、城主は変わるが天保八年（一八三七）正月城内の御看経所《おかんきんしょ》付近より出火し焼失した。二年後の同十年（一八三九）には再建されたが、慶応二年（一八六六）長州藩奇兵隊の攻撃をうけ、八月一日みずから城郭を焼却するまで、小倉城天守は繁栄した小倉城下町のシンボルであった。

現在の小倉城天守は昭和三十四年（一九五九）に鉄筋コンクリートで造られた。江戸時代の天守を復原したと言われるが、四重五階に特色があって、四階と五階の間に屋根はなく、五階は四階より床面積が広いので四階に帽子をかぶせたような容姿は一見不安定に見える形になっており、「南蛮造り」と言われる。

小倉城天守は細川忠興（三斎）が慶長七年（一六〇二）に起工し、七年の歳月をかけて築いた。「層塔式南蛮天守」と伝えられ、その当時は五重六階だったという説もある。後に触れる延享三年（一七四六）の『巡見上使御尋之節《じょうしおたずねのせつ》、申上様の次第』や『豊前小倉御天守記』から「五重」であったことは確実であるが、この「五重」は「五階」を示すものであって、屋根を示すものではないことが、『西国筋海陸絵図』からも明らかである（二三二頁参照）。後に詳しく論じる如く、『西国筋海陸絵図』に描かれた小倉城天守は屋根が「四重」であることに注目すべきである。

細川忠興の夫人ガラシャは、明智光秀の娘である。細川ガラシャ夫人は熱心なキリシタンで、関ヶ原の合戦で西軍方の人質となり、夫の父細川幽斎の命によって、自害を余儀なくされ、家臣に胸を突かせて死んだ悲話は有名である。細川忠興もまた、夫人の影響を多少なりとも受けて、キリシタンには寛容であった。ために宣教師の助言を受けながら南蛮造りの天守を建立したのではないだろうか。

小倉城は戦国時代、中国地方を治めていた大内氏の持ち城として城代が置かれた。その後、永禄十二年（一五六九）十月大友氏の旗下高橋三河守鑑種《あきたね》（紹運）が小倉城に入る。(4) 天正十五年（一五八七）豊臣秀吉の九州平定の際、居城としていた大友氏の旗下高橋鑑種《あきたね》が日向（宮崎県）に移封され、毛利勝信が入封し豊前企救《きく》・田川両郡六万石を与えられた。

勝信の入城した当時、直ちに本丸・北の丸・松の丸などを整備したと言われているが、慶長五年（一六〇〇）関ヶ原の戦いの際、勝信が西軍に付いたため黒田如水が小倉城を攻略し、(5) 所領六万石を没収された。

その後、細川忠興が丹波宮津（京都府）より入封し、豊前一国豊後二郡（大分県）の合計三十九万五千石を領した。

細川忠興は当初中津城に入り、小倉城に実弟興元を入れたが、後に興元と対立し、弟が出奔すると、慶長七年（一六〇二）より小倉城の大改修をはじめ、七年の歳月をかけて、層塔式南蛮天守を築いたのである。

天守のほかに、平櫓百十七、二階櫓十六、門櫓十二があったと言われる。その様子が密偵の描いた二枚の『九州諸城図』である。

細川忠興の次の忠利《ただとし》が、寛永九年（一六三二）、肥後（熊本県）五十四万石に加増された後、小倉城には小笠原氏が入って、明治を迎える。その間、天保八年（一八三七）に失火で天守が焼失した（二年後に再建されたが、前述の通り慶応二年〈一八六六〉にみずから焼却し、現在古い建物はない）。

建物の基礎となる石垣はすべて野面石《のづら》で、一つの切石もないのを細川公はことのほか自慢していた。その理由は、切石は黄金さえ出せば、いつどこでも集められるが、自然石の野面石をこれ程まで多く集めることができたことは、細川の威勢の成す所と自負していたのである。

『細川家記』は、「慶長七年小倉を御居城になられるべくと思い召されて、正月十五日に鍬初めを仰せつけられ、二十六・七日頃小倉に来て縄張を仰せ付けた。家中にも丁場割を仰せつけられて、其後も度々お出になられた」と記す。

そして、慶長七年（一六〇二）十一月中旬に竣工、下旬に細川忠興が入城し、城普請に関わった者に賞美を与えた。忠興は慶長十二年（一六〇七）小倉城本丸に於いて、鞠及び歌の会を催している。

この時の小倉城がどの程度の規模であったのか『九州諸城図』を含めての検討が必要である。幸い延享三年（一七四六）に記された『巡見上使御尋之節、申上様の次第』[7]が残っているので、次に紹介しておく。

一　御城者　平城　慶長七壬寅年細川三齋公御取建

一　御城外御曲輪廻り　貳《（二）》里壹《（一）》丁半、丁に積候而者七十三丁三十間

一　惣櫓數　大小百四十八ヶ所、内平櫓百十七ヶ所、二階櫓十六ヶ所、門櫓十二ヶ所

一　御門々者　大小四十八ヶ所

一　御城外曲論　東西十八丁十間、南北十二丁十開

一　天守高さ　十二間三尺五寸

一　同石垣之高さ　九間半、尤石垣水際より、天守惣高さ二十二間五寸

一　天守之下之段より上之段迄一重にて
一重目《下之段》南北え十三間、東西え十五間、
下の二重目、南北え十間、東西え十二間、
三重目南北え七間、東西え九間、
四重目南北え五間、東西え七間、
五重目《黒段》南北え六間、東西え八間

一　矢挟間　天守矢挟間百十一、大窓六拾《（十）》壹《（一）》、石落し三ツ

一　天守、惣櫓、惣外曲輪矢挟間敷　都合参《（三）》千貳《（二）》百七十一、内千三百八十一外曲輪、千八百九十二内曲輪

一　天守畳數　八百九十六畳

一　御城中畳數　千四百六十三畳
一　二の曲輪侍屋鋪　五軒、外に九ヶ所用地、内御用屋鋪、西の口上り屋敷、御花畑、新馬場、役者屋敷、御下屋、大守下屋鋪、御下壹所、御勘定所
一　三の曲輪侍屋鋪　四十四軒有レ之　尤土手屋敷菜園場除之　（以下略）

小倉城創建の慶長七年（一六〇二）から『巡見上使御尋之節、申上様の次第』が書かれた延享三年（一七四六）までのおよそ百五十年近くの間に、寛永九年（一六三二）十月四日、細川忠利が小倉から熊本へ移封されて、同月末日には細川にかわって、小笠原忠政が播州明石より小倉に移封されている。また、享保九年（一七二四）八月城下に水害があり、安田寺橋は欄干共に流失し、大橋（常盤橋）、豊後橋、旦過《たんが》橋など大破し、家屋も千軒余り被害を受けた。(8)『小笠原忠雄公年譜』によれば、水害は度々あったらしく、享保五年（一七二〇）、や同九年（一七二四）にあって、「城下水害甚し」と記す。また、同十七年（一七三二）、十八年（一七三三）のいわゆる大飢饉の時に小倉藩内のみで、数万人の餓死者があった。(9)

享保十年（一七二五）七月二日には京町三丁目浜側の中程米屋甚兵衛宅より出火し、強風にあおられ城下の焼失面積は大であった。(10)尚、寛文九年（一六六九）二月二十二日にも城下で火事があり四百五十戸を焼く。(11)しかしながら、幸い小倉城は大火災もなく大規模な改築もなかったようだ。だが、約六十年後の享保十五年（一七三〇）七月二十二日、天守に落雷した。(12)幸い

小倉城天守（平成23年２月16日撮影）

大火に至らず小火程度で簡単な修理をしたらしい。

『巡見上使御尋之節、中上様の次第』によれば、天守の規模が「一重目南北え十三間、東西え十五間、二重目南北え十間、東西え十二間、三重目南北え七間、東西え九間、四重目南北え五間、東西え七間、五重目南北え六間、東西え八間」と見え、「五重」（ここでは「重」は「階」を表す）でかつ最上階の五重目は「南北え六間、東西え八間」なので、六間×八間＝四十八坪（九十六畳分）である。これに対し、四重目は「南北え五間、東西え七間」で五間×七間＝三十五坪（七十畳分）、南北及び東西とも四重目は五重目より一間小さい。ということは、頭でっかちの天守である。その上、四階と最上階を画す屋根はないので、これをもって「唐造り」とも、あるいは「南蛮造り」

とも呼ばれる異形の天守であったのである。要するに小倉城天守は、地上五階、四重の屋根付きであった。『西国筋海陸絵図』が描いているのもこの天守である。

ところが、『九州諸城図』では小倉城天守と推測される最も高い建物の屋根は三重である。また、先に触れたように小倉城竣工の慶長七年（一六〇二）より延享三年（一七四六）まで、天守が再建された記録もない。『九州諸城図』が仮に、十七世紀前半の状況を描いているとすれば、見れば分かる天守の規模を巡見上使の間で間違えて報告することは考えにくいので、『九州諸城図』の描き方に問題があることになる。後にも触れるが、『九州諸城図』では何重の屋根であるかにこだわらず屋根の三角形（△）の数に注目すべきである。すると、『西国筋海陸絵図』とも矛盾なく一致するのである。

さて、『九州諸城図』では天守を含めて、七棟の建物が描かれている（一五三ページ参照）。『巡見上使御尋之節、中上様の次第』では「天守、惣櫓、惣外曲矢挟間數　都合参《三》千貳《二》百七十一、内千三百八十一外曲輪、千八百九十二内曲輪」とあって、かなりの建物があったはずである。しかしながら、天守を一方向から見た場合ならば、中小の建物は蔭に隠れ、とりわけ目立つ七棟しかスケッチしなかったとしてもおかしくはない。

ちなみに、高木善助著『薩陽往返記事』の文政十二年（一八二九）六月九日の文書には小倉城について、「小倉の天守、松林の中に高く聳《そび》ゆ、城下町敷凡四十丁、室町壹《一》丁目に常盤橋あり。其左右、皆人家建續き、九州の咽喉《のどくび》、輻湊の地なり」と記し、小倉の天守は松林の中に高くそびえていた。[13]『九州諸城図』がラフスケッチとは言え、密偵も松林の中の天守を見て描いたに違いない。

古河古松軒はその著書『西遊雑記』に、「小倉の城は細川三斎卿の築き給ひし所にて、要害よき城なり。……産物に小倉木綿と云有り、他國にはなき上品の木綿なり。賣買には甚だ稀なり。火うち有り、是も名産とし、價金壹《一》分までのひうち有り。火の出る事尤妙なり」と書きとどめている。つまり、小倉名物として、木綿と火打石をあげている。[14]

古河古松軒が旅をした天明五年（一七八五）ごろ、小倉城は「要害よき城」であった。また、越後長岡藩士河井継之助が著した『塵壺』安政六年（一八五九）九月晦日の条に、「小倉は城の裏手に家中多くあり、随分廣く、船附故別して賑かなり。小倉織を商ふ店數軒あり。家中の屋敷にジャガタラユズ（一名ザボン）・密《蜜》柑の木所々にあり」とある。[15]実にのどかな小倉の情景描写である。

天保八年（一八三七）焼失した天守は二年後に再建されたが、慶応二年（一八六六）、長州勢に攻められ、自焼した。現在の天守が観覧用に昭和三十四年（一九五九）鉄筋コンクリートで四重屋根に内部五階建てに再建されたことは前に触れた。

ところで、前掲のドイツ人ケンペルが長崎より江戸へ行く途中、元禄四年（一六九一）二月十七日小倉地方を通過した様子を自著『江戸参府紀行』に書きとめていて、小倉城については、「六層の望楼」と記す。しかし、ケンペルの「六層の望楼」には先に述べたように疑問もある。

ここでケンペルが「六層の望楼」と記したのが小倉城天守に当り、さきの『巡見上使御尋之節、中上様の次第』の「五重」（五階）に当る。「天守之下之段より上之段迄一重にて」は「一重」を「一階」とするのであろう。小倉城天守は「四重五階」つまり、「屋根が四重で、地上五階」の建物のはずである。[16]

北野隆氏も小倉城天守について、『豊前小倉御天守記』の次の記載を用いて、「小倉城天守は内部五階からなっていた」とする。[17]

すなわち、『豊前小倉御天守記』は、小倉城天守に関して、

初段目（一階）中ノ間南北十一間少シ不足、東西拾弐（十二）間四尺余、四方縁側幅一間半宛《ずつ》板敷也二段目（二階）中ノ間南北七間東西五間畳なし、東ノ方同縁側二間ニ七間、西同縁側右同断三段目（三階）中ノ間五間ニ三間、東縁側二十枚敷、西縁側右同断、四方壱（一）間宛縁側、東西九間半南北五間

四段目（四階）中ノ間二間ニ三間十二畳敷有之、縁側東ノ方二間ニ五間、縁側西之方二間五間、縁側南北ノ方壱（一）間半ニ三間

五段目（五階）御上段三間四面、縁側東方弐（二）間ニ五間、同西方弐（二）間ニ五間、北方壱（一）間ニ三間、西方縁側幅間中余り板敷南北六間東西板鋪三間ツ、

と記載する。

そして、外観については、最も信頼される絵図に寛永二年（一六二五）『小倉城絵図』がある。

この絵図によると外観四層からなる層塔型天守が描かれており、特に四層目は二段に分けて描かれている、とする。[17]長久保赤水（玄珠）著『長崎行役日記』に、「十月七日舟より上る。豊前小倉城主小笠原侯十五萬石。城は海岸にあり。城楼《やぐら》高大にして殿守《てんしゅ》とも謂ふべし。橋の邊船頭町監飽《しあく》又兵衛が家にやどる」とあって、具体的な高さは示していないが、「殿（天）守」が高大であることが書かれていて、あたかもケンペルの「六層の望楼」を想わせる。[18]しかしながら、ケンペルの「六層の望楼」は「四重五階」の天守の見誤りであろう。

小倉城が完成して間もない慶長十二年（一六〇七）三月二十日、朝鮮通信使節・慶七松も、落陽に輝く小倉城天守をその著書『海槎録』に、「五層楼門を設け城堞周遭し閭閻《りょえん》地を撲《う》つ」と描写している。[19]すなわち、小倉城天守は「五層」（五階）であって、城地に姫垣（城堞）を廻らし、民間地（閭閻地）と区別されている様子が目に浮かぶ。

さらに、ケンペルが小倉城を見た元禄四年（一六九一）に先立つこと十六年前、小倉城を涌金楼《ゆうきんろう》と詠んだ法雲禅師も、延宝四年（一六七六）『小倉城楼記』を著したが、「予一日城に入り大守（小笠原忠雄）と共に楼に入る」と記し、天守の構造について「五層二十丈石壁削るが如く重門襲固環らすに絶塹を以てす」と描写する。[20]これは、天守の中に入っての記載なので、内部「五層」すなわち「五階」であることは、ほぼ間違いない。

ところで、平成十六年（二〇〇四）、外堀大手口にあたる篠原口から清水門にかけての外堀で北九州市教育委員会埋蔵文化財担当者によって発掘調査が進められた結果、堀の底から石障

（堀障子）がびっしりと発掘された。細川忠興による築城時のものと推定されている。[21]

小倉の城下町の出入り口にあたる大門の跡も、平成十七年（二〇〇五）に西小倉駅前で発見され、同十九年（二〇〇七）にその復原図が大門跡近くに掲示されている。大門が復原されたら、江戸時代にしたように象でも歩かせてみたいものである。

◉図像の検討

さて、次に慶長ごろの『九州諸城図』の小倉城を、先に述べた屋根の三角形（△）に注目しながら検討をしておく（以下、図中の番号は筆者による。また最上階に限らず軒に平行な屋根は大棟と表現した）。

①の建物

・Ⅰ図、Ⅱ図とも三重だが最上階の屋根の形式から明らかに見る角度が異なる。しかしながら、この建物が一番高い位置に建っているので天守に違いない。

・屋根の形式に注目するとⅠ図は一、二重目は右側に△を付けて三重目のみ左側に△を付ける。Ⅱ図は一、二重目はⅠ図と同様に右側に△を付けているが、三重目は正面（平側《ひら》）より見ていて、入母屋造なのか寄棟造なのか速断できない。

・Ⅰ図、Ⅱ図とも柱は隅柱四本のみを描いている。

・Ⅰ図は三重目に鯱又は経《きょう》の巻《まき》付き鬼瓦がないがⅡ図にはそれらしきものがある。

I

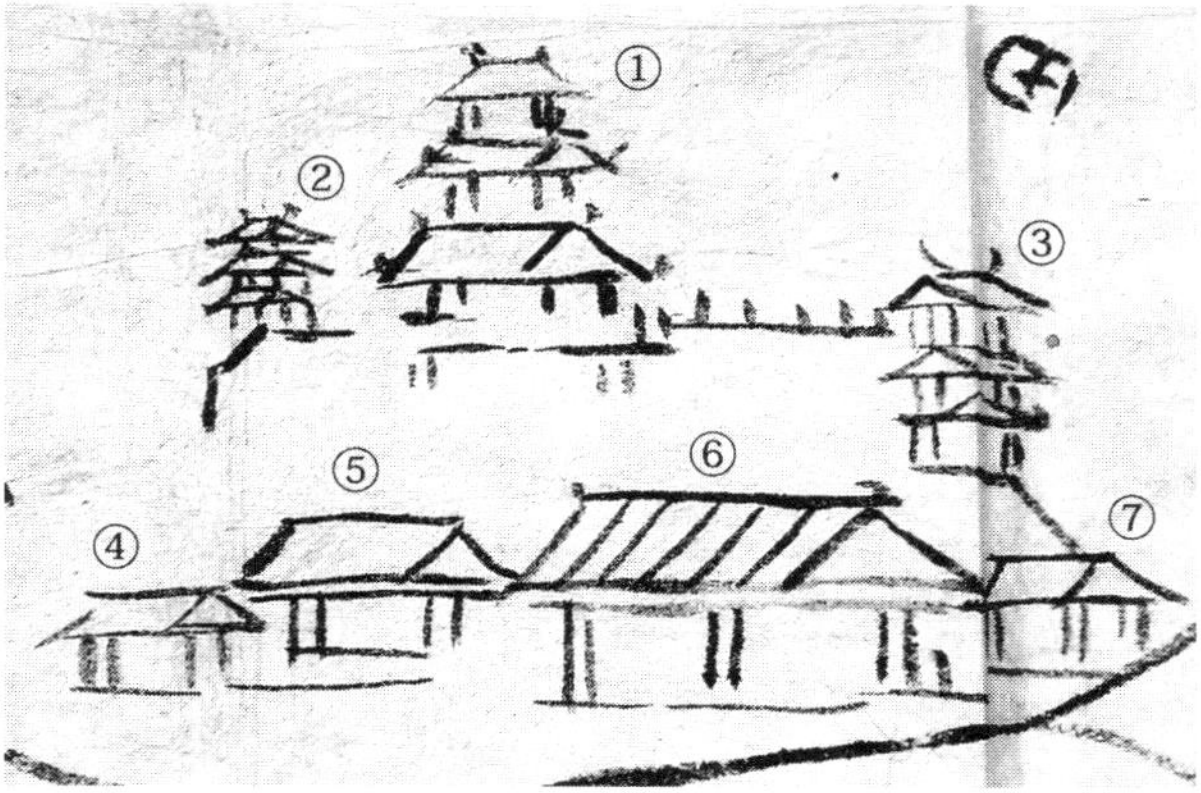

II

小倉城

・一重目は、Ⅰ図、Ⅱ図とも△の頂点に鯱又は経の巻付き鬼瓦がありそうであるが、Ⅱ図の方がそれらしい。Ⅰ図は右の鯱又は鬼瓦がずれて屋根から落下しそうでかなりラフなスケッチである。
・Ⅱ図の一重目の降り棟に鬼瓦がありそうである。
・Ⅰ図の一重目は軒先が二重線で表されている。これは塗り籠めの厚さ又は鼻隠し板を想起させる。
・一重目の下部は石垣又は塀をⅠ図、Ⅱ図とも描く。右手に見えるのも石垣又は塀であろう。勿論、現在のような築地塀であるか否かは速断できない。
・石垣の右端がⅠ図では縦線を入れて表現されている。しかし、Ⅱ図では描かれていない。

②の建物

・Ⅰ図、Ⅱ図とも①の建物と同じように屋根が三重になっている。しかし、①の建物より低い位置に建ち、その上、石垣の端部に建つことと、建物自体の総高も低いので、天守ではなく櫓であろう。

③の建物

・Ⅰ図では二重にも見えるが、Ⅱ図では明らかに三重の建物である。しかし、②の建物と同じ理由から、③の建物も櫓である。

④の建物

・Ⅰ図、Ⅱ図とも線の太さの違いのみで、平家《ひらや》である。

⑤の建物

・Ⅰ図とⅡ図では、線の太さの違いはあるが、酷似している。平家である。

⑥の建物

・Ⅰ図とⅡ図では、線の太さの違いがあるが、同じ平家である。他の建物と違い、必ずしも四隅柱を描いていない。また、両図の右（右端の柱）は半分ほどで、しかもⅠ図では二本のように見え、軒先の位置からすると柱にも見えるが塀かも知れない。実にラフなスケッチとなっている。屋根の斜線は本瓦葺きを、Ⅰ図の大棟は屋根飾りを表わしているらしい。

⑦の建物

・平家である。

以上のことから、このⅠ図、Ⅱ図について次のようにまとめることができる。

一、Ⅰ図、Ⅱ図とも全体的に小倉城を右より描いているらしい。Ⅰ図は①と②の三重目が左妻を描き、③は二、三重とも左から描いたらしい。

二、特に①はⅡ図において、三重目を屋根の平方向から描いていることに刮目すべきかも知れない。これは、天守の南・北面にあたり、恐らく道筋から北側面と推測される。

三、③の建物でも二重目、三重目はⅠ図、Ⅱ図とも左より描いたらしい。けれども、Ⅱ図では一重目を正面つまり、二重目、三重目の平方向に付く切妻破風（あるいは千鳥破風）を描いている。Ⅰ図ではこの切妻破風を描ききれなかったのかも知れない。

四、切妻破風の△は簡単な城門以外全て入母屋又は千鳥破風や軒唐破風を表現しているので、密偵にとって、目立つあるいは目に飛び込んでくるものであって、これをⅠ図もⅡ図も必然的に強調して描いたものと推測される。したがって、この△に注目して建物の階数をさぐるべきであろう。

結論として、Ⅰ図で最も高い三重の建物（①）は屋根の数ではなく、△が三個三段あることに注目すべきである。これこそが、先に朝鮮通信使節・慶七松や法雲禅師及びケンペルが見た小倉城天守である。

【注】

（1）米津三郎著『わが町の歴史小倉』（文一総合出版・昭和五十六年刊）一四一頁。『小倉市誌』上巻二三一頁に原本所収
（2）『小倉市誌』続編（名著出版・昭和四十八年刊）二一一頁
（3）板坂耀子編『近世紀行文集成』第一巻　九州篇（葦書房・平成十四年刊）所収一一〇頁
（4）『小倉市誌』上巻（名著出版・昭和四十七年刊）一一頁
（5）注（4）一九頁
（6）注（2）一六頁。『細川家記』による
（7）注（2）六六頁

（8）注（2）五七頁。『忠雄公年譜』による
（9）注（2）五八頁
（10）注（2）五七頁
（11）注（2）九七二頁
（12）注（2）九八〇頁
（13）『薩陽往返記事』（『日本庶民生活史料集成』第二巻〈三一書房・昭和四十四年刊〉所収）六二六頁
（14）本庄榮次郎編『近世社会経済叢書　九』（改造社・昭和二年刊）所収三一頁
『日本庶民生活史料集成』第二巻（三一書房・昭和四十四年刊）所収三三六頁
（15）『塵壺』（『日本庶民生活史料集成』第二巻〈三一書房・昭和四十四年刊〉所収）四一三頁
（16）『探訪ブックス〔日本の城9〕九州の城』（小学館・平成二年刊）六〇頁
『福岡県百科事典』は、「五層六階」とする。
（17）『復元大系―日本の城』第八巻　九州・沖縄（ぎょうせい・平成四年刊）四六頁
（18）『長崎行役日記』（『日本紀行文集成』第一巻〈日本図書センター・平成十三年刊〉所収）二三四頁
（19）『大系朝鮮通信使』第一巻（明石書店・平成四年刊）
（20）『法雲壽山外集』所収
（21）北九州市芸術文化振興財団編刊『大手町遺跡』（平成十九年刊）
北九州市教育委員会は平成十六年六月十四日～七月三十日まで発掘し、南側の堀と石垣を調査。同十七年六月十日～三十日まで発掘し、大門の根固めの土坑発見（北九州市小倉北区大門二丁目二番地）。同十九年十月二十日大門復原図の掲示板を同地に建立した。

五　若松城

若松は旧福岡藩領の東北端にあって、洞海湾口を隔てて戸畑と向かい合っている。現在の若戸大橋の真下あたりにかつて中ノ島があったが、今はない。黒田長政は筑前入部後に、藩境守衛のため六つの端城を藩境に設けたことは先述したが、そのうちの一つ、若松城がこの中ノ島にあった。

そのために若松城は別名「中島城」とも呼ばれ、隣国旧豊前国の海上の押さえとして慶長五年（一六〇〇）に築城された。黒田長政はここに家臣三宅若狭《わかさ》家義《いえよし》を置いた。三宅若狭家義は『福岡藩分限帳集成』[二]によれば、はじめ、藤十郎と称していて、元和九年（一六二三）十月六日の時点で、石高「弐千石」であった。[1] しかし、これより前の慶長時には、『慶長七・九年知行書付』（『黒田三藩分限帳』）によると、三宅若狭は船手《ふねて》衆の筆頭として二千七百五十石、「此外御馬廻衆貳[三]組被附若松口押、同所中島居住」と記されている。[2]「馬廻《うままわし》衆貳組」を付けたのは、一万五千石（『黒田三藩分限帳』）の黒崎城主井上周防《すおう》とは異なり、自己の家臣だけでは若松城の維持と洞海湾口の番が困難のためであったからであろう。ちなみに「馬廻衆」とは、大将の乗馬の際、近くで護衛に当る騎馬の武士であって、これに対して船手衆は水軍を含めて船のことを取り扱う人々である。

三宅若狭の任務は、若松城主として、国辺と海上の警備に当ることで、その内容は、国継や船の手配、出港、入港のチェックなど多様である。

当時、大坂方面から筑前領に入って来る船は必ず若松沖を通過するか、若松に入る。若松には御船手もいるので、洞海湾口をおさえておけば、ほとんどの船がチェックできる。

室町時代の連歌師、宗祇が著した『筑紫《ちくし》道記《みちのき》』文明十二年（一四八〇）九月十三日の条に、(3)「筑前国若松の浦といふに着きぬ」とあって、中世以来、小倉と並んで若松は九州上陸の始点であった。

若松城は元和元年（一六一五）の一国一城令により廃城となる。また、その八年後、三宅若狭家義は元和九年（一六二三）（元和八年とも）十月六日に死去した。享年七十二歳であった。

廃城後は若松城が再建されることはなかったので、『九州諸城図』は元和元年（一六一五）以前の若松城の雄姿を描いていることになる。

福岡藩では、寛永十七年（一六四〇）に御牧郡岩尾・宗像郡大嶋・裏糟屋郡相島《あいのしま》（現・新宮町）・志摩郡西ノ浦（現・福岡市西区）・志摩郡姫嶋（現・糸島市）の五カ所に遠見番所が置かれた。五カ所の遠見番所で唐船でも発見した時は、直ちに当時船を預かっていた若松の松本吉右衛門の所へ注進される仕組みになっていた。松本吉右衛門は注進されると直ちに小早船で大坂蔵本へ注進し、蔵本から速やかに公儀（幕府）へ届けられる手はずになっていた。

翌寛永十八年（一六四一）には若松に置かれていた船のうち、藩船は福岡に移されたが、急用や大坂との連絡に備えて飛船《ひせん》を置き、船手頭に所属する若松藩の船頭などが置かれた。機構は変っても若松の重要性は大きく変わることはなかった。

正徳元年（一七一一）に渡し場の正面と洲口《すぐち》番所が配置されたが、洲口番所は船改《ふねあらため》番所であり、いわば出入国の管理事務所である。今、渡船場前に「洲口番所跡」の標柱が残る。

若松はまた、西往還（唐津街道）東端の宿駅としても重要である。

若松宿は大坂と筑前を往還する場合、必ず通る宿駅である。参勤交代が制度化された寛永十二年（一六三五）以後は、宿駅の設備が進められた。二代福岡藩主黒田忠之も参勤の折はしばしば若松に宿したと『遠賀郡誌』に記す。また、これより前寛永七年（一六三〇）にはじまった幕府巡見使は、筑前では必ず若松から上陸する。

巡見使は将軍の代替わりごとに、政情や民情の視察のために派遣された幕府の視察官であり、十二代将軍家慶まで、七代家継を除いて、派遣されている。そのたびに、大坂まで出迎えの使者が出る。そして、巡見使は必ず若松に上陸し、江川伝いに芦屋宿に行き唐津街道（西往還）を西下する。帰路は黒崎町若松に渡海し、若松で休息ののち、帰途につく。『筑前国続風土記拾遺』は、「又巡見使九州下向の時往還返共にハ必此處に休息せらる。其館地を五反田と云」と記す。すなわち巡見使の休泊の地を五反田といい、今の浄土宗善念寺（北九州市若松区）の裏手に当たる。(4) ここに西茶屋（西別館）があった。

◉図像の検討

次に『九州諸城図』によれば、若松城に四棟の建物を描く。そこで『九州諸城図』Ⅰ図、Ⅱ図の検討をする。

①の建物

・①は二重の建物である。但し、二重目の屋根の三角形（△）の向きがⅠ図とⅡ図では違う。
・Ⅰ図では各重四本の柱をたてるが、Ⅱ図では一重目の柱ははっきりしない。二重目も背面と見られる二本は省略されている。
・Ⅱ図は一重目の左側の降り棟に鬼瓦がありそうである。
・Ⅰ図では、二重目右の降り棟に鯱又は経の巻付き鬼瓦らしきものが見られる。また、大棟上は、よごれかも知れないが、ごちゃごちゃするものが見える。これが何であるか速断できない。しかし、Ⅱ図は大棟両端に鯱又は経の巻付き鬼瓦が載る。また、左側の降り棟に鬼瓦らしきものが見られるが明解ではない。
・Ⅱ図では、一重目の軒先が二重線になっているので、塗り籠めの厚さ又は鼻隠し板を想起させる。

②の建物

・②は平家で屋根の向きがⅠ図とⅡ図では逆向きに描かれている。屋根形式は速断できない

Ⅰ

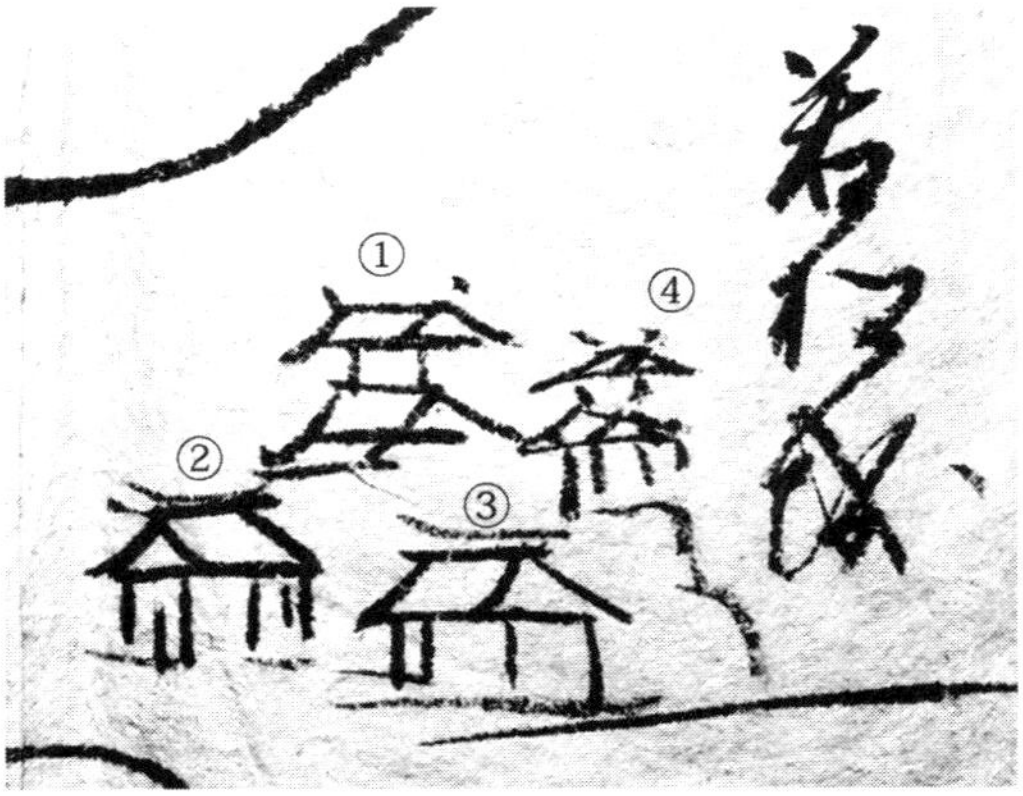

Ⅱ

若松城

が切妻造らしい。Ⅰ図は左側に石垣らしく「ヒ」字形を描く。しかし、Ⅱ図にはない。

③の建物

・平家でⅠ図Ⅱ図とも同じ向きから描く。屋根は②と同じ切妻造であろう。

④の建物

・Ⅰ図、Ⅱ図とも二重建てで石垣上に建つ櫓らしい。

【注】

（1）福岡地方史研究会編『福岡藩分限帳集成』（海鳥社・平成十一年刊）

（2）『北九州市史　近世』（北九州市・平成二年刊）六六一頁

（3）『中世日記紀行文学全評釈集成』第六巻（勉誠出版・平成十六年刊）一三九頁

（4）青柳種信編著『筑前国続風土記拾遺』中巻（文献出版・平成五年刊）善念寺は悟慎山光明院と号し、浄土宗知恩院の末寺である。

六　柳川城

柳川城は筑後川河口の東側にあって、有明海を望む。

柳川は有明海に次ぐ矢部川の支流である沖《おき》の端《はた》川と塩塚川のデルタ地帯で、町に縦横に堀がめぐらされ「水郷柳川」として知られている。また、詩人北原白秋の生誕地でもある。

『九州諸城図』に「田中隼人殿」と記す城は、田中隼人すなわち田中吉政が城主であった頃の筑後国柳川城に他ならない。しかも『九州諸城図』では、「田中隼人殿」と記す上部に「筑後国」、右側に「ちく後ノ大川」と記しているので、位置的にも柳川城であることが分かる。「ちく後ノ大川」は「筑紫次郎」の異名を持つ一級河川の筑後川である。

田中吉政が柳川城を与えられたのは、慶長五年（一六〇〇）の関ヶ原の合戦後であって、翌六年筑後一国三十二万石余を与えられて三河岡崎（愛知県）より入部した。

それまで筑後国では、鍋島氏と立花氏の覇権争いがあった。柳川城は文亀年間（一五〇一～〇四）蒲池治久《かまちはるひさ》が矢部川（沖の端川）下流に築城したとも、永禄年間（一五五八～七〇）治久の孫の鑑盛《あきもり》が出城として築城したのが始まりとも伝えられる。

その後蒲池氏が滅亡し、柳川城は龍造寺氏の持城となっていた。しかし、天正十五年（一五八七）豊臣秀吉の九州平定後、糟屋郡の立花城主立花宗茂（統虎《むねとら》）が、筑後山門《やまと》・下妻・三潴《みずま》の三郡で十三万二千石を与えられ入城する。つまり、田中吉政以前の柳川城は立花宗茂の居城であった。

しかし、立花宗茂は関ヶ原の合戦で西軍に付いたため、合戦の後、柳川城を田中吉政にあけ渡し、陸奥棚倉（福島県）に転封された。わずか三万石であった。ところが、慶長十四年（一六〇九）田中吉政が京都伏見で客死し、後嗣の四男も元和六年（一六二〇）病死した。そのため再び、立花宗茂が陸奥棚倉から柳川城主に返り咲いた。

田中吉政は再び柳川城を居城とするやいなや、全面的に城下町の整備を始める。城が低湿地にあることを利用して、掘割を縦横に掘削し防衛と排水の両面を図った。北・西側は沖の端川、東側は沖の端川上流と塩塚川を結ぶ掘割を南北に通して、土塁（鋤崎《すきざき》土《ど》居《い》）を築き、南側の有明海を自然防備として利用した。

一旦緩急ある場合は矢部川（沖の端川）の取水口の水門を開けば、水が水路からあふれ、城はたちまち水中に浮かぶように、成富《しげとみ》兵庫《ひょうご》茂安《しげやす》によって考案されていた。ちょうど秀吉が備中（岡山県）高松城を攻めた時、足守《あしもり》川の水を引き入れ水城にしたようなことを、逆転の発想で役立てたのである。まさに、田中吉政と成富兵庫茂安の水路利用の知恵であった。田中吉政が柳川城本体をどの程度整備したかは具体的にはわからないが、蒲池時代の十六世紀に「柳川三年肥後三月、肥前、筑前朝飯前」と大友陣中で歌われた戯《ざ》れ歌がある。これは柳川城を攻め落とすには三年かかるが、肥後国（熊本県）を平定するには三カ月、肥前国（佐賀県・長崎県）、

廃城前の柳川城天守（柳川古文書館所蔵）

筑前国（福岡県）を攻略するのは朝飯前であるという意味で、柳川城の堅固さを表す。田中吉政の築いた柳川城の天守は五層（階）で、北東には二基の三重櫓もあった立派な城である。[1] これが、密偵の描いた柳川城である。若干の古写真も残る。

さて、吉政は慶長十四年（一六〇九）、京都伏見で客死した。柳川城を居城としたのはわずか八年間であった。その後、後嗣の四男忠政も元和六年（一六二〇）に病死し、他にあとつぎもなく、田中氏はわずか二代二十年で筑後から消滅してしまった。返り咲いたのが慶長六年（一六〇一）に城をあけ渡した立花宗茂であることは前に述べた。一旦、城を渡してUターンできた立花宗茂は大変ラッキーな人物で、このような例はあまりない。

宗茂は大友氏にこの人ありと知られた猛将

戸次鑑連《べっぎあきつら》（立花道雪《どうせつ》）の養子である。鑑連は男子がなく、娘の婿に大友氏の家臣宝満・岩屋城督高橋鎮種《しげたね》の息子を迎えた。それが立花宗茂である。

明治初年まで、柳川城は立花家の居城となった。吉政の築いた城は、明治二年（一八六九）、十二代立花鑑寛《あきひろ》まで続いたが、明治四年（一八七一）の廃藩置県の翌年に焼失した。

その後、柳川城の石垣の石は有明海堤防護岸用に転用され、現在、柳川城址は柳川中学校や柳川高校となっている。近くに城主の屋敷立花邸「お花」が残る。ここは、廻遊式大名庭園として、水郷柳川の名勝となっている。平成十八年（二〇〇六）二月二日農水省選定の疎水百選の一つにこの堀割が認められている。いま、柳川市はこの堀、クリークを大いに利用して「水郷柳川の川下り」と称して観光の目玉としている。現在はわずかな石垣と中堀と外堀が残るのみである。

焼失した天守は、『柳河明證図會』に描かれた、最上階の屋根に鯱が載っていた頃のものであろう。同書では「五重殿守」と記す。(2)『九州諸城図』は水郷柳川の柳川城に「田中隼人殿」と記すので、すなわち田中吉政が居城とした慶長五年（一六〇〇）から同十四年（一六〇九）までの城絵図と考えられる。一歩譲っても田中吉政の四男の病死した元和六年（一六二〇）までの天守の雄姿である。

柳川城とその城下町は、佐藤信淵が『九州紀行』を書いた十九世紀初めには「平地なれども、城郭壮麗にして都下の町家も頗る繁昌」していたのである。(3)

佐藤信淵は『九州紀行』に、筑後の国を「筑後の国は山が少く平地甚だ打開け、水の流れも清潔にして、上々国の風土にて、肥後より一等宜き様なれども、夏は男女共十人に七八人は、赤裸にて暮す所なるを以て風俗は粗《ほぼ》同じ。此辺の莚《むしろ》は方六尺余りの四角にて、穀物を干すには便なれども、急雨の時もち《(ママ)》(取り)入るに不便也」と風俗や生活の様子を書きとどめている。さらに、「当国は山遠く平地多く、水田七分、畠三分に見ゆ。筑後川を堰て水を揚たる小川多し。故に旱損の患はなけれども、動《ややも》すれば大水の難あり。土地よく開て林藪少きが故に薪炭に乏し。然れども三池〔大牟田市三池〕の地より石灰を出すこと夥《おびただしく》して、当国のみならず、肥前、筑前等迄の日用を達するに足れり」(〔 〕内は原注)と生活ばかりでなく、風土についても言及している。

●図像の検討

『九州諸城図』は柳川城の建物として六棟を描くが、次にそれらの建物を検討しておく。

①の建物

・屋根の向きから同じ方向から見ている。この建物は、柳川城内で最も高い位置に建つので、天守と考えられる。Ⅰ図、Ⅱ図共に屋根を三重に描く。

・三重目、Ⅰ図は、屋根軒先、大棟を太めに描き、妻も二重線で少し破風板らしく見せる。軒先の二重線は鼻隠し板付きもしくは入母屋造を強調しているらしい。しかし、Ⅱ図は単

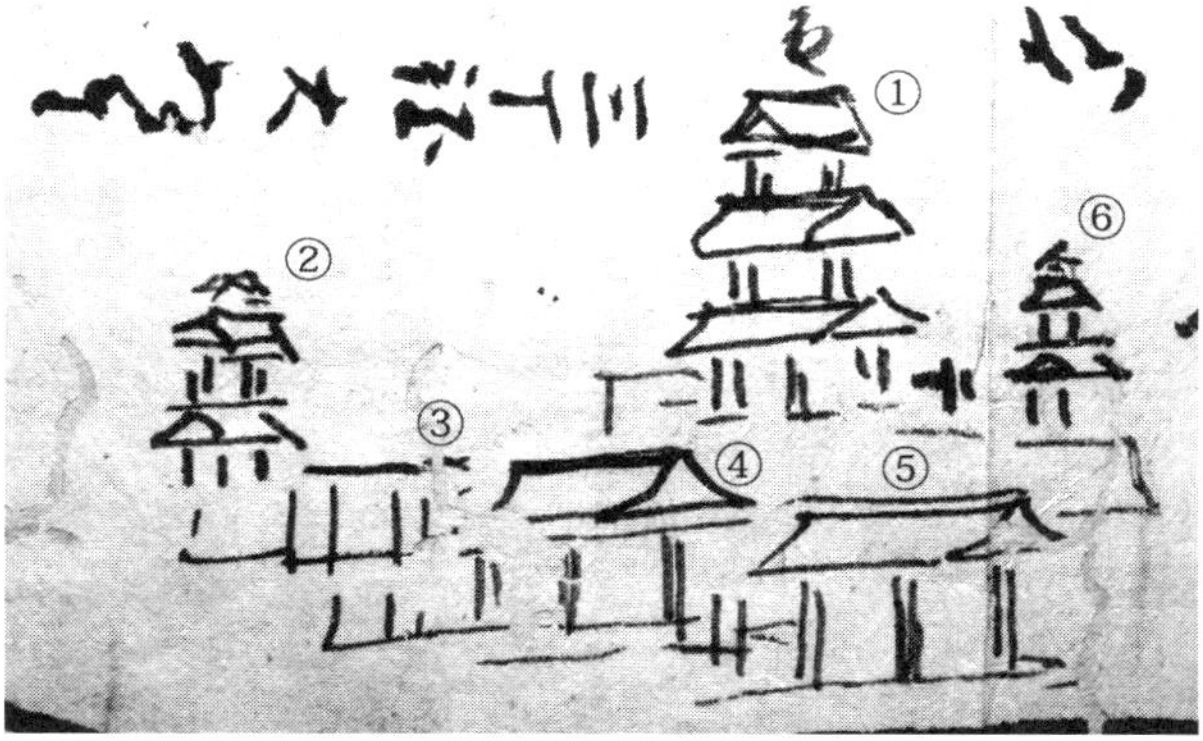

Ⅰ

Ⅱ

柳川城

線である。柱はⅠ図もⅡ図も四本の縦線で示すが、Ⅰ図は柱が軒先に達していない。
・二重目はⅠ図もⅡ図も同じように描くが、Ⅱ図の方が屋根の輪郭線を軒先を除いて太線とする。Ⅱ図は特に△を太くするので△が目立つ。Ⅰ図は軒先以外の大棟のみ太めに見え、大棟は二重線を描いているのであろう。Ⅰ図もⅡ図も柱は四本の縦線であるが、Ⅱ図では右側両隅にも描く。Ⅰ図は左側に寄せて二本ずつ描き、右端にないので、不安定に見える。つまり柱の位置の表現が大きく違う。
・一重目の柱はⅠ図、Ⅱ図とも六本の縦線であるが、Ⅱ図の方が妻両端にしっかり二本ずつ描くので安定感がある。Ⅰ図は軒先まで達していないのでラフに見える。地盤はⅠ図の方がしっかり柱下に横線を入れているのが分かる。Ⅱ図は柱下のみならず全体に一本描いているようである。

②の建物

・Ⅰ図もⅡ図もスケッチの方向は同じであるが、Ⅱ図は三重櫓を示すのに対し、Ⅰ図では三重目の屋根が省略されているらしく、二重櫓に見える。Ⅰ図は下に「L」字形を描き、これが石垣と地盤らしい。Ⅱ図もⅠ図と同じく「L」字形を描くが、「L」字形の左側を柱と見ると地盤のみを描いていることによって大きな相違となる。いずれにしても、①の建物に比べて屋根が低いし、低い地盤上に建つので天守ではない。

③の建物

・屋根がないので、石垣とも思われるが、建物を表現しているのか速断できない。勿論、上下に横線が入るので、建物とすればこの縦線が柱を表現しているらしい。

④の建物

・Ⅰ図Ⅱ図とも最もよく似ていて、相違点は地盤面の表現である。平家である。

⑤の建物

・Ⅰ図、Ⅱ図とも類似している。平家である。柱線がⅠ図は軒先まで達していない。しかし、Ⅱ図では達し、地盤面にしっかり建つ。Ⅰ図では、柱が軒先に達していないことは、全ての建物について言える特徴である。

⑥の建物

・Ⅰ図は二重目を寄棟造のように描くが、Ⅱ図から、入母屋造らしい。いずれにしても、この建物は石垣上に建つ二重屋根の櫓であろう。建物の下は石垣らしい。Ⅰ図は法《のり》がついている。全体的にⅠ図は柱が軒先まで達していないラフなものであることは前に述べた。

【注】

（1）平井聖・小沢健志監修『古写真で見る失われた城』（世界文化社・平成十二年刊）『日本城郭大系』第十八巻は、「五層」とする。
（2）西原一甫著『柳河明證図會』（柳川郷土史研究会・昭和五十三年刊）
（3）板坂耀子編『近世紀行文集成』第二巻　九州篇（葦書房・平成十五年刊）所収一一四頁

七　佐賀城

『九州諸城図』の上部に「筑前国」と「筑後国」と記す中程に「なべしま殿」と下方に記し、その右手に城を描く。これは佐賀城にほかならない。

佐賀城は慶長七年（一六〇二）に鍋島直茂《なおしげ》が龍造寺氏の居城である村中城を拡張して、築城に着手し、同十六年（一六一一）にかけておよそ十年を費やして、天守まで総て竣工した。工事は、本丸西側と北側のみに石垣を高さ五間程に積み、五層（階）の天守を建てた。

これに当って、福岡城主黒田長政は大工棟梁五人を応援に派遣して、小倉城天守に類似した南蛮造りにした。

これこそ、密偵の描いた佐賀城天守である。ちなみにこの天守は残念ながら、享保十一年（一七二六）に落雷によって焼失した。城の東側の片江の武家屋敷から出火し、二の丸、本丸もこの時焼失した。

石垣は北側と西側本丸のみにしかなかったけれども、周囲に堀を巡らせ城内を囲み、南側と東側は土塁で固めた。

堀の規模は、

東辺は南北三百八十九間、幅三十二間〜三十六間

西辺は南北三百九十八間、幅三十九～四十間
南辺は東西四百三十五間、幅三十九～五十一間
北辺は東西三百五十間、幅四十間

と伝えられ（『佐賀城覚書』）、広いところで幅百四メートル余り、狭いところで幅七十メートルの堀が廻っていた。(1)

石垣が少ない平城とは言え、石垣と土塁によって防備をした。また、一旦緩急あれば、多布《たぶ》施《せ》川より水を入れ、八田江《はったえ》の排水口を止めて、天守を残して城を沈める方法をとったので、別称「沈め城」という。これも秀吉の備中（岡山県）高松城攻めのヒントから得たのかも知れないが、先の柳川城も類似手法をとって築城しているから、有明海に近い低地帯の知恵であろう。

佐賀城は、村中城時代に居住していた戦国大名の龍造寺隆信が戦死した後、政家が当主となっていた。しかし、天正十八年（一五九〇）政家が隠退した頃から、鍋島直茂が豊臣秀吉の許可を得て鍋島藩を領していた。

鍋島直茂は天正十三年（一五八五）嘉瀬川の支流多布施川と八田江の間に村中城を築いた龍造寺政家の重臣であった。慶長十二年（一六〇七）に龍造寺本家と断絶し、藩主となったのが近世佐賀藩の始まりである。同十六年（一六一一）には内堀の普請を完成させ、自ら本丸へ移った。同十九年（一六一四）に外部の普請にかかり、元和元年（一六一五）一国一城令により廃城となった蓮池城の資材を再利用して外部も含めて完成させたと伝えられる。

佐賀城の天守閣が完成したのはそれに先立つ慶長十四年（一六〇九）で、天守の石垣の石材は川上（佐賀市大和町川上）から小石三十万個、大石百万荷を下ろしたといわれる（『鍋島勝茂公譜考補』慶長十四年）。(2)

さらに、『佐賀城覚書』（『有田均家御書物写』）によって、佐賀城の様子をさぐってみる。

佐賀城は平地に築いた典型的な平城であって、天守は五層（階）で本丸の西北部にあった。(3)石垣の高さは五間である。本丸の北方に門があり、天守から別の門まで長さ二十五間、高さ二間半の石垣が門と天守をつなげている。この門から東に折れ回って高さ二間半の石垣が四十一間続いている。この門が現在の「鯱《しゃち》の門」であろう。

現在、明治七年（一八七四）に起きた佐賀の乱で城の大部分は破壊され焼失したが、御座間《ござのま》と鯱の門は焼失をまぬがれている。鯱の門及び外に向けて続櫓《つづきやぐら》があって、ともに天保七年（一八三六）建立である。昭和二十二年（一九四七）国指定重要文化財になっている。これらは、天守の北側にあったものを、現在の位置に移築したものである。

また、佐賀城内には鯱の門と続櫓以外に明治十九年（一八八六）初代佐賀県知事・鎌田景弼《かげすけ》が官民の融和をはかるため建てた「協和館」がある。この建物は昭和三十三年（一九五八）に現在の地に移築された。これらが、佐賀城内の古い木造遺構である。

なお「御座間」は昭和三十二年（一九五七）に大木公園に移築し南水会館（水ヶ江公民館）として利用されていたが、本丸跡地に佐賀城歴史館が建設された際、再び本丸に移築復原され、平成十六年（二〇〇四）八月の歴史館オープンと同時に公開されている。すなわち、「御座間・堪忍所《かんにんどころ》」である。移築された建物も平成十三年（二〇〇一）に「旧佐賀城本丸御座間・堪忍所」として佐賀市重要文化財（建造物）に指定された。

また大正年間に破却された佐賀城本丸御殿跡地には小学校が建てられ、その後、鉄筋コンクリート造に改修されていたが、小学校が移転され、跡地を平成十三年（二〇〇一）十月に発掘した。

そして、そのあとに本丸御殿が木造で復原された。それは、外御書院《そとごしょいん》、御料理間《おりょうりのま》、御三家座《ごさんけざ》、御納戸《おなんど》などである。御座間については「南水会館」として長く利用されていたものが再度当初の場所に移築されたことは前に述べた。一部は二階建てで、延床面積二千五百平方メートルに及ぶ。

佐賀城は五代鍋島吉茂《よししげ》の享保十一年（一七二六）三月、本丸、二の丸天守などを落雷による火災で失い、その後天守を除いて再建された。しかし、十代斉正《なりまさ》（直正《なおまさ》）の天保六年（一八三五）五月、二の丸長屋からの出火により再度三の丸を除いて焼失した。三年後天保九年（一八三八）、再び天守を除いて再建されたが、先述の通り、明治七年（一八七四）佐賀の乱の兵火で、鯱の門と続櫓などを残してほとんどの建物を焼失した。

◉図像の検討

『九州諸城図』によれば、佐賀城には四棟の建物が描かれているので、次に検討しておく。

①の建物

・①の建物は四棟の中で最も高い位置に建ち、屋根が四重の建物なので、これが佐賀城天守である。屋根の△も四重四段に描かれている。

・一重目はⅠ図の左側の破風屋根に平行に一本斜線が入る。Ⅰ図、Ⅱ図とも軒先は二本線で、漆喰塗り籠めの厚み又は鼻隠し板を示すのか、あるいは入母屋造を強調しているのかも知れない。Ⅱ図の妻の△の下部まで二重線が走っているので入母屋造を表しているのであろう。Ⅱ図から降り棟先端にも鯱又は経の巻付き鬼瓦が付いていたらしい。柱はⅠ図、Ⅱ図とも二重線で一本柱を表現しているとすれば、四本の柱が描かれていることになる。基礎もⅠ図、Ⅱ図も同じように高く描いて、斜線を入れる。これは石垣であろう。

・二重目は、Ⅰ図は三重目と同じ千鳥破風のように△を中央左寄りに描く。Ⅱ図は左端に切妻のように描く。Ⅱ図でははっきりと大棟左端と降り棟の先端に鯱又は経の巻付き鬼瓦を描く。柱はⅠ図は八本、Ⅱ図は縦線六本を描き表現している。Ⅰ図の、両側二本は半分程でいずれも軒先に達していない。

Ⅰ

Ⅱ

佐賀城

・三重目は、Ⅰ図では二重目と同様中央やや左寄りに△を描き千鳥破風あるいは軒唐破風を表現するがⅡ図では左端に△を描く。Ⅱ図で降り棟に鯱又は経の巻付き鬼瓦が付いていることを示すがⅠ図では棟飾りなどはない。柱は、Ⅰ図、Ⅱ図とも同じく六本の縦線を二本ずつ寄せて描き三本を表現しているらしい。
・四重目は、Ⅱ図で大棟上及び降り棟に鯱又は経の巻付き鬼瓦があるように描く。しかし、Ⅰ図は屋根の輪郭線のみである。また、両図とも縦線が四本でそれぞれ柱を表現している。

②の建物

・Ⅰ図、Ⅱ図とも大棟先端を、Ⅰ図は右側、Ⅱ図は左側をはっきり曲げる。これは、大棟に鯱又は経の巻付き鬼瓦が載ることを示すのであろう。平家らしい。

③の建物

・平家である。この③の建物が一番手前に建つ建物らしくよく観察できたようで、Ⅰ図、Ⅱ図とが極めて酷似する。

④の建物

・Ⅰ図の右端に見える柱のような縦線を別にすれば、この建物も③の建物と類似した建物である。平家である。

【注】

郵便はがき

料金受取人払

福岡中央局
承認

617

差出有効期間
2012年1月14日まで

810-8790

157

（受取人）
福岡市中央区渡辺通二—三—二四
ダイレイ第5ビル5階

石風社

読者カード係 行

注文書◆ このハガキでご注文下されば、小社出版物が迅速に入手できます。（送料は250円、定価総額5000円以上は不要です）

書名	本体価格	部数

＊郵便振替用紙を同封しますので、送金手数料は不要です。

ご愛読ありがとうございます

＊お書き戴いたご意見は今後の出版の参考に致します。

福岡城天守を復原する

（　　歳）

ご氏名《ふりがな》

（お仕事　　　）

〒

ご住所

☎　（　　）

●お求めの書店名

●お求めのきっかけ

●本書についてのご感想、今後の小社出版物についてのご希望、その他

月　日

石風社 出版案内

2010.11

十五歳の義勇軍

満州・シベリアの七年

宮崎静夫

15歳で満蒙開拓青少年義勇軍に志願、4年の抑留を経て画家となった自伝的エッセイ 2000円

旅あるいは回帰

イベリア半島の古都と村

吉田優子

スペイン、ポルトガルの村や街、修道院を、孤独な旅人がおとなう、魂の巡礼記　1500円

あなたと読んだ絵本のきろく

柴田幸子

生きる力を育むために、子育ての中に読み聞かせを。親子のための体験的ブックガイド 1700円

父の話法★

丸山泉

谷川雁等そうそうたる詩人が蝟集した父・豊の思い出を初め、滋味溢る清冽なエッセイ集 1500円

いまどちらを向くべきか★　丸山泉

地域医療の現場で悪戦苦闘する一医師の提言　1800円

あたしのくまちゃんみなかった?

ジュールズ・ファイファー　訳 れーどる&くれーどる

大切なクマのぬいぐるみをなくした女の子。どこを探しても見つからない。ピュリッツァー賞受賞作家が描いた、全米ベストセラー絵本　1300円

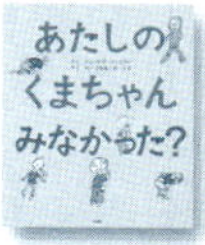

石風社 福岡市中央区渡辺通2-3-24 〒810-0004 ☎092(714)4838 FAX092(725)3440
ホームページ http://www.sekifusha.com　eメール stone@sekifusha.com

＊小社出版物が店頭にない場合には、「地方小出版流通センター」扱いとご指定の上最寄りの書店にご注文下さい。お急ぎの場合には、直接小社宛にご注文下されば、代金後払いにて送本いたします(送料 250 円。振込手数料小社負担。定価総額 5000 円以上は送料不要)

＊価格は全て本体価格(税別)で表示しています。定価は本体価格＋税です。

サイパン俘虜記

松尾正巳 サイパン島の玉砕戦で奇跡的に生き残り、捕虜となった一将校の貴重な手記 2000円

恨《ハン》の海峡

申鉉夏 時代や政治に翻弄され続ける日韓現代史。棘ある応酬を超えて提言する 1500円

絵を描く俘虜★

宮崎静夫 昭和17年、15歳で満蒙開拓青少年義勇軍に志願、敗戦後シベリアに抑留された画家が記す、感動のエッセイ 2000円

上海より上海へ【2刷】

兵站病院の産婦人科医

麻生徹男 「残務処理」と称して綴った一軍医の回想録。陸軍慰安所の写真史料収録 2500円

祖国を戦場にされて

ビルマのささやき

根本百合子 故郷の村を日本と英印軍の戦場とされた人々。ビルマ人が見た戦場の実相 2000円

北京籠城日記★

守田利遠 清国兵・義和団包囲の中、前線で防衛指揮した一大尉の貴重な日記 2500円

ラバウル日記

一軍医の極秘私記★

麻生徹男 メカに滅法強い一人の軍医が残した、二千枚に及ぶ克明な戦場日記 5800円

ローン・ハート・マウンテン

日系人強制収容所の日々

【文・絵】エステル石郷【訳】古川暢朗 「真珠湾」の報復として抑留された日系人の白人妻の画家が綴った感動の画文集 2000円

名前を探る旅

ヒロシマ・ナガサキの絆

中村尚樹 犠牲者の生きた証を取り戻す作業に生涯を捧げた二人の被爆者の記録 2000円

ティンサ

ビルマ元首相バ・モオ家の光と影

根本百合子 ビルマの初代首相バ・モオを父に、また反政府活動家を夫に、波乱に富んだ人生を送ったティンサとその一族の物語 1800円

わが内なる樺太

外地であり内地であった「植民地」をめぐって

工藤信彦

14歳で樺太から引き揚げた詩人の魂が、樺太40年の歴史を通して忘れられた歳月と国家の本源的な意味を問う 2500円

戦後誌
朝日新聞西部本社編

敗戦から五〇年。原爆・水俣から力道山まで、ニッポンの光と影の記憶を検証する　1800円

電撃黒潮隊
電撃黒潮隊編集部編

世界を鮮やかに切り取ったテレビ・ルポシリーズが活字で鮮やかに甦る！

【挑戦篇】(1)92～95 (2)96～98　各1500円

東アジア 新時代の海図を読む
朝日新聞西部本社編

世界金融の攻勢を前に、アジアは真実危機に瀕しているのか？ 白熱のルポルタージュ　1500円

逆転バカ社長
栢野克己

転職・借金・貧乏は成功の条件だった！ 元「負け組」社長24人の痛快列伝　【3刷】1500円

左官礼讃
小林澄夫

左官への愛着と誇り、土と風と水が織りなす土壁の美しさを綴った好エッセイ　【8刷】2800円

香港玉手箱
ふるまいよしこ

転がり続ける街・香港から、在住10年になる著者が放つ、熱烈なる香港定点観測　1500円

日本型経営の擁護
嵯峨一郎

グローバリズムや市場主義に翻弄される経済評論やマスコミの論拠なき言説を問う　1800円

ヤップ放送局に乾杯！
渡辺　考

超スローで破天荒な南島ヤップに青年海外協力隊員として赴任したTVマンの記録　1500円

わたしの天職
西尾秀巳

北九州・京筑・筑豊の、一筋縄では行かぬ個性派市民八十四人の履歴書　【2刷】1500円

左官礼讃 II 泥と風景
小林澄夫

泥と風と職人の織りなす建築の美を求め続ける著者が綴ったエッセイ、第二弾　【2刷】2200円

世間遺産放浪記
藤田洋三

産業建築から小屋・壁・近代遺産・職人まで、庶民の手が生んだ「実用の美」の風景を訪ねた圧巻の250葉　【2刷】2300円

藁《わら》塚《づか》放浪記　2500円

鏝《こて》絵《え》放浪記　【3刷】2200円

環境・くらし

阿蘇グリーンストック 佐藤誠編
生産者と消費者の対立を超えて　1262円

住民参加マニュアル カナダ環境アセスメント庁編
効果的な住民参加の為の原則を学ぶ　2800円

ムツゴロウの遺言★ 三輪節生
矛盾多き諫早干拓問題を検証する　1800円

水俣病事件と法 富樫貞夫
水俣病裁判の緻密な検証と証言　5000円

おーい！図書館 身近に図書館がほしい福岡市民の会編
【2刷】1800円

地域に図書館はありますか？★ 身近に図書館がほしい福岡市民の会編
利用者の視点からの提言　1200円

文芸

尼僧のいる風景 羽床正範
天安門から遥か、内なる中国の旅　1800円

西海遊歩 片瀬博子
九州の作家の作品と風土を語る　1800円

加久藤越★ 田辺恭一
敗戦直前の奇妙な行軍を描く　1800円

町は消えていた 田辺恭一
夢を彷徨う男の不思議な心象風景　1800円

物識り狂 植村勝明
古今東西の知に遊ぶエッセイ集　1800円

酒のある風景★ 吉野公信
酒と友を描く洒脱なエッセイ集　1200円

秋の川 河津武俊
九州の山里を舞台に描く秀麗な小説集　1500円

明治博多往来図会
祝部《ほおり》至善《しぜん》画文集
西日本文化協会編（責任編集・日野文雄）
明治の博多の街のざわめき、人々の暮しと風俗が、いま蘇る　＊A4判変形180頁　5000円

われら雑草家族
重松博昭
火事ニモ、台風ニモ、世間ニモ負ケズ――。大学を中退し、徒手空拳で始めた農と平飼いの養鶏。家族5人の悪戦苦闘の日々は、格差社会も何のその！　1600円

女性・医療・教育

おばさんシングルズの超生活術
宮地六実
大学を自主定年、やりたいことがいっぱいだ!　1500円

おばさんシングルズが行く
宮地六実
「いいねえ、こういうおばさん」(高島俊男氏)　1500円

アメリカで英語について考えた
宮地六実
日米英語摩擦で綴るアメリカ人気質　1000円

法の花ごころ
湯川久子
一度は離婚を考えた人へのアドバイス　1165円

年々去来の花 弁護士の手帖
湯川久子
結婚・離婚・遺産相続——愛憎劇を越えて　1800円

輝くサードエイジへ シニア世代の羅針盤
九州シニアライフアドバイザー協会編
年金から遺言まで、点検記入　【2刷】1200円

小児科の窓から
塚原正人
赤ちゃんとの生活から遺伝子のことまで　1200円

日本の家庭料理【仏語版】★
藤原知子・福間康子
みそ汁から筑前煮まで。イラスト入り　1748円

十七歳 生と死をみつめて
古賀梅子
十一歳から心臓病と闘った少女の日記　1500円

孫へ 十代へのメッセージ
緒方昭一
教育者として若者へ贈る熱いエール　1500円

極楽ガン病棟
坂口 良
薬、お金の問題まで赤裸々で超ポップな闘病記　【3刷】1500円

笑顔のあなたにあいたくて
木戸内福美
心のこわばりがほぐれる元保育士のエッセイ　1500円

過食症で苦しんでいるあなたへ
摂食障害から立ち直るためのステップ
さかもと聖朋 137kgから53kgへ。苛酷な幼少期の体験を乗り越えた著者による障害克服のステップ　1300円

紀行・アート

オーベルニュの小さな村★
絵・文 山田純子　1800円

あなたの笑顔がみたくって
書・龍一郎　画・李恵　1200円

インドの風のなかで
森崎和江　1500円

わたしにあてたはがき絵 selection II★
後藤久美子　2500円

粘土の花 III くらしの中のギフト
黒田幸子　1500円

小さな愛情
絵・文 軍嶋龍樹　3000円

HIGAN
島田有子写真集　8000円

ビザンティンの庭
絵・文 田代桂子　5000円

フンザにくらして★
文 山田俊一・純子　絵 山田純子　1800円

シルクロード 詩と紀行
秋吉紀久夫　2000円

インド
●ノープロブレムへの旅
●やっぱりノープロブレムへの旅
ひのもと由利子　各1500円

この道一筋 高校ボクシング指導者の横顔
高尾啓介　1800円

空想観光 **カボチャヤドキヤ**
トーナス・カボチャラダムス　2000円

おかえり 西米良写真日記
小河孝浩　2300円

それゆけ小学生!
ボクたちの世界一周

かやのたかゆき&ひかる *09年地方出版文化奨励賞
小５と小３の兄弟が、パパとママを従え中南米、アフリカ、中東、アジアをめぐった１年間のバックパック旅行記　1800円

詩集・句集・歌集

はにかみの国
石牟礼道子全詩集

02年度芸術選奨文部科学大臣賞受賞

生類たちのアポカリプス。著者第一詩集にして全詩集【2刷】2500円

あかるい天気予報★
樋口伸子 2000円

98年度日本詩人クラブ新人賞受賞

死者の健康のために。生者と死者が朗らかに交感する

いのち　みずかみかずよ全詩集
水上平吉編 3500円

丸山豊記念現代詩賞受賞

野の花、ミミズ、みの虫…小さき者たちへの愛と共感に充ちあふれた詩集

身世打鈴　シンセタリョン
姜《カン》琪東《キドン》 1800円

「燕帰る　在日われは　銭湯へ」

姜琪東俳句集★ 3000円

ノヴァ・スコティア
樋口伸子 2000円

ひそやかな喪失、日常と夢、過去と未来。記憶の中の、もう一つの扉——。

淵上毛錢詩集
前山光則編 【2刷】1800円

「生きた、臥た、書いた」。水俣が生んだ伝説の詩人が鮮烈に甦る

あかるい黄粉餅
内田麟太郎 2000円

エロ・テロ・ナンセンス。麟太郎ワールドのエロティックで過激な自由

古川嘉一詩集
前山光則編 2000円

球磨川の河口に生れ、死を目前にした二年、五〇篇の詩に生を結晶した詩人

詩集　図書館日誌★　樋口伸子
詩集　男池（おいけ）★　大原美代
詩集　空の花★　石村通泰
詩集　凧からの伝言★　江島桂子
詩集　午前一時の湯浴み考★　吉本洋子
詩集　原色都市圏★　福間明子
詩集　ことづて★　西川盛雄
詩集　夢書　羽田敬二
詩集　天の秤★　羽田敬二
詩集　お七・異聞★　坂田燁子
詩集　鏡★　村岡正子
詩集　救命ボート　庄司祐子
詩集　丘の零度★　井上瑞貴
詩集　タタミ★　幸松榮一
福岡県詩集【1996年度版】★
勝髪空位抄★　森山光章
句集　うめぼし　石村定子
詩集　「ハイホー」★　吉貝甚蔵
詩集　鏡子★　原田暎子
歌集　生かされて　みずかみかずよ
句集　鶯替★　大村和子
歌集　緩徐楽章　村山寿朗
歌集　群青　船間和子
詩集　兵隊オルフェ　荒木　力
詩集　流星雨につつまれて★　働　淳
詩集　水路★　赤地ヒロ子
歌集　残燈　目加田誠
詩集　我身一人日記　日高三郎
ふたたびの夜神楽　紫野恵五行歌集
句集　夏　雲　今村武彰句集
詩集　和田浦の夏★　庄司祐子
中原澄子詩集★
連句集　ふらう　荒木理人・宗像文夫・五條元滋

◉児童書

＊書名下の★マークは在庫切れ・在庫僅少の書籍です。
＊表示は本体価格です。定価は本体価格+消費税です。

みずかみかずよの世界

小さな窓から★ 1300円
「愛と命の限りなく清らかな詩集」（椋鳩十）

子どもにもらった詩のこころ★
「赤いカーテン」「金のストロー」などの詩が小学校教科書に掲載されている著者が自身の精神史を語ったエッセイ1300円

ぼくのねじはぼくがまく★
絵・長野ヒデ子 1000円

ごめんねキューピー 新装版
絵・長野ヒデ子 1500円
戦中、親戚に引き取られた女の子。駄菓子屋の人形が欲しくてつい……。少女期の心の葛藤を鮮やかに描いた名作

はゆかまさのりの世界

象さんがんばれ
絵・井村光子ほか 1000円
わがままな王様と優しい象つかいの少年。王様は、戦争で使う強い象を探すよう命じますが……

ぼくおうちにかえりたい★
「ぼく、おうちにかえりたくなったんですけど」。ペンギンの坊やの言葉に、園長先生は困ってしまいました 1000円

こんなにかわいくなりました★
わがままな王様と優しい象つかいの少年。王様は、戦争で使う強い象を探すよう命じますが…… 1000円

おとうさんの豆《まめ》だぬき★ 1000円

ふしぎとうれしい

長野ヒデ子

「生きのいいタイがはねている。そんなふうな本なのよ」（長新太）。絵本と友を生き生きと語る、著者初のエッセイ集!　【3刷】1500円

海にねむる龍

働正（はたらきただし）指導　1000円

一匹の大蛇が地中に閉じこめられた。郷土の伝説をもとに子供たちが描いた絵本

ちっご川

絵・文　北野中学校生徒　【2刷】2000円

郷土の大地を流れるちっご川と河童たちをテーマに中学生が自由な想像力で描いた創作民話

鹿児島ことばあそびうた（朗読CDつき）

植村紀子 絵・長野ヒデ子【3刷】2000円

「焼きたてのさつまいもみたいにおいしいことばたち」（谷川俊太郎氏）がつまったあそびうた集

かわうそときつね★

文・ごんどうちあき　絵・辻宏達

佐賀平野にすむかわうそと、天山にすむきつねの昔話を、ユニークな佐賀弁で語り伝える絵本　1000円

麦の穂との約束　＊紙芝居

原作・吉山たかよ　文・水口瞳　絵・いのうえしんぢ

「福岡大空襲」の同夜、背振山の山裾、糸島郡雷山村に落ちた焼夷弾。風化する記憶を語り伝える紙芝居　1500円

聖福寮の子どもたち★

文・いしがのぶこ 絵・むらせかずえ　1000円

満洲・朝鮮の地で親を失い、引揚げてきた子供たちを育んだ引揚げ孤児収容所の一年

わらうだいじゃやま★

文・内田麟太郎　絵・伊藤秀男　1500円

「よいさ　よいやさ　じゃじゃんこ　じゃん！」。大牟田の夏まつり〝大蛇山〟を描いた元気な絵本

わくわくどきどき

大野城まどかぴあ図書館編

〈第1、2集〉1000円〈第3集〉500円

子どもから大人まで、全国から公募した〈ショートストーリーコンテスト〉受賞作品集

＊第2集は在庫僅少です

小学生から

ゴールキーパー ＊読み物

大塚菜々　絵・いのうえしんぢ　1500円

ぼくは六年生。サッカーに夢中。もう、孤独なゴールキーパーじゃない！

グランパ

文・絵　これながかずひと

ファーマーに木こりに大工。無骨だけど、魅力的な男たち　1800円

うえにん地蔵　享保の飢饉と子どもたち★ ＊読み物

おぎのいずみ　絵・田中つゆ子

飽食の国から飢饉の国へ。時空を行き交うファンタジー　1500円

ゆめのタマゴ ＊小学生の詩集

朝日新聞西部本社編　1500円

不思議でユーモラスで、そして少しコワイ。小学生たちの詩集

かたつむりのおくりもの

文・はやしさちよ　絵・なかむたけんじ

公園でひろった一匹のかたつむり。小さな命とともに成長する少年の心　【2刷】1000円

風になるまで ＊読み物

前田美代子　絵・いのうえしんぢ

戦争から十年。福岡近郊の村で、大阪から少女と地元の少年少女が出会ったのは……。　1500円

ドラキュラ屋敷さぶろっく ＊読み物

前田美代子　絵・いのうえしんぢ

戦後間もない九州の片田舎。不気味な洋館で少年少女が見たものは……。　1500円

ムーンとぼくのふしぎな夏

荻野泉　絵・いのうえしんぢ ＊読み物

古代の女王の声に呼ばれ千年をさかのぼれば、そこは古代の戦場だった！　1500円

天を織る風 ＊読み物

永田智美　絵・甲斐大策

中世アフガン、ガズニ朝に迷い込んだ日本の少女を描く珠玉のファンタジー　1700円

サケよ、ふるさとの川へ ＊読み物

倉掛晴美　絵・いのうえしんぢ

炭坑の町を流れる遠賀川。サケ回帰伝説に魅せられた大人たちと地元の小学生たちが育んだ感動の実話　1400円

海の子の夢をのせて ＊読み物 【4刷】1300円

大男のはなの穴

やまもとさとこ
国民文化祭絵本大会審査委員長賞　孤独な大男の鼻の穴にすみついた船長と猫一匹
1300円

おとしものだよ★

文・絵　いかいみつえ　1000円
拾いものの名人さゆりさんはある日、とんでもないものを拾ってしまった！

MAGIC CANDY DROP

訳　いわもとあや　【英語・日本語併記】
文　まつだゆきひさ　絵　くろだやすこ
ダウン症の女性が訳した絵本1500円

カレーやしきのまりこさん★

文　方藤朋子　絵　おおくまみわこ　1000円
学校の帰りのはるな。いつもカレーのいいにおいがするお屋敷をのぞいてみると……

めだかさがし

文　ちはる　切り絵　おくいただし
今日は大好きなおじいちゃんと、めだかをさがして小さな大冒険！
1300円

天にかかる石橋★

文まつだゆきひさ　絵くろだやすこ　1200円
ガンと闘い絵を描いて逝った著者が、鹿児島の人々に愛された西田橋を描いた絵本

とぼうよギンヤンマごう★

文ごんどうちあき　絵　長野ヒデ子　1300円
新しく公園にきた大きなギンヤンマごうが石のバクの背中に乗って……

空からとんできた牛

文・絵　のだみどり
1165円
《ぎゅうぎゅうぼし》の牛は、仲間にえさを取られガリガリ。「こんな星いやだ」と飛び出し、《ゆたゆたぼし》に向いましたが……

海のかいじゅうスヌーグル

文・ジミー・カーター　訳・飼牛万里
絵・エイミー・カーター
1500円
元米国大統領の創作ファンタジー

雪原のうさぎ★

作・常星児
絵・久冨正美　訳・水上平吉　1500円
中国東北の村。一人の少年が命と向き合い、歩み出す

話題の絵本・児童書

とうさんかあさん
ながのひでこ　＊新装版

第一回日本の絵本賞奨励賞　長野ワールドの原点、待望の復刊

【2刷】1400円

ぼくがすて犬になった日
文・おおうらすみよ　絵・みついただし

たっちゃんの誕生日におこったふしぎなできごと。すて犬たちの心を知る絵本　1400円

白いなす
文・黒瀬圭子　絵・宮﨑耕平

少女の家族から、戦争はかけがいのない人を奪いさった。歴史を伝える絵本　1500円

ぼくのうちはゲル
バーサンスレン・ボロルマー　訳 長野ヒデ子

＊野間国際絵本原画コンクールグランプリ

草原を旅する家族

【2刷】1500円

かぼちゃ大王
トーナス・カボチャラダムス

かぼちゃ大王一家の花の都への珍道中を描いた、ふんわか不思議な絵本

1000円

木喰《もくじき》さん
彌《み》勒《ろく》祐《すけ》徳《のり》

きっと、心が丸くなる。生涯に千体の仏像を残した旅僧・木喰の生涯を、木喰仏とともに描いた絵本

1400円

なんでバイバイするとやか？
文・ごとうひろし　絵・なすまさひこ

養護学校に通うてつお君と小5のきんじ君。二つの表紙で始まる絵本　1300円

モンゴルの黒い髪
バーサンスレン・ボロルマー

訳 長野ヒデ子

モンゴルの伝統民話を描いた絵本

【3刷】1300円

石風社《せきふうしゃ》

〒810-0004 福岡市中央区渡辺通 2-3-24 ダイレイ第5ビル 5F
☎ 092（714）4838　FAX 092（725）3440
URL：www.sekifusha.com　Mail：stone@sekifusha.com

画・甲斐大策

出版案内 2024.05

＊価格は本体価格(税別)で表示しています。

＊価格は本体価格(税別)です。定価は本体価格＋税です。

中村 哲

ペシャワールにて［増補版］

癩《らい》そしてアフガン難民

978-4-88344-050-4

四六判上製／261頁／92・3

数百万人のアフガン難民が流入するパキスタン・ペシャワールで、ハンセン病患者と難民の診療に従事する日本人医師が、高度消費社会に生きる人々に向けて放った痛烈なメッセージ

【9刷】１８００円

中村 哲

ダラエ・ヌールへの道

アフガン難民とともに

978-4-88344-051-1

四六判上製／323頁／93・11

一人の日本人医師が、現地との軋轢、日本人ボランティアの挫折、自らの内面の検証等、血の噴き出す苦闘を通して、ニッポンとは何か、「国際化」とは何かを根底的に問い直す

【6刷】２０００円

中村 哲

医は国境を越えて

＊アジア・太平洋賞特別賞受賞

978-4-88344-049-8

四六判上製／355頁／99・12

貧困・戦争・民族の対立・近代化——世界のあらゆる矛盾が噴き出す文明の十字路で、ハンセン病治療と、山岳地帯の無医村診療を、十五年に亘り続ける一日本人医師の苦闘の記録

【9刷】２０００円

中村 哲

医者 井戸を掘る

アフガン旱魃《かんばつ》との闘い

＊日本ジャーナリスト会議賞受賞

978-4-88344-080-1

四六判上製／285頁／01・10

「とにかく生きておれ！ 病気は後で治す」。最悪の大旱魃が襲ったアフガニスタンで、現地住民、そして日本の青年たちと共に千の井戸をもって挑んだ医師の緊急レポート

【14刷】１８００円

中村 哲

辺境で診《み》る 辺境から見る

978-4-88344-095-5

四六判上製／251頁／03・5

「ペシャワール、この地名が世界認識を根底から変えるほどの意味を帯びて私たちに迫ってきたのは、中村哲の本によってである」（芹沢俊介氏）。一日本人医師の思考と実践の軌跡

【6刷】１８００円

＊小社出版物を直接小社宛にご注文下されば、代金後払いにて送本致します(送料不要)。
＊小社出版物が店頭にない場合には、「地方小出版流通センター」扱いとご指定の上、最寄りの書店にご注文下さい。

中村　哲

医者、用水路を拓《ひら》く

＊農村農業工学会著作賞受賞

アフガンの大地から世界の虚構に挑む

978-4-88344-155-6

四六判上製／377頁／07・11

「百の診療所より一本の用水路を！」。戦乱と大旱魃のアフガニスタンで、千六百本の井戸を掘り、全長約二十五キロの用水路を拓く。真に世界の実相を読み解くために記された渾身の報告

【10刷】1800円

小林　晃

わが〈アホなる〉人生

中村哲医師との出会い

978-4-88344-325-3

四六判上製／380頁／24・02

幼い子ども二人を連れ家族でペシャワールに赴任した医師の苦闘と迷いとやり直しの人生。「ここに来る人も含めて、バカですよ。しかし、バカもおらんと世の中面白くないしね」（中村哲医師）

2500円

ジェローム・グループマン 著　美沢恵子 訳

医者は現場でどう考えるか

978-4-88344-200-3

A5判上製／313頁／11・10

「間違える医者」と「間違えぬ医者」は、どこが異なるのか。診断エラーを回避するために臨床現場での具体例をあげながら、医師の「思考プロセス」を探索した刺激的医療原論のロングセラー

【7刷】2800円

甲斐大策

生命《いのち》の風物語

シルクロードをめぐる12の短編

4-88344-038-9

四六判上製／270頁／99・3

「読者はこの短編小説集に興奮する私をわかってくれるだろうか」（中上健次氏）。苛烈なアフガンの大地に生きる人々、生と死、神と人が灼熱に融和する世界を描き切る神話的短編小説

1800円

甲斐大策

シャリマール

シルクロードをめぐる愛の物語

4-88344-037-0

四六判上製／271頁／99・3

イスラム教徒でもある著者による、美しいイスラムの愛の物語集。玲瓏たる月の光の下、禁欲と官能と聖性、そして生と死の哀しみに満ちた世界が、墜落感にも似た、未知の快楽へと誘う

1800円

石牟礼道子

〔完全版〕石牟礼道子全詩集

978-4-88344-292-8　A5判上製／444頁／20・2

時空を超え、生類との境界《あわい》を超え、石牟礼道子の吐息が聴こえる。02年度芸術選奨文部科学大臣賞受賞『はにかみの国』大幅増補。新たに発掘された作品を加え、全一一七篇を収録する四四四頁の大冊　3500円

渡辺京二

細部にやどる夢　私と西洋文学

978-4-88344-207-2　四六判上製／187頁／11・12

少年の日々、退屈極まりなかった世界文学の名作古典が、なぜ、今読めるのか。ディケンズ、ゾラからブルガーコフ、オーウェルまで、小説を読む至福と作法について明晰自在に語る評論集　1500円

宮内勝典

南風《なんぷう》

978-4-88344-288-1　四六判上製／191頁／19・9

第16回文藝賞受賞作　夕暮れ時になると、その男は裸形になって港の町を時計回りに駆け抜けた――辺境の噴火湾が小宇宙となってひとの世の死と生を映しだす。著者幻の処女作が四十年ぶりに甦る　1500円

三毛《サンマウ》 著　妹尾加代 訳

サハラの歳月

978-4-88344-289-8　四六判上製／496頁／19・12

その時、スペインの植民地・西サハラは、モロッコとモーリタニアに挟撃され、独立の苦悩に喘いでいた――台湾・中国で一千万部を超え、数億の読者を熱狂させた破天荒・感涙のサハラの輝きと闇　2300円

三毛《サンマウ》 著　間ふさ子・妹尾加代 訳

三つの名を持つ少女　その孤独と愛の記憶

978-4-88344-309-3　四六判上製／305頁／22・1

世界で初めて編まれた台湾の作家・三毛の自伝的物語であり、『サハラの歳月』の姉妹編。三毛の稀有な人生を、彼女自身が綴った文章で再構成。魂を揺さぶる少女の孤独とホセへの愛と別れ　1800円

富樫貞夫

水俣病事件と法

4-88344-008-7　A5判上製／483頁／95・11

水俣病問題の政治的決着を排す一法律学者渾身の証言集。水俣病事件に置ける企業、行政の犯罪に対し、安全性の考えに基づく新たな過失論で裁判理論を構築、未曾有の公害事件の法的責任を糾す　5000円

広野八郎

外国航路石炭夫日記

世界恐慌下を最底辺で生きる

＊在庫僅少

978-4-88344-175-4　A5判並製／376頁／09・6

一九二八（昭和三）年から四年間、インド／欧州航路の石炭夫として大恐慌下を生き抜いた一人の労働者が、華氏百四十度の船底で最底辺の世界を克明に記した日記。葉山嘉樹氏「これはきみの傑作だ」2800円

工藤信彦　著　松田晃　編

「樺太・紙の記念館」にむけて

記憶を歴史に

978-4-88344-326-0　四六判上製／316頁／24・5

「わが内なる樺太」（石風社）の著者が、〈樺太〉を忘却の淵に沈めぬために記した渾身の書。樺太生活者たちの歴史を記録化する「樺太・紙の記念館」構想とその現代的意味を問う　2500円

八板俊輔

馬毛島漂流

978-4-88344-257-7　四六判上製／218頁／15・10

種子島西方に浮かび、日米安保の渦の中で〝漂流〟を続ける馬毛島。種子島在住の元新聞記者が、島に渡り、歩き、喰い、時には遭難して知った孤島の今を、短歌と写真を添えて伝えるルポルタージュ　1600円

農中茂徳

三池炭鉱　宮原社宅の少年

978-4-88344-265-2　四六判上製／256頁／16・6

昭和30年代の大牟田。炭鉱社宅での日々を少年の眼を通して描く。「宮原社宅で育った自分史が希少な地域史となり、三池争議をはさむ激動の社会史の側面をもっている」（東京学芸大学名誉教授　小林文人）【3刷】1800円

竹中　力

子どもを大切にしない国 ニッポン　元児童相談所職員の考察と提言

978-4-88344-318-5　四六判上製／350頁／23・5

いじめや体罰、虐待・自死から子どもたちをいかにして守るか――親・児相・施設職員・保育士・教師・医師・市町村職員など……子どもの命に携わる人たちへの熱いメッセージ　**2500円**

松浦豊敏

越南《えつなん》ルート

978-4-88344-202-7　四六判上製／255頁／11・10

華北からインドシナ半島まで四千キロを行軍した冬部隊一兵卒の、戦中戦後を巡る自伝的小説集。戦争を生きた人間の思念が深く静かに鳴り響く、戦争文学の知られざる傑作　**1800円**

宮崎静夫

十五歳の義勇軍　満州・シベリアの七年

4-88344-192-1　四六判上製／278頁／10・11

十五歳で満蒙開拓青少年義勇軍に志願し、十七歳で関東軍に志願。敗戦そして四年間のシベリア抑留を経て帰国し、炭焼きや土工をしつつ、絵描きを志した一画家の自伝的エッセイ集　**2000円**

浅野美和子

野村望東尼《ぼうとうに》　姫島流刑記　「夢かぞへ」と「ひめしまにき」を読む

978-4-88344-283-6　A5判上製／540頁／19・4

筑前勤王党二十一人が自刃・斬罪に処せられた慶応元年の乙丑《いっちゅう》の獄。歌人野村望東尼も連座。糸島半島沖の姫島に流罪となる――本書は、望東尼直筆の稿本を翻刻し注釈を加えた流刑日記　**3800円**

阿部謹也

ヨーロッパを読む

4-88344-005-4　四六判上製／507頁／95・10

「死者の社会史」「笛吹き男は何故差別されたか」から「世間論」まで、ヨーロッパにおける近代の成立を解明しながら、世間的日常と近代的個に分裂して生きる日本知識人の問題に迫る阿部史学のエッセンス　**【3刷】3500円**

大嶋　仁
科学と詩の架橋
978-4-88344-313-0　四六判上製／336頁／22・8

科学を絶対とする近代文明に詩を取り戻せるか。シモーヌ・ヴェイユ、レヴィ＝ストロース、寺田寅彦、岡潔、宮沢賢治——五人の思想家をめぐる知の探究。諸悪の根源はデカルト⁉︎　2500円

大嶋　仁
石を巡り、石を考える
978-4-88344-323-9　四六判上製／204頁／23・12

ヨーロッパ、南米を経て日本へ回帰したひとりの思索者が石や岩をめぐる物語にインスパイアされ、その対話を刻む。石と文学についての考察など、独自の視点で石と対話し、思索へと深めるエッセイ　2000円

安岡　真
三島事件その心的基層
978-4-88344-298-0　四六判上製／333頁／20・11

三島事件から50年。その深層を読み解く。20歳の三島は兵庫で入隊検査を受けるが、若き軍医の誤診で帰京。自分の入隊すべき聯隊はその後フィリピンで多くの戦死者を出したと、終生思い込んだが……2500円

臼井賢一郎・神戸金史・吉崎　健
ドキュメンタリーの現在　九州で足もとを掘る
978-4-88344-317-8　四六判並製／380頁／23・4

福岡の民放局・NHKの制作者による格闘の記録。警察の不正・水俣病・アフガニスタン……世界の大変動と分断の時代にあって、系列を超え、殿戦を闘う著者らの反骨精神に心震える一冊　2000円

糸永康平　編著
世に資する　信号電材株式会社の50年
978-4-88344-321-5　A5判上製／254頁／23・7

炭鉱の町だった大牟田市に、交通信号機器の全国50%を製作する会社がある。西日対策灯器を開発するなど、人と車の安全安心を守る下町信号屋のものづくりドラマ50年　2500円

臼井隆一郎

アウシュヴィッツのコーヒー　コーヒーが映す総力戦の世界

978-4-88344-269-0　四六判上製／282頁／16・10

ドイツという怪物をコーヒーで読み解く。独自の視点で論じる西欧《ヨーロッパ》文化論。「アウシュヴィッツなしには西欧人がアフリカ人にしたことは決して理解できなかっただろう」（アルフレッド・メトロー）　**【2刷】2500円**

イヴォナ・フミェレフスカ 作　田村和子・松方路子 訳

ブルムカの日記　コルチャック先生と12人の子どもたち　**＊絵本**

978-4-88344-219-5　A4判変型上製／65頁／12・11

ナチス支配下のワルシャワで、コルチャック先生は孤児たちと共に暮らしていた。悲劇的運命に見舞われる子どもたち。その日常とコルチャック先生の子どもへの愛が静かに刻まれた絵本　**【2刷】2500円**

アンナ・チェルヴィンスカ‐リデル 著　田村和子 訳

窓の向こう　ドクトル・コルチャックの生涯

978-4-88344-301-7　四六判上製／211頁／21・5

“子どもと魚には物事を決める権利はない”――そんなポーランドの厳格なユダヤ人家庭に育った少年は、なぜ子どもたちのために孤児院を運営する医師となり、ともにガス室へと向かったのか　**1500円**

成 元哲 編著　牛島佳代／松谷 満／阪口祐介 著

終わらない被災の時間　原発事故が福島県中通りの親子に与える影響《ストレス》

978-4-88344-250-8　四六判上製／281頁／15・3

放射能と情報不安の中、幼い子供を持つ母親のストレスは行き場のない怒りとなって、ふるえている――。避難区域に隣接した中通り地区に住む母親を対象としたアンケート調査の分析と提言　**1800円**

ちづよ 作

ゲンパッチー　原発のおはなし☆子どもたちへのメッセージ　**＊漫画**

978-4-88344-286-7　A5判上製／305頁／19・8

ゲンパッツってなんだろう？　原子力発電所はどんな仕組みで、どんなエネルギーを作り出すの？　どうして大人は原発を選ぶの？　子どもにも理解できる脱・原発ファンタジー　**小出裕章氏推薦**　**1500円**

2024.05 15,000

＊価格は本体価格(税別)で表示しています

鈴木　浩　＊「第36回地方出版文化功労賞」奨励賞受賞

小学生が描いた昭和の日本

児童画五〇〇点
自転車こいで全国から

978-4-88344-310-9　A5判並製カラー／339頁／22・1

1969年10月〜1970年10月　あの激動の時代子供たちはなにを見ていたのか――一人の青年が北海道から沖縄まで、1年かけて120の小学校を自転車で訪ね、子供たちの絵を集めた　**2500円**

ながのひでこ 作

とうさんかあさん　＊絵本

978-4-88344-131-0　A4判上製／32頁／05・12

第一回日本の絵本賞文部大臣奨励賞受賞　「とうさん、かあさん、聞かせて、子どものころのはなし」。子どもの好奇心が広げる、素朴であったかい世界。ロングセラーとなった長野ワールドの原点　**【3刷】1400円**

長野ヒデ子 編著　右手《うて》和子／やべ みつのり 著

演じてみよう つくってみよう 紙芝居

978-4-88344-234-8　A5判並製／128頁／13・6

日本で生まれた紙芝居が、いま世界中で大人気。紙芝居は観るだけでなく、自分で演じて、そして作ってみると、その面白さがぐんと深まります。紙芝居の入門書。イラスト多数　**【3刷】1300円**

長野ヒデ子

ふしぎとうれしい

978-4-88344-064-8　四六判並製／278頁／00・8

「生きのいいタイがはねている。そんなふうな本なのよ」（長新太氏）。使い込んだ布のようにやわらかなことばで、絵本と友をいきいきと語る、絵本日本賞作家・長野ヒデ子初のエッセイ集　**【4刷】1500円**

長野ヒデ子

絵本のまにまに

978-4-88344-315-4　四六判並製／332頁／23・3

絵本、紙芝居、暮らし……絵本作家・長野ヒデ子が綴るエッセイ集第二弾。「「まにまに」と書いてあるけどそれはウソ。本当は絵本の「どまんなか」にヒデ子さんがいます」（アーサー・ビナード氏）　**【2刷】1800円**

（1）『佐賀城覚書』（『有田均家御書物写』による、『佐賀市史』第二巻〈佐賀市・昭和五十二年刊〉所収）一九七頁
（2）『佐賀県近世史料』第一編第二巻（佐賀県立図書館・内閣文庫　平成六年刊）二六六頁
（3）『日本城郭大系』第十七巻は、「本丸には五層の天守閣があり」とする。しかし、屋根は四重で、小倉城天守のように、「四重五階」の天守であった可能性がある。

八　南関城（鷹ノ原城、高原城）

南関は熊本や鹿児島から小倉を通って中国地方に抜けて行く際の通過地点の一つである。肥後国（熊本県）と筑後国（福岡県）の国境に近いので、古代より関所が置かれたのが地名の由来である。佐藤信淵が著した『九州紀行』も南関について、「熊本より関所を置て往来の旅人を改む」と記す。(1)

国境は関所の近くを流れる墨摺川《すみずりがわ》の少し北方にあって、熊本までおよそ四十キロ余りの距離である。熊本細川領と福岡柳川藩領の境で、関所ではいずこも同じように、住まいや名前、人数などを届けて、往来手形を見せて通るのである。文政十一年（一八二八）十一月二十七日にこの関所を通った高木善助は、その著書『薩陽往返記事』に、「南の闗（関）入口に細川侯番所あり。國所・姓名・上下人數（数）を届けて通る。一應の旅人は所持の往來手形を改るなり。町に入て米屋卯助といふ方に黄昏着、止宿」と書きとどめている。(2)「南の関」を古くは「松風の関」とも言っ

ていたらしい。大変風光明媚なところで、肥後国の名所であった。今でも近くに山鹿《やまが》温泉があり、温泉まつりの際は、有名な山鹿灯籠を飾り、多くの人々が集まる。古河古松軒は、その著書『西遊雑記』に、「うち渡る墨すり川は名のみしてにこらぬ御代にすめる里人」「いつしかに秋知りそめて吹かゆる音にも高し松風の關」とその風情を詠んでいる。(3)

南関城はこの地にあるので、「南《みなみ》の関城《せきじょう》」とも称している。『九州諸城図』では「南ノ関城加藤美坂《（ママ）》殿」とある。「加藤美坂（作）殿」はすなわち加藤清正の家臣・加藤美作守正次である。

加藤美作守正次は、官名を喜左衛門と言い、慶長六年（一六〇一）に京都所司代にあったが、加藤清正のいとこの婿となり、清正の肥後入国後に南関城代になった。清正が肥後に入ったのは天正十六年（一五八八）で、熊本城を築いたのは慶長六年（一六〇一）から同十二年（一六〇七）にかけてなので、その頃に正次は南関城代になっていたのであるが、詳しい年代はわからないものの、これによって『九州諸城図』も、そのころの様子を表しているものと推測される。

ちなみに「南ノ関城」と呼称していたのは、慶長年間（一五九六〜一六一五）ごろであって、明和九年（一七七二）刊行の『肥後国誌』によれば、「鷹ノ原城跡」に変わっている。つまり、十八世紀末期にはすでに『九州諸城図』に描かれた「南ノ関城」は遺っていなかったことがわかる。この点からも、『九州諸城図』は江戸前期、慶長から元和頃のものと推測されるのである。

南ノ関城跡は、現在の熊本県玉名郡南関町大字南関町字城ノ原に当る。南関町教育委員会生

涯学習課の文化財担当者らが、平成九年（一九九七）より発掘調査を進めていて、その報告書もある。(4)

南ノ関城の新築年代について、宝永三年（一七〇六）三月に肥後細川藩の学者・井澤長秀（蟠龍《ばんりゅう》）が著した『南関紀聞』は、「慶長五年（一六〇〇）石田乱（筆者註・関ケ原の合戦を指す）の時、鍋島立花両家と合戦に及びしかば、清正其扱として筑後に趣き、帰国の砌《みぎ》り、高ノ原といふ所に上り、自縄張して新城を築かしめらる。此時美作縄張の相手と成るといへ共、清正の心に叶はざる故美作が家人近藤勘左衛門といふ者を呼出して、合手とせられける。清正の心に叶ひける故、甚だ感慨せられ知行を与えられしと也」と記している。(5)

したがって、『九州諸城図』は慶長五年（一六〇〇）以降の南ノ関城を描いていることが分かる。

次に、いつ廃城になったかが問題である。これについては、『南関町史』は「築城時期についての異論はないが、廃城は一年早い元和元年（一六一五）ではないかと思われる。幕府からいわゆる一国一城令が出されるのは、元和元年の閏六月であり、翌年まで破城を行わなかったとは考えにくいからである」と、元和元年廃城説をとる。(6)

しかし、『南関紀聞』の別本、碩田《せきでん》叢史本は、「高原城加藤清正築之、家臣加藤美作住居す。元和三年城滅」と記すので、元和元年（一六一五）閏六月の一国一城令が発布されてから取り壊され、元和三年（一六一七）に至って廃城となったと認めるべきであろう。(7)

とすると、『九州諸城図』に描かれた「南ノ関城」は慶長五年（一六〇〇）から元和三年（一六一七）までのわずか十七年間存在した南ノ関城（高ノ原城＝鷹ノ原城）を描いていると考えざるを得ない。

ただし『肥後国地志略』六巻は、『南関町史』と『南関紀聞』の間をとって「高原城跡　慶長五年加藤清正家臣加藤美作正次が願に依て、高原に新城を築く。元和二年こぼち去る」と記し、元和二年（一六一六）に取り壊されたとする。(8)

さて南ノ関城は、発掘調査報告書などによれば、曲輪《くるわ》はほぼ中央に本丸、本丸の北側に堀切を挟んで、二の丸、同じく西側に堀切を挟んで三の丸があった。本丸の標高約百五メートル、二の丸、三の丸は約百メートルで、南側は眼下に南関町のかぎ状に折れた城下町と関川が広がる。北側は長谷《ながたに》の深い谷である。

発掘調査報告は本丸の遺構について、次のように記す。(9)

一、本丸は四・三メートルから四・八五メートルの盛土。

二、北西端部で、櫓跡（基礎の石垣）を発見。

三、西側斜面で石垣を発見。残りのよいところで高さ八メートル。また、高石垣《たか》の方向は東西、南北に合わせていることも判明。

四、西虎口《こぐち》を発見。門の幅八・六メートル。

五、東虎口を発見。門の幅七・八メートル。

次に、南関城の破却についても次のように記す。

一、徹底的かつ丁寧。くずした石垣の石を片付けながら、石垣の下のほうまで壊している。

二、古寛永（寛永通宝のこと）の出土により元和期の破却のみではなく、寛永通宝鋳造開始の寛永十三年（一六三六）以降にも破却された可能性が高くなってきた。つまり、一度だけではなく、複数回の破城がなされた、と考えられる。

ところで、財団法人永青文庫所蔵の慶長十年（一六〇五）以降の作とされる『慶長の国絵図』には、二層で白壁の櫓とその両脇に平櫓が一棟ずつ描かれ、「関ノ城」と注記がある。

また、『肥後国熊本世間取沙汰聞書』には、「南ノ関城」について、「壱万石　加藤たんこ（丹後＝正長）」とある。[10]加藤正長は、慶長十六年（一六一一）七月の「加藤家家臣知行高書上寄」によれば、知行高一万二千六百二石で、先述の加藤美作守正次の息子である。

尚、『鷹ノ原城跡Ⅰ』の注（4）に次のように記すことは瞠目される。[11]

なお、慶長十六・七年頃に描かれたと推測される同館（山口県文書館）蔵の『九州諸城図』には「南ノ関ノ城加藤美馬坂（美作）殿」と注記がある。

これはまさに本章で追究している『九州諸城図』について、慶長十六年（一六一一）、十七年（一六一二）頃に描かれたことを推測している。しかし、推測の根拠は残念ながら示していない。

◉図像の検討

『九州諸城図』には「南ノ関城」として、六棟の建物が描かれているので、それぞれの建物を次に検討しておく。

①の建物

・この建物が一番高い位置にあって、三重なので南関城の天守である。

・一重目の屋根はほぼ同じ形式に描くが、Ⅰ図では右端の大棟がややこんもりしている。柱はⅠ図では二本、Ⅱ図では三本の縦線を描く。

・二重目も屋根はほぼ同形式に両図とも描くが、柱はⅡ図で三本あるが、Ⅰ図では右端になく二本の縦線のみである。

・三重目はⅡ図の方が屋根をしっかり描き、大棟に鯱又は経の巻付き鬼瓦も描く。しかし、Ⅰ図は妻の△もはっきりせず、屋根全体もはっきりしない。柱もⅠ図では、右側の柱がはっきりしないが両図とも二本の縦線を描く。

②の建物

・Ⅱ図では三重建てらしいが、Ⅰ図は一重目の屋根がはっきりしない。どちらも左端の石垣上に建つので櫓であろう。二重目は、Ⅰ図もⅡ図も△を描いていることのみは理解できる。柱も、Ⅰ図では右端に一本を描き左側は不明瞭である。

Ⅰ

Ⅱ

南関城

③の建物

・Ⅱ図より二重建てに見えるが、Ⅰ図でははっきりしない。地盤面のみⅠ図、Ⅱ図ともしっかり描く。

④の建物

・Ⅰ図、Ⅱ図とも地盤面から⑤の建物と同じレベルに建つことを示す。形式も共に酷似して描く。平家である。Ⅰ図、Ⅱ図とも屋根の向きは同じである。

⑤の建物

・この建物もⅠ図、Ⅱ図とも屋根の向きが同じで酷似している。平家である。

⑥の建物

・石垣上に建つらしいがⅠ図では不明瞭で平家なのか二重（階）建てなのか、また、建物ではなく背景を描いているのか速断できない。Ⅱ図では地盤面が省略されている。一重目の右手の「┤」は石垣を表しているらしいが、Ⅰ図にこれがない。Ⅰ図では一重目に△が付いているらしいがはっきりしない。

【注】

（1）板坂耀子編『近世紀行文集成』第二巻　九州篇（葦書房・平成十五年刊）所収一四七頁

（2）『薩陽往返記事』（『日本庶民生活史料集成』第二巻〈三一書房・昭和四十四年刊〉所収）六一

五頁

（3）『西遊雑記』（『日本庶民生活史料集成』第二巻〈三一書房・昭和四十四年刊〉所収）三七二頁

（4）「鷹ノ原城跡（南関城跡）Ｉ」（南関町文化財報告書　第五集・南関町教育委員会編・平成十二年刊）

（5）『鷹ノ原城跡（南関城跡）Ⅲ』（南関町文化財報告書　第八集・南関町教育委員会編・平成十六年刊）

井沢長秀著『南関紀聞』全（山鹿・文化財を守る会・昭和四十八年刊）

（6）南関町史編集委員会編『南関町史・地誌　上』（南関町・平成十六年刊）

（7）南関町史編集委員会編『南関町史　資料』（南関町・平成九年刊）一九六頁

細川藩政史研究会編『熊本藩年表稿』（同会・昭和四十九年刊）。元和元年（一六一五）六月十三日の条に、「幕府は一国一城制をしく。南関、内牧、佐敷城を壊す」とある

（8）森下功・松本寿三郎編『肥後国地誌集』（青潮社・昭和五十五年刊）九三頁

（9）注（5）一〇六〜一〇八頁

（10）『新熊本市史』（史料編第三巻近世Ｉ）所収No一一三。山口県文書館所蔵「毛利家文庫三・他家」No一六

（11）注（4）七頁

九　熊本城

熊本城と言えば、すぐ戦国の武将、加藤清正を想起させる。

加藤清正は天正十六年（一五八八）に佐々成政《さっさなりまさ》に替わり隈本城（当時の熊本城をこのように

記した）に入城する。そして、多少の修理をするが、すぐに新城を計画する。

新城は、坪井川の北の丘陵地（茶臼山）に位置し、地形の最も高い東側に本丸・二の丸・出丸などが建っていた。東側は崖地のため、高い石垣が築かれた。しかも清正の石垣は「忍び返し」といい、敵が登りにくいよう石を積み上げている。これについては、清正が黒田長政らと共に文禄、慶長に出兵し、韓国晋州城を攻めあぐんだ経験を生かし、考えられた手法であると言われている。石垣の手法について、荻生徂徠著『鈐録《けんろく》』（享保十二年・一七二七・作）第十六、「城制下」に、「石垣ヲ築クニハ幕ヲ張テ一圓《えん》ニ外人《がいじん》ニ見セズト云。今ハ町人ノワザトナリ、武士ハ皆其術ヲ不《しら》レ知《ず》。清正ノ築ケルハ大坂・尾州・肥後ノ熊本ナリ」とあって、城の工事現場を外の人々が直接見ることが出来ないように用心していたことが分かる。(1) 石垣の良し悪しは城の要であるから当然である。

また、石垣の石はたとえ火矢にあたったとしても丈夫な安山岩を用いた。その上、籠城に備えて、城内に井戸や抜け穴を設ける一方、燃料となる樹木も植えた。

樹木を多く植えたのは、清正と共に朝鮮出兵した黒田長政も同様であって、福岡城内に多くの樹木を植えている。いざ籠城した時にそれらの樹木が薪になるのである。

加藤清正が茶臼山に新城を着工した時期については色々な説があるが、関ヶ原の合戦後の慶長六年（一六〇一）であろう。そして、六年後の慶長十二年（一六〇七）に外観三重、内部六階、地下一階の大天守が完成したらしい。(2)

『九州諸城図』上部（東）に「肥後国」として記し、東方に「豊後口」南方に「八城さつま口」、西方に「長崎口道」と一本の道が示されている（一二八、一二九頁参照）。その交差点の左側（北側）に城が描かれている。この城こそ熊本城にほかならない。

城（熊本城）の東側に描かれた「川」は現在、熊本城の東側を流れる坪井川であろう。また、寛永十三年（一六三六）に城と坪井川を隔てた花畑に藩主細川忠利の居城を築いた。『九州諸城図』では、「御はな畠」を右側南方に記す。したがって、この『九州諸城図』が寛永十三年以前の熊本城を描いていることは明白である。

熊本城は天正十六年（一五八八）加藤清正が肥後国九郡を与えられて、以前あった隈本城（古城）に入城し、慶長六年（一六〇一）（天正十八年・一五九〇または慶長四年・一五九九とも言われている）から同十二年（一六〇七）にかけて隈本城と千葉城を含めて、茶臼山全域を本格的に整備した結果、成立した城である。

千葉城は丘陵茶臼山の東部に応仁～文明年間（一四六七～八七）、菊池氏の一族・出田秀信《いでたひでのぶ》が築いたのが始まりである。

隈本城は明応五年（一四九六）鹿子木親員《かのこぎちかかず》（寂心）が茶臼山の南西部に築いたのが始まりである。それからは隈本城が中心になっていたが、天文十九年（一五五〇）鹿子木氏は大友氏に滅ぼされ、かわって城親冬《じょうちかふゆ》が城主となった。しかし、天正十五年（一五八七）豊臣秀吉の九州平定により入城した佐々成政が、国一揆を引き起こしたことの責めを受け、切腹した。翌十六年（一五八八）に加藤清正が入城したことは冒頭に触れた。

加藤清正の築いた熊本城天守は三重六階、地下一階の大天守である。屋根には千鳥破風や軒唐破風が付き、最上階の屋根上には鯱がのる。『熊本城史梗概』は次のように記す。[3]

一の天守は高さ二十四間二尺（内七間五尺土臺十六間二尺上六階）七階にして上段五間四方二段及三段五間四尺四方四段及五段八間に九間六段十一間に十三間七段石穴七間に九間より成り

右掲は上部より数え、地下が七段目で「石穴」である。すなわち、熊本城天守は三重、地上六階地下一階である。現在の天守は、明治十年（一八七七）焼失後に鉄筋コンクリートで復原されたものである。

『九州諸城図』ではこの天守は下から一段目と二段目の破風（△）に最上階屋根の入母屋破風を含めると、三重に見える。

北野隆氏は、細川永青文庫蔵の『隈本城御城事』を引いて、この天守について「大天守は三層六階地下一階よりなる」とする。[2]

つまり、『九州諸城図』の三段の屋根の三角形（△）破風を「三重地上六階」に解釈しなければならないのである。すなわち、一重目の△屋根の下に一階と二階と三階、二重目の△屋根の下に四階と五階、三重目の△屋根の下に六階がある。

屋根の下に階数が隠れている現存天守は多い。北から松本城天守（五重六階）、犬山城天守（三重四階、地下一階）、丸岡城天守（二重三階）、姫路城天守（五重六階）、松江城天守（四重五階、地下一階）、高知城天守（四重五階）などで、いずれの天守も国指定重要文化財（松本城と姫路城天守は国宝）である。

ちなみに、北野氏によれば、小天守も「二層四階」と表現している。『九州諸城図』Ⅱ図では大天守と推測される三重の建物の左右に「二重」の建物が建つ。但し、Ⅰ図では左側に「三重」らしき建物が建つがこれは小天守か宇土櫓であろう。現存する熊本城内で最も古い建物が、この宇土櫓であって、慶長六年（一六〇一）から同十二年（一六〇七）にかけて建立された三重五階、地下一階の櫓である。(4)そのために、宇土櫓は昭和八年（一九三三）一月二十三日国指定重要文化財になっている。

天守を中心として『九州諸城図』が西側から描かれているとすれば、宇土櫓は当然天守の左側に描かれなければならない。Ⅱ図では天守の左側は「二重」の建物だが、Ⅰ図では左側が「三重」で天守より高い地盤上に建つ。

したがって熊本城の場合は、恐らく、西側から描いたものであろう。

熊本城は、高木善助著『薩陽往返記事』の文政十二年（一八二九）十一月六日の条に、「御城は町の東手にありて天守あり、總《すべ》て見事なり」とあって、熊本城の西方にある当時の熊本の町については「九州繁花の土地にて、商家軒《あきんどのいえのき》を連ねたり。繼《（継）》所の邊の見付門を出れば欄干葱寶珠《ねぎぼうしゅ》の橋あり、長さ十四五間もあり。是を渡りて外町を通り、街道《又見付け門橋あり》へは行ず、門に添て南へ

行く。此川の土砂并に此邊の田地土の色黒く、薩《さつま》・隅《をほすみ》にて所々見る處と同じ」と書きとどめられている。(5)

河井繼之助は自著『塵壺』の、安政六年（一八五九）十月廿日（二十）の条に、幕末の熊本の様子を「宿の邊は京町と云様覚ゆ。所謂百間石垣の中を通り此則《これすなわち》高處（所）にて、城は山を平らげ造りしものならん。此處より天主（守）始諸矢倉・堀迄見え、甚《はなはだ》近し」と描写している。(6) まるで京町から眺める熊本城が目に浮かぶようである。

その後、慶長十六年（一六一一）清正が死亡して、清正のあとを継いだ加藤忠元が寛永九年（一六三二）庄内（山形県）へ改易されて、小倉城主細川忠利が五十四万石の熊本藩主となり、以後は明治まで、二百四十年間、十二代存続した。

しかし、明治十年（一八七七）西南戦争勃発前の二月十九日に兵火により天守をはじめ主要建物を焼失した。

当時籠城中だった陸軍大尉中井應義の日記『起誌簿』はこの時の出火の様子を、「本台応接所ヨリ出火櫓二ヶ所金庫被服庫弾薬庫ヲ残スの外、城中悉皆《ことごとく》煙失ス」と記す。(7)

現在の天守は昭和三十五年（一九六〇）建設された鉄筋コンクリートの復原天守である。しかし、この天守は焼失以前の状態を忠実に復原したものであると言われている。復原天守は、三重、地上六階、地下一階である。ここで、三重の屋根に注目すると、最上階の入母屋の妻の三角形（△）を含めて、三重の屋根それぞれに三角形（△）が付いているから、まさに『九州諸城図』に描かれた天守と一致することになる。

◉図像の検討

『九州諸城図』の熊本城には、八棟の建物が描かれているので、それぞれの建物を次に検討しておく。

①の建物

・三重の建物でひときわ高く描かれているので天守である。

・一重目はⅠ図、Ⅱ図ともほぼ同じに描くが、Ⅱ図では、左側降り棟先端がはねているので、ここに鯱又は経の巻付き鬼瓦が付くらしい。柱はⅠ図、Ⅱ図とも四本の縦線を描いている。

・二重目は、Ⅰ図、Ⅱ図とも柱は四本の縦線を描き同じである。しかし、屋根の△がⅠ図では明白ではない。つまり、Ⅰ図では△が右側なのか、真ん中なのかはっきりしないのに対し、Ⅱ図では△が左側に付く。また、Ⅱ図から降り棟に鯱又は経の巻付き鬼瓦が付くことが分かる。

・三重目はⅠ図、Ⅱ図とも大棟に鯱又は経の巻付き鬼瓦がのる。柱は二本の縦線で描いている。△はいずれの図も左側に付いている。

②の建物

・Ⅰ図は一重目の右横の建物⑤の間に細かな縦横線が見える。

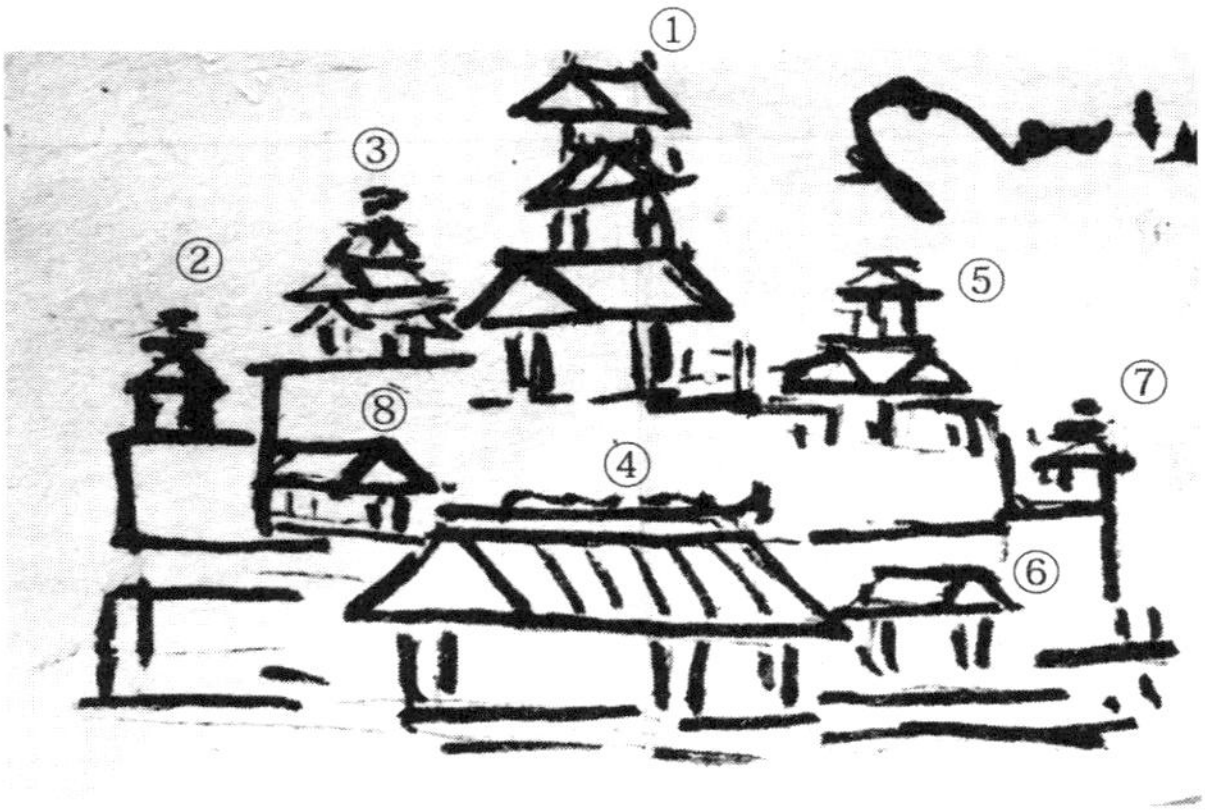

Ⅰ

Ⅱ

熊本城

・Ⅱ図は明確に妻正面を上下に重ねて描き、二階建てを表す。Ⅰ図でもそれらしく描かれているが、二重目の△ははっきりしない。石垣の先端に建つ建物なので櫓であろう。

③の建物

・Ⅰ図、Ⅱ図とも、①の建物より一段高いところに建つ。しかし、どちらも①の建物より全体の高さは低く、石垣の端部に建つので櫓であろう。Ⅰ図、Ⅱ図とも同一建物でも描き方の相違がはっきり見て取れる。

④の建物

・Ⅰ図、Ⅱ図とも酷似している。本瓦葺のように屋根に斜線を入れている。平家で大棟に大棟飾りを描き、両端は鯱又は経の巻付き鬼瓦を置く。

⑤の建物

・二重の建物で石垣の端部に建つので櫓である。二重目の屋根の描き方がⅠ図とⅡ図で全く違う。

⑥の建物

・Ⅰ図もⅡ図も類似している。平家の建物で、建物の向きもほぼ同じように描く。

⑦の建物

・Ⅱ図では石垣上に前後二棟の建物を描いているように見える。しかし、Ⅰ図では一棟らしい。そこで、二重建ての櫓と仮定する。Ⅰ図では妻正面のみなので屋根の形式も柱も速断できない。

⑧の建物

・Ⅱ図では描かれていないので、見えにくい建物らしい。建物は平家で、入母屋造か切妻造か速断できない。柱は四本の縦線で表現している。

【注】

（1）『荻生徂徠全集』第六巻（河出書房新社　昭和四十八年刊）五〇三頁

（2）平井聖監修・北野隆著『城郭・侍屋敷古図集成　熊本城』（至文堂・平成五年刊）は「三層六階地下一階」とする。二三一頁

（3）小島徳貞編『熊本城史梗概』（熊本城阯保存会・昭和二年刊）一六頁

（4）『復元大系―日本の城』第八巻　九州・沖縄（ぎょうせい・平成四年刊）二五頁、北野隆氏は「現在の三階は江戸中頃の増築」とする。

『日本城郭大系』第十八巻（新人物往来社・昭和五十四年刊）は「三層五階」と記す。二五二頁

文化財保存計画協会編『重要文化財・熊本城宇土櫓保存修理工事報告書』（熊本市・平成二年刊）

（5）『薩陽往返記事』（『日本庶民生活史料集成』第二巻〈三一書房・昭和四十四年刊〉所収）六三八頁

（6）『塵壺』（『日本庶民生活史料集成』第二巻〈三一書房・昭和四十四年刊〉所収）四二六頁

（7）『起誌簿』（熊本市立博物館所蔵）

十　お熊城（大隈城、益富城）

『九州諸城図』に「お熊城」と記されている箇所の下、山の斜面に四棟の建物が建つ。北に「筑前国」、南に「肥後国」と記す中程で秋月街道に添って描かれているので「お熊城」すなわち、大隈城（益富城）にほかならない。

場所は現在の嘉麻《かま》市中益《なかます》であって、大隈の町並みの背後に城跡が残る。城跡は本丸、二の丸、出丸と推測される遺構があり、本格的な山城であった。本丸、二の丸などの要所には土塁、石塁、建物の礎石なども遺り、古瓦も出土している。

大隈城は、永享年間（一四二九～四一）大内盛見《もりはる》が、三国の中心となるこの地区を選んで建てたのがはじまりである。当初、「益富城」と称した。

今からおよそ六百七十年余り前の永享の頃、守護大名・大内盛見が室町幕府の命を受けて、肥後熊本県菊池郡にいた豪族菊池氏を攻めたて、武功をたてた。ために、時の将軍足利義教《よしのり》より豊前・筑前・肥後三国の領主に命じられた。また、大隈町に近いので「大隈城」とも呼ばれたが、この地は豊前・筑後を結び肥後を制する恰好な要害の山地であった。標高およそ二百メートルの山城である。

この後、永禄（一五五八～一五七〇）年中には毛利元就が領主となって、益冨城に入っている。

また、築前国秋月荘に土着していた秋月種実《たねざね》の父文種が、北方鎮護のため城主（隠居城）となった。益冨城は豊前岩石城《がんじゃく》（田川郡添田町）と共に難攻不落の城として名高かった。しかしながら、天正十五年（一五八七）豊臣秀吉が勅命を受け、鹿児島の島津征伐のため大坂より西下したことが転機となった。

豊臣秀吉は、羽柴秀勝を大将として、蒲生氏郷《がもううじさと》、前田利長を副将とした北陸道の軍勢をもって、同年四月一日岩石城を瞬く間に攻め落とし、破竹の勢いで、益冨城を一挙に陥れようとして大隈の地に怒涛のごとく殺到した。

当時、益冨城にいた秋月種実は恐れをなし、一戦も交わせず即日城を出て本拠地秋月の古処《こしょ》山に逃れた。

秀吉は、こうして悠々と益冨城に入城した。時に天正十五年（一五八七）四月二日のことであった。豊臣軍は直ちに、古処山の秋月氏の攻略策を練った。その策は、大隈住民に各戸の戸板・障子をことごとく城山に運ばせ、仮城をたて、さらに夜は大隈一帯の平野にかがり火をたかせるというものであった。これを古処山から見た秋月種実父子にとって、まるで広い大隈平野が忽ちにして火の海に見えたのである。また、仮城も望見できた。種実は、この忽然たる城郭の出現に驚き度肝を抜かれ、戦意喪失し一戦もまじえず秀吉の軍門に降った。これが、秀吉の有名な「益冨一夜普請」として伝えられる奇策である。

秀吉の九州征伐も終り、やがて天下分け目の関ヶ原の合戦も終って、慶長五年（一六〇〇）

黒田長政が筑前国に入国した。その後、慶長六年（一六〇一）、黒田長政が筑前を領したあと、当城は筑前の端城の一つとなり、修築され、後藤又兵衛基次が一万六千石を領し入城した。後藤又兵衛基次が同年十一月に逐電したあとは、黒田節で有名な鷹取山城主（直方市永満寺）母《ぼ》里《り》太兵衛友信が一万八千石を得て城主となった。後藤又兵衛基次の時、益富城は改築され、一の丸、二の丸、三の丸と整備して堅固な城となって、黒田六端城の一つを占めた。

しかしながら、益富城（大隈城）は二代将軍秀忠の時、元和元年（一六一五）閏六月の一国一城の幕命により取り壊された。毛利（母里）但馬守友信は同年六月六日城内で病死、大隈町にある麟翁寺に葬られている。

◉図像の検討

次に『九州諸城図』を検討しておく。『九州諸城図』の「お熊城」には建物が四棟ある。

①の建物

・Ⅰ図では三重屋根の建物のようにも見える。しかし、Ⅱ図では二重屋根なので、この建物は二重か三重か速断できない。

・一重目はⅠ図、Ⅱ図とも左降り棟が軒先より出ているので、降り棟に鬼瓦があったのであろう。柱はⅠ図では四本、Ⅱ図では三本の縦線で表す。しかし、Ⅱ図の方が軒先まで達しているので安定感がある。ただし両図とも大地からは浮き上っている。

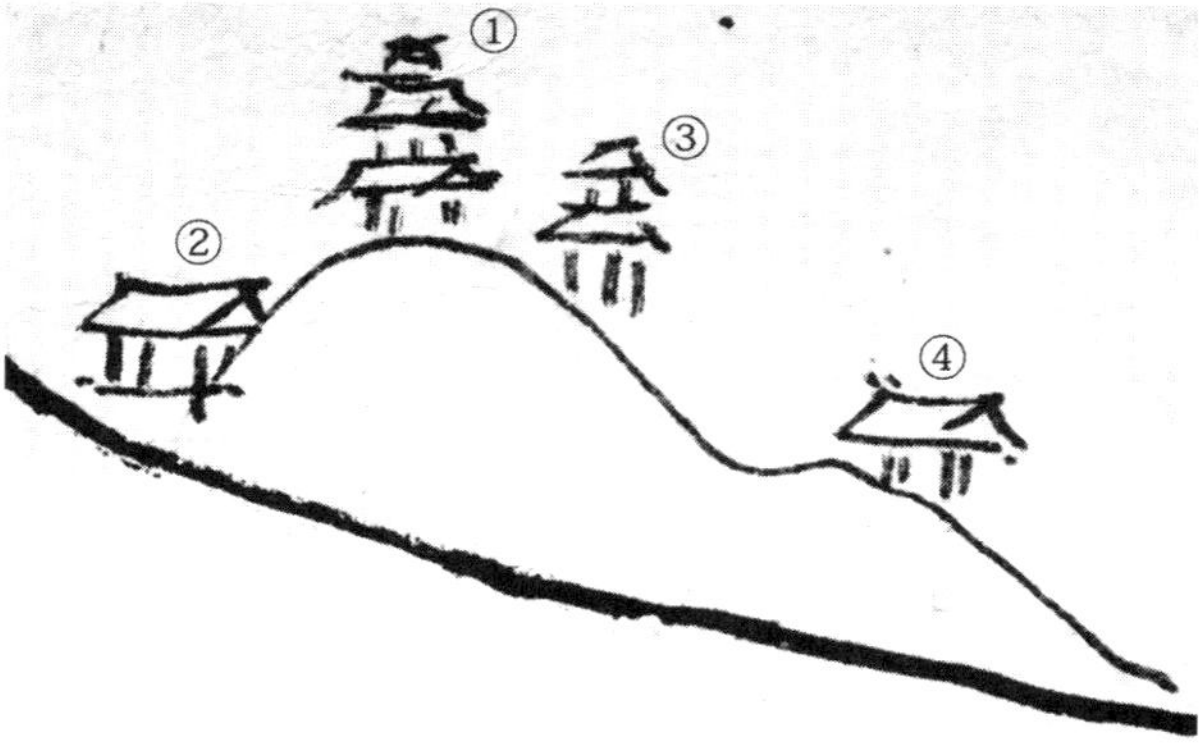

Ⅰ

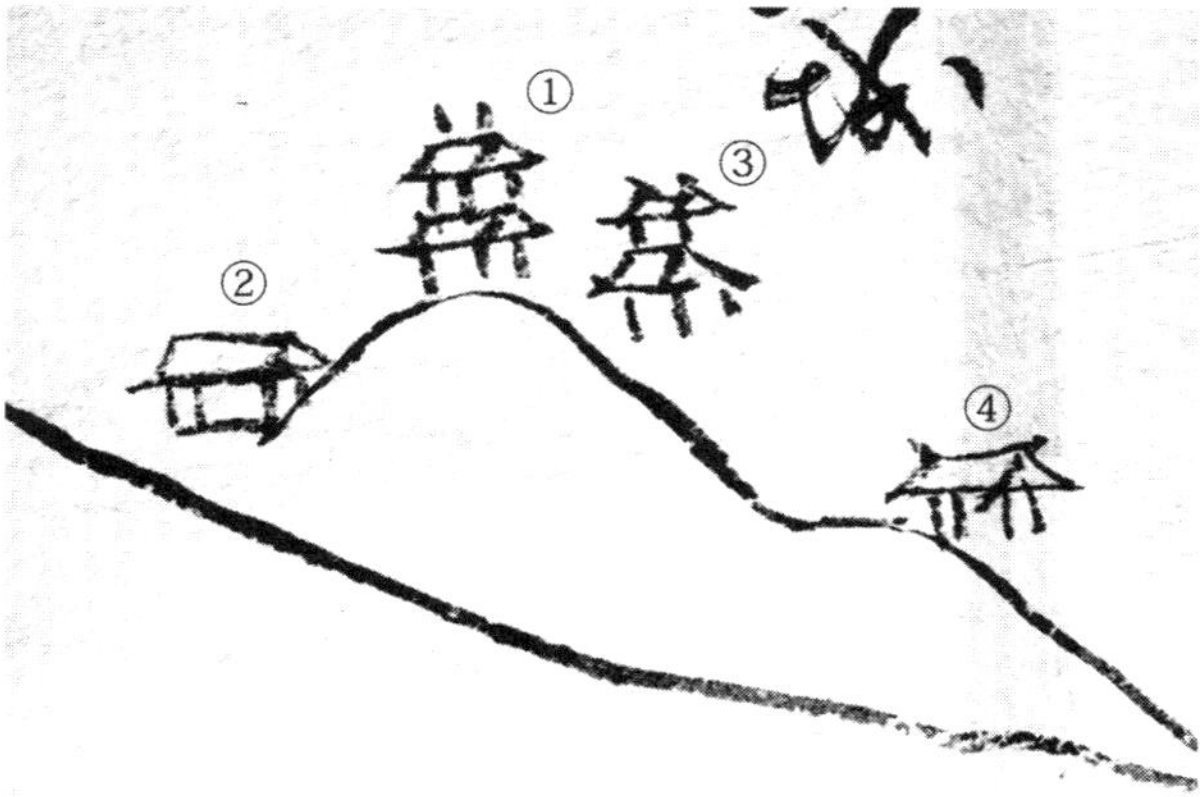

Ⅱ

お熊城

・二重目はⅡ図の大棟に鯱又は経の巻付き鬼瓦が載っていたようにはっきり二つの点が描かれている。Ⅰ図では大棟の左側がのびている。また、Ⅰ図では屋根の上に何かが描かれているが、何を描いているのか速断できない。柱はⅠ図もⅡ図も三本の縦線を描く。

②の建物

・平家建てで、切妻造か入母屋造かは速断できない。

③の建物

・Ⅰ図、Ⅱ図とも二重の建物である。二重目の屋根はⅠ図では寄棟造らしく描きⅡ図の入母屋造らしい描き方と大きく異なる。

④の建物

・平家だが切妻造か入母屋造かは速断できない。柱の数など、Ⅰ図、Ⅱ図とも同じ四本の縦線で表現し、酷似している。しかし、他の城の描き方からお熊城のみが一方が一方の写しとは考えられない。

十一　香春岳城《かわらだけ》

香春は、

豊国の香春は吾宅《わぎへ》紐の児に

いつがり居れば
　香春は吾が家

と『万葉集』に抜気《ぬきけ》の大首《おおびと》の歌（三首の一つ）として詠まれるほど歴史ある土地である。(1)

筑前福岡藩の生んだ最大の朱子学者・貝原益軒が著した『豊国紀行』に、「香春は豊前田河郡なり。香春は名所也。萬葉九巻に哥（歌）あり。又此神の事神社考にあり。直方より四里あり。此間は平地也。香春嶽とて高山あり。南に有るいと高きを一の嶽と云。其次北に有を二の嶽と云。又、其北成を三の嶽と云。何れも岩そびへさかしく見ゆ」とある。(2)

『豊国紀行』は元禄七年（一六九四）貝原益軒六十五歳の著書である。同書は「一の嶽の上に古城の跡あり」と記す。

香春岳は南から一ノ岳、二ノ岳、三ノ岳の峰続きからなる。いずれも、筑豊を守る山岳信仰の霊山であり、「一山二山三山越え」と炭坑節にも歌われている。現在一ノ岳五合目から頂上にかけてセメント原料の石灰岩採掘のため削り取られ真白な山肌を呈し、見るも無惨である。採掘は現在も続く。

香春岳は三ノ岳が最も高く、標高五百十一メートル、以下二ノ岳四百六十八メートル、一ノ岳二百八十二メートルである。

香春岳の麓北方には日田彦山線の採銅所駅があって、全国の八幡宮の総本社と伝えられる宇佐神宮（宇佐市）の銅鏡の原料はかつてこの辺りから採掘されたものであると伝えられる。また、古くから信仰の対象でもあった。

『豊前志』は、「香原嶽城阯」として、「天慶三年（九四〇）藤原純友築いて次男伊予次郎純年に、家人を添えて守らしむ」とあって、ここに城を築いた始まりを記載している。[3]

保元二年（一一五七）には、「平清盛が鎮西下向の時、その臣越中次郎兵衛盛次に命じて、香春岳山王宮の東に城を築き、この城を鬼岳城と呼称していた」ともある。[3]

時代は降って、永禄四年（一五六一）六月、大友宗麟（義鎮《よししげ》）は戸次鑑連（のちの立花道雪）、臼杵《うすき》鑑速《あきすみ》、吉弘鑑理《あきまさ》等、一族武将三万の大軍で香春岳城を攻略した。当時、香春岳城は毛利元就に通じていた原田義種が守っていた。[4]義種は間道づたいに筑前に逃れようとしたが、採銅所付近で大友方の追手に見つかり、死を遂げた。

採銅所近くに今も残る現人《あらひと》神社は香春岳城主原田義種を祀る。[5]

『九州諸城図』は「一ノたけ」「二ノたけ」「三ノたけ」を描き、「三ノたけ」と思われる最も高い山に「長岡中務殿」と記す。そして、左脇に「川原山」と記す。「長岡中務」とはすなわち細川忠興の末弟孝之である。

慶長六年（一六〇一）、細川氏が豊前国に入ってから、香春岳城はその支城に取り立てられる。そして、細川孝之が二万五千石をもって入城し、支城から孝之の本城となって、一ノ岳中腹に「鬼《おに》ヶ城《じょう》」が建築された。

◉図像の検討

『九州諸城図』では、一ノ岳の中腹ではなく、三ノ岳の中腹にひときわ高い建物が建つ。一ノ岳、二ノ岳、三ノ岳の頂上又は近くに平家が一棟ずつ描かれている。また、三の岳の麓にも五棟の平家が描かれる。中腹の建物を含めて、『九州諸城図』のⅠ図もⅡ図も九棟描く。それらを次に検討しておく。

①の建物

・平家である。Ⅰ図、Ⅱ図とも向きは同じであるが、Ⅱ図では大棟に鯱又は経の巻付き鬼瓦が載る。

②の建物

・Ⅰ図、Ⅱ図とも向きは同じである。平家である。切妻造か入母屋造か速断できないが、Ⅱ図から入母屋造を描こうとしたらしい。

③の建物

・Ⅰ図、Ⅱ図とも向きは同じで平家である。Ⅱ図では大棟の左端が少し出ているところから、鯱又は経の巻付き鬼瓦でも載っていたらしい。

④の建物

・平家である。Ⅱ図では大棟の上に鯱又は経の巻付き鬼瓦を、又降り棟にも鬼瓦らしきもの

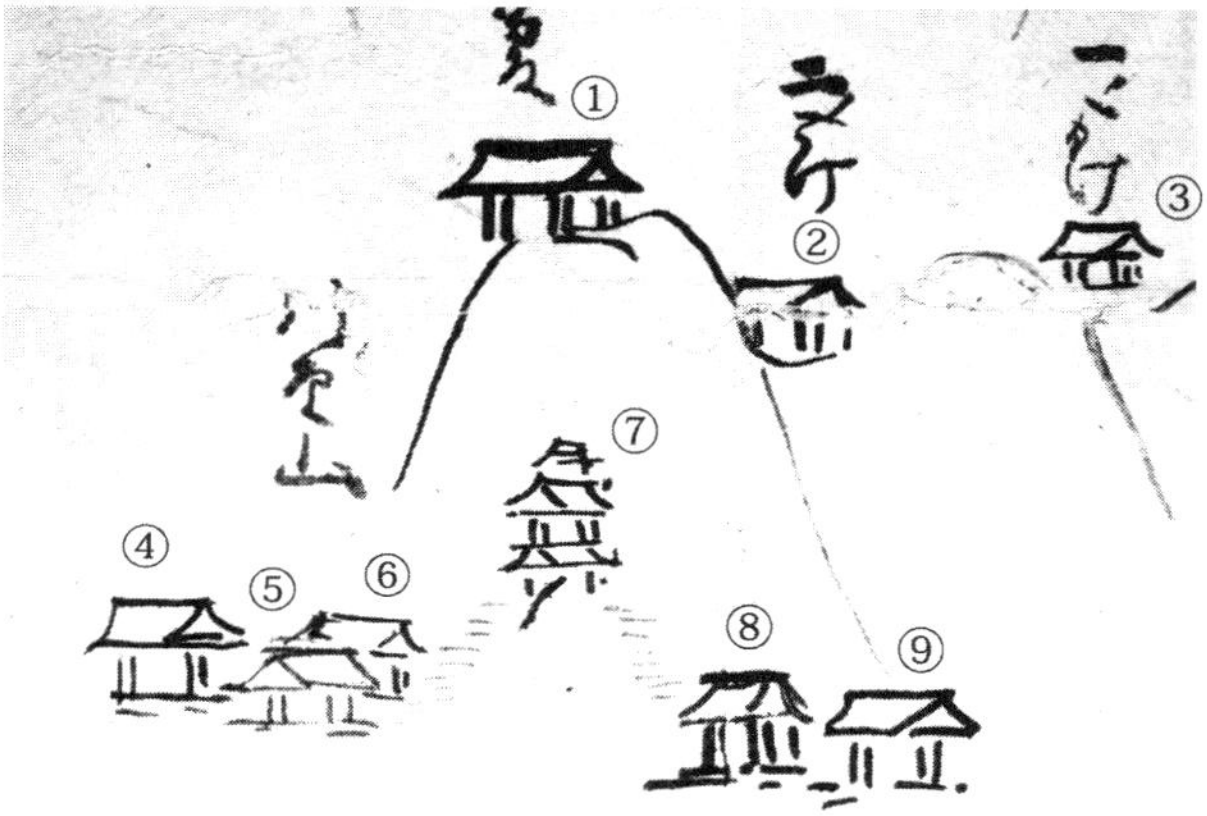

Ⅰ

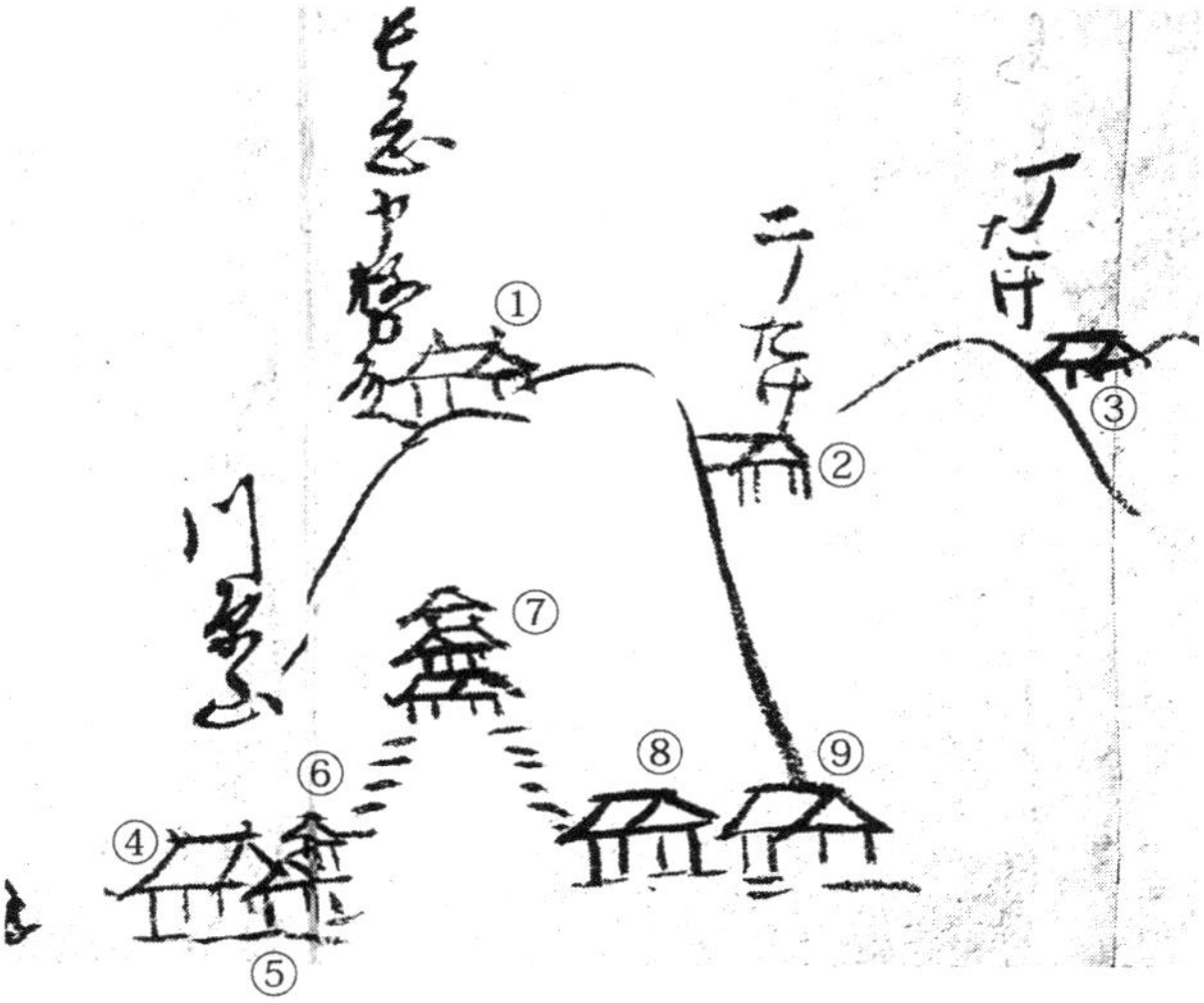

Ⅱ

香春岳城

を描く。

⑤の建物

・平家であり、Ⅰ図では大棟の左端が少しのびているので、鯱又は経の巻付き鬼瓦が載っているらしい。

⑥の建物

・平家であるが、Ⅱ図では寄棟造のようにも見えるが右方の屋根の輪郭線に段差があるので、入母屋造であろう。

⑦の建物

・Ⅰ図、Ⅱ図とも三重建てで、建物群中一番高い建物である。三の岳の中腹に建つ。Ⅰ図では、三重目がしっかり描かれていないが、寄棟の屋根かも知れない。一重目は、Ⅰ図とⅡ図で屋根の向きが異なる。左右に石段らしきものがつくのはⅠ図もⅡ図も同じである。

⑧の建物

・Ⅰ図では⑤の建物より前に建つように描くが、Ⅱ図では後にある。しかし、向きが同じで平家なので同一の建物を描いているものと思われる。

⑨の建物

・Ⅰ図では、最も前方に位置するが、Ⅱ図では④や⑤の建物よりやや後方に描かれている。しかし、屋根の形式などから同一建物を描いているものと推測される。平家である。一般にⅠ図は柱を吹寄せて表している。その上、二本線が軒先まで達していないことと、柱数が少ないため全体的にⅡ図よりラフスケッチになり、各建物の安定感に乏しい。

【注】

(1)『万葉集』巻第九・№一七六七

(2)貝原益軒著『豊国紀行』(『日本庶民生活史料集成』第二巻〈三一書房・昭和四十四年刊〉所収)四七九頁

米津三郎著『わが町の歴史』(文一総合出版・昭和五十六年刊)

(3)渡辺重春著『豊前志』(朋友堂・昭和六年刊)四九頁

(4)香春町史編纂委員会編『香春町史　上巻』(香春町・平成十三年刊)は原田親種とする。四〇四頁

(5)香春町史編纂委員会編『香春町史　下巻』(香春町・平成十三年刊)六八一頁

十二　福岡城

福岡城には「天守は建てられなかった」と長い間言われ続けてきた。私は、「いや、天守は建てられた」という立場にたって前著『甦れ！　幻の福岡城天守閣』を著した。また、本書の第一部でもやはり天守が建てられたと考えられることを改めて記述した。

繰り返すが、天守が存在したことの根拠としてあげた主な点は次の三点である。

第一点、福岡城を描いた最も古い絵図である正保三年（一六四六）に幕府が提出させた『福博惣絵図』に「天守台」が描かれている。その石垣が現存していて、しかも、「天守台」ばかりではなく柱立てに必要な礎石も四十個、六尺五寸（一・九七メートル）間隔で「天守台」の内側に現存している。

第二点、隣藩の熊本城主細川家が代々書き留めてきた『細川家史料』元和六年（一六二〇）三月十五日の条に、「いつれニ天主なとをくつされ候事ハ、必定之様ニ申候」と記すことと、翌十六日の条には、「ふく岡の天主、又家迄もくづし申候」と記すことをあげた。[1]また、同年細川忠興の書状（松井文庫）には「ふくおかの城をくつし、石垣も天主ものほせられ候由」と記され、それが遅れていた大坂城の再築の普請の遅れを取り戻すためであったらしいことも指摘した。

第三点、『細川家史料』や松井文庫だけではなく、黒田家側にも天守の存在を示す傍証史料がある。

黒田家側の史料としては、『林家文書』に、八月二十五日伏見（京都）に到着した黒田長政が家臣の上原与平次（直近）、堀久七、林太郎右衛門に宛てた書状がある。この史料からは、「天守の裏の石垣」がこの時点で未完成であることがうかがえるが、逆に天主（守）のその他の石垣は既に完成していたと推察される記録でもある。[2]

また、長政自身が築城の陣頭指揮をとっていたこともうかがえる。すなわち、『黒田家文書』

や『野口家文書』の九月朔日の記録でも、長政が福岡城天守の普請について指示していることくに考えられる。(3) この記録の「黒甲長政」は黒田甲斐守長政である。長政の筑前守任官は慶長八年（一六〇三）三月二十五日なので、これはそれ以前の記録である。つまり、自らが筑前国に行く前に「城山ねかさよりのおくびの所、十一間に石垣を築き」「天守の土台」が完成するように、益田与介（宗清）と野口左介の二人に命令しているのである。

長政は「天守の土台」や城の「石垣」以外に「三十間に居矢倉」を造ることなどについても福岡城普請に油断することなく精魂を入れるように発破をかけている。「たとえ黒田如水の好みに相違したとしても」と、長政が強い指示を家臣益田与介と野口左介に宛てた記録である。野口左介一成は築城時の普請奉行で、石積みの名人と伝えられる。また、現存の天守台を実測すると、「南北十一間、東西十二間」で記述の通りである。

また、石垣ばかりではなく、実際の柱立についても『三奈木黒田家文書』二月十五日付（『黒田家文書』では慶長七年・一六〇二とする）の書状は、「天守の柱立」が行われるように急がせたことを示す。さらには長政が「天守の土台」の工事を命じた書状も残っていることなどは第一部で述べた。

ところで、江戸時代の経世家佐藤信淵（明和六年・一七六九～嘉永三年・一八五〇）の『九州紀行』と、作者不明であるが福岡城について触れている『菅《すが》の下葉《したば》』及び古河古松軒の『西遊雑記』から福岡城や福岡城下町の様子を次に示す。

まず、佐藤信淵著『九州紀行』は、福岡城について「城は平地にて天守も無けれども、甚だ美麗雄壮にして要害極て堅固に見ゆ」と結ぶ。[4] さらに、福岡城下町について、「土地は膏沃にして、甚風俗の能き国也。都下も富饒に見え、博多とは僅なる橋を隔てたる町継にて、両地の市を合すれば二万余家も有べし。人物、言語も悪からず。信《まこと》に鎮西の一都会にて、何一つ不自由の無き所也。博多は古き津港にて名所古跡少からず。娼家等まで備りて、諸国の通路も極て便也。唯惜《たゞをしむ》べきは近来海浅くなりて、大船は入津すること能はず。又福岡の地は慶長以来の所にて、繁昌なれども名所旧跡なし」とする。確かに、現在の福岡は、鴻臚館跡を含めた福岡城址一帯と反対側の西公園の光雲《てるも》神社一帯以外さしたる名所旧跡はない。これに対して、博多は我が国初の禅宗寺院である聖福《しょうふく》寺をはじめ、崇福《そうふく》寺、承天《じょうてん》寺、東長《とうちょう》寺など著名な寺々が甍《いらか》を競うようにたちならび、山笠で著名な櫛田神社もある。

次に、作者不明の『萱の下葉』は福岡の町について、「御城大手は大工町と本町の横通りに有。(中略)通町と云は御家人町にして何れも門を構へ煉塀《ねりべい》にして大家也。此間五丁斗《ばかり》。夫《それ》より黒門と云を出、唐人町(中央区)に善龍寺と云一向宗有」と福岡の城下町を描写する。『萱の下葉』は文政十年(一八二七)に書かれたものであるが、福岡城については、福岡城内は樹木が生い繁っていたので、文中、「尤《もっとも》天守櫓等は城下よりは見へず」と記すのが本当であろう。[5]

また、古河古松軒は天明三年(一七八三)に記したその著著『西遊雑記』に、「福岡の地は慶長以来の所にて名所舊《旧》跡と稱《称》すべきはなしと云ふ。御城は平城にて天守なし。よき城なりと土人語りしなり」と書きとどめている。[6]

◉図像の検討

さて、『九州諸城図』によれば、福岡城には六棟の建物が描かれているので、それぞれを次に検討しておく。

まず、全体的にⅠ図は、建物の下に地盤を横線二本で表し、水上に浮かぶイメージがあって、横線が濠の池面を表しているようにも思える。これに対して、Ⅱ図は一本線で地盤面を表していて、大地に建つことを思わせる。

また、Ⅰ図は、①、②、③の建物の屋根の軒先に二本線を入れる。これは漆喰の塗り籠め又は鼻隠し板を思わせる。また、Ⅱ図の①や②の建物の屋根大棟に鯱又は経の巻付き鬼瓦を描き、Ⅰ図①、②より丁寧に描く。Ⅰ図は②と⑥のみはっきりと鯱又は経の巻付き鬼瓦らしきものを表現している。

①の建物

・①の建物は、Ⅰ図、Ⅱ図とも他のどの建物より屋根が高く、四重であるから、これが福岡城の天守と見てよい。その復原案及び復原過程は、拙書『甦れ！　幻の福岡城天守閣』で述べた通りだが、福岡城天守が五重六階、地下一階建てであるならば、このⅠ図、Ⅱ

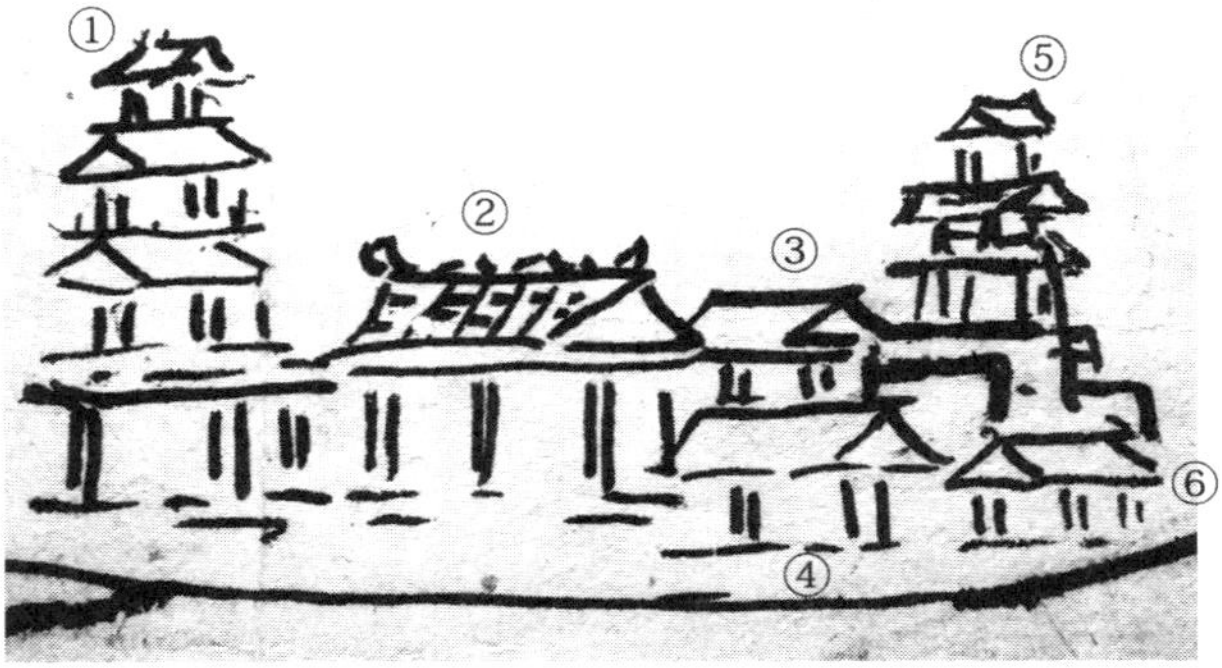

Ⅰ

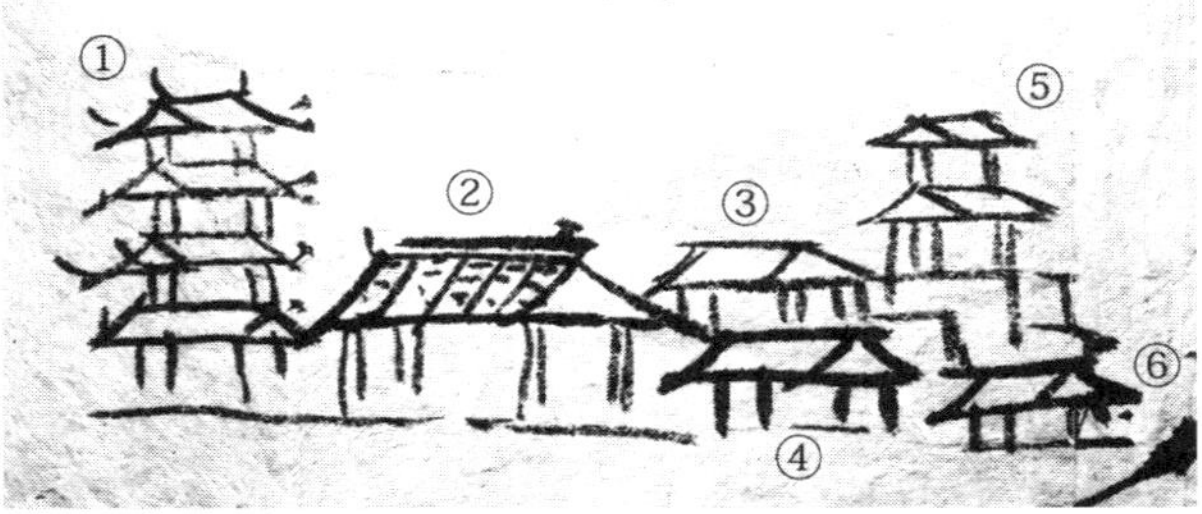

Ⅱ

福岡城

図の①の四重の建物は何か。天守であるとすれば、どうしてこのようなスケッチになった
のであろうか。実際は五重六階地下一階の天守を描きながら、天守台前の石垣や塀や櫓な
どにさえぎられて見えない部分は描けなかったからであろうか。
特に、福岡城は石垣が幾重にも築かれ、難攻不落の韓国晋州城を模して築城されたとい
う説もある。福岡城の南は赤坂山にさえぎられ、北、東、西側は樹木が数多く植栽されて
いた。たとえ慶長時にそれ程成長していないことを仮定しても天守の全貌は見えなかった
のかも知れない。Ⅰ図、Ⅱ図ともデフォルメされた絵図とは言え、最も高い天守である①
の建物が下の方に建っていたと思われる②や④⑥の建物とほぼ同じ地平のレベルに描かれ
ているところからも、このことは、十分に推察されるし、その点は特にⅡ図に於いて顕著
である。むしろ石垣の上にたつ⑤の建物が①の天守より高い位置にあるように描かれてい
るのも、城外から目立つ部分と見えない部分の差によるものと思われる。

だが福岡城以外の小倉城、若松城、柳川城、佐賀城、南関城などでは、それぞれの城で
最も高い建物を高い位置に描いているにも拘わらず、福岡城のみ、何故四重の最も高い建
物を②や④⑥などの建物とほぼ同じ地盤上に描いたのか大きななぞが残る。もっともⅠ図
の建物の足元の二本線や、Ⅱ図の建物の足元の一本線が地盤面ではなく靄を表現している
とすれば、これより下部は靄に隠れて分からなかったので描かなかったということで筋が
通るようにも思われる。だがしかし、もしそうであれば、Ⅰ図でも、Ⅱ図でも⑤の建物の

下部に見える石垣をどう考えるかの問題が生じる。これは、靄の合間に見えた石垣なのであろうか。

Ⅰ図よりもⅡ図の方が各重の柱及び各建物の柱が上部まで達している点や、屋根の鯱又は経の巻付き鬼瓦を大棟だけでなく降り棟にも描いている点で、Ⅰ図の方がⅡ図よりもラフな感じがする。このことは、福岡城だけではなく、小倉城、若松城、佐賀城、南関城、熊本城などについても言える。また、Ⅰ図の方がⅡ図より屋根の逓減率（第一重に対する上重の幅の割合）が大きい。これは、⑤の建物についても言えることで、Ⅰ図とⅡ図の描き方の大きな違いになっている。それはまた、Ⅰ図とⅡ図を描いた作者が別人であることを明らかにするものでもある。

・四重目は最上層なので、屋根ははっきり描かれている。特にⅡ図は大棟の鯱又は経の巻付き鬼瓦、降り棟の鬼瓦などをしっかり描いている。しかし、三角形（△）の向きが反対である。柱は両図とも四本の縦線で表わし、Ⅰ図、Ⅱ図で類似している。

・三重目についてもⅠ図は柱五本を描きⅡ図は四本で、大棟もⅠ図では二重目同様に描き、Ⅱ図では降り棟の鬼瓦らしきものを四重目と同様に描く。

・二重目の屋根はⅡ図には降り棟にⅠ図にない先端を描き鯱又は経の巻付鬼瓦の存在を窺わせる。

・Ⅰ図の一重目の屋根は△がなく、軒先上に漆喰の塗り籠めの厚さ又は鼻隠し板を思わせる二重線が入る。△を付けるⅡ図では右側の△の頂点と屋根の大棟の左端に鯱又は経の巻付き鬼瓦、左端の降り棟にも鬼瓦らしきものが付く。柱はⅠ図で六本、Ⅱ図で四本の縦線で示し、屋根同様に大きな違いがある。

②の建物

・Ⅰ図、Ⅱ図共に建物を同一方向から見て描いている。その上、他の①③④⑤⑥の建物と根本的に違って、明らかに本瓦葺を表現しているように見える。これは、全諸城を通して、先の小倉城の⑥の建物と類似している。Ⅰ図では、軒先が二重線なので、漆喰塗り籠めの厚さ又は鼻隠し板を表現しているらしい。しかし、入母屋造をも思わせ、速断できない。平家である。

③の建物

・Ⅰ図、Ⅱ図共に、②の建物同様、同じ方向で描いている。平家である。

・Ⅰ図では△の下にのみ線が入るので③の建物は明らかに入母屋造であることが分かる。しかし、Ⅱ図では、△の下が一重線なので、入母屋造と速断できない。

④の建物

・Ⅰ図とⅡ図に描かれた建物の中で最も類似している建物である。したがって、作者にとって最も全体を確認することができた建物だったはずである。つまり、道路に近く道路から目立った建物である。恐らく城門であろう。平家である。

⑤の建物

・Ⅰ図とⅡ図の中で、最も異なる建物である。Ⅰ図では三重、Ⅱ図では二重である。しかし、建物下の石垣と思われる描写が右に出張り手前に一段描いて類似しているので、異なる建物ではない。どちらかの図がより正確なのであろう。一重目の屋根はⅠ図では△がはっきりしない。二重目の屋根はⅠ図Ⅱ図（Ⅱ図では一重目）では向きが異なる。最上階の屋根はⅠ図もⅡ図も同一向きである。いずれにしても⑤の建物は櫓であろう。

⑥の建物

・Ⅰ図とⅡ図では屋根の向きが違う。平家である。石垣については⑤の建物の下に、二段構えの石垣が描かれ、⑤の建物の下の石垣が右方に張り出しているように描く。これは、⑤の建物がのる石垣を描いているのであろう。

ところで、山口県文書館に『筑前国御国廻次第其外様子聞書』という史料が残されている。[7] 内容は、

筑前様子覚之事

御国廻次第

慶長十七年十月九日　　右田三右衛門（花押）

覚

一　国中竹法度之事
一　樹木之儀は惣別上へ被召上候事
一　山札にて切申候事
一　材木は一匁に七荷宛之事
　　以上
　子ノ十月九日　　右田三右衛門尉（花押）

末尾の「子ノ十月九日」は慶長十七年（一六一二）十月九日である。つまり、この記録は右田三右衛門という人物が慶長十七年に書いたものである。このことから、萩藩の使者である右田三右衛門は慶長十七年ごろに筑前国に派遣され、国内の噂話を書きとめたのである。これとは別に、同文書館に『筑前福岡世間取沙汰聞書』があるが、明確な年号の記載がない。しかしながら、記載年号を類推できる文言がある。すなわち、「一　万徳様御たか野被成候時上下百人ほとにて被成候當《当》年十一に御成被成事」である。「万徳様」は、長政の子、忠之で、十一歳という事は慶長十七年（一六一二）である。慶長十七年と言えば、先の『筑前国御国廻次第其外様子聞書』と同年である。つまり『九州諸城図』の作成年代を考える上で、『筑前国福岡世間取沙汰聞書』や『筑前国御国廻次第其外様子聞書』は無視出来ない史料である。そして、『筑前国福岡世間取沙汰聞書』では筑前国内の端城を六つ挙げる。(8) すなわち、

一　筑前壱《一》国之しろ數《数》之事

ぶぜんさかへ　本城廿（二十）三り（里）　若松之城（若松城）六千石　三宅三大夫
ぶぜんさかへ　本城十五り　黒崎城（黒崎城）壱万二千石　井上内行
ぶぜんさかへ　本城十三り　高とり城（鷹取城）六千石　たうれんじ也被下也
ぶぜんさかへ　本城十三り　あきつき城（秋月城）本ハ黒田左門殿を留いたし
ぶぜんさかへ　本城二十り　御熊之城（大隈城＝益富城）壱万四千石　ぼりたじま守
ぶぜんさかへ　本城十三り　ま寺之城（麻氏良城＝左右良城）壱（一）万五千石　栗山備後守殿

以上　羽（端）城數（数）六つ

である。かつ、末尾に、「以上筑前福岡之町以上日数十一日逗留仕申候、ひるハれんじゃくかけ三之丸之内やかた〱あるき申候、すき〱ニき、可申候由やとハ黒田作州様のこと町にて竹下三左衛門と申やとにい申候」とあるので、これらは、福岡城下町の竹下三左衛門宿に十一日間滞在して書いたことを記す。その上、聞き書きをした人物は連尺（背負子《しょいこ》）を付けて、恐らく行商人をよそおって三之丸の武家住宅を自分の思うままに歩きまわったのであろう。

【注】

（1）『大日本近世史料』細川家史料八（東京大学出版会・昭和五十七年刊）一二九頁

（2）『林家文書』№八九一（『福岡市史』近世資料編　福岡藩初期（下）〈西日本文化協会・昭和五

十七年刊〉所収）五二頁
（3）『野口家文書』No八一一（『福岡県史』近世資料編　福岡藩初期（上）〈西日本文化協会・昭和五十七年刊〉所収）四六五頁
（4）板坂耀子編『近世紀行文集成』第二巻　九州篇（葦書房・平成十五年刊）所収一〇八頁
（5）注（4）所収三〇五頁
（6）『西遊雑記』（『日本庶民生活史料集成』第二巻〈三一書房・昭和四十四年刊〉所収）三九一頁
（7）山口県文書館所蔵『毛利文庫三・他家』No八
（8）注（7）No一四　括弧内は筆者による。

四　『九州諸城図』の謎を解く

△印への着目

『九州諸城図』は、明和元年（一七六四）には、すでに毛利家の「御宝蔵《おたからぐら》」にあったことが確認されている。(1)

現在山口県文書館所蔵の毛利家文庫に収められている『九州諸城図』は、福岡城天守が建立され始めた慶長頃から一国一城令が発布された元和元年（一六一五）ごろまでに作製され、その頃の豊前国・筑前国・筑後国・肥前国・肥後国の主な城郭を描いたものと考えられる。

一般に条令が発布されても、現在と違って、全国諸国の津々浦々まで実施されるにはそれなりの時間がかかる。したがって、一国一城令が発布されても、各大名達がすぐには応じなかったであろうことは、容易に推察することができる。

『九州諸城図』には一国一城令によって破却された若松城や南関城が描かれているので、元和元年（一六一五）以前の状況図であると考えられよう。

萩藩は慶長十七年（一六一二）の『肥後国熊本様子聞書』及び『肥後国熊本世間取沙汰聞書』や慶長十七年（一六一二）『筑前国福岡世間取沙汰聞書』などのように、密偵を熊本や福岡に送り各地の様子をいろいろ聞き取った記録を残している。[2] 恐らく、この『九州諸城図』も、この頃に萩藩が密偵を出して描かせたものであろう。

さて、記録等により確実に天守の形態が分かるのは、小倉城と佐賀城の「四重五階」、柳川城の「五層（階）」、熊本城の「三重六階」である。他の、若松城、福岡城、南関城、お熊城（大隈城、益冨城）、香春岳城などの規模の詳細は分からない。

したがって、『九州諸城図』の価値を見極めるためには、天守の規模がほぼ知られている小倉城、柳川城、佐賀城、熊本城の天守について検討しなければならない。また、管見によれば小倉城、佐賀城の天守についての古写真はない。柳川城と熊本城は古写真がある。ただし、古写真は明治以降撮影されたものであるから、細部にわたってまで必ずしも創建当初の城郭を示すものではない。

『九州諸城図』に描かれた建物で、最も古いものは熊本城の宇土櫓である。宇土櫓は慶長六年（一六〇一）から同十二年（一六〇七）に建立されたもので、昭和八年（一九三三）一月二十三日に国指定重要文化財になっていることは前に述べた。したがって、この宇土櫓について『九州諸城図』の検討をしてみたい。

『九州諸城図』の熊本城は前に検討したように西側より見ているので、最も高い中央の建物の左側の「三重」の建物（一九四頁、Ⅰ・Ⅱ図の③）が宇土櫓と思われる。この建物は後に触れる屋根の三角形（△）が三重に付き、現存する宇土櫓と同じである。このことから、少なくとも『九州諸城図』は宇土櫓の建設が始まった慶長六年（一六〇一）以降の熊本城を描いていると言えよう。但し、「三重」はⅠ図のみであって、Ⅱ図では屋根の三角形（△）は二重である。

熊本城は「三重六階」の天守が慶長四年（一五九九）に造営されたが、古写真では最上階を含めて三個の三角形（△）が見える。

一方、柳川城は古写真によれば、全部で五階であるにも関わらず三角形（△）のある屋根に限って言えば、『九州諸城図』と同じ三重であることに注目されたい。

すなわち、実際の柳川城天守は「三重五階」で、熊本城天守は「三重六階」にもかかわらず『九州諸城図』では柳川城と熊本城の天守と思われる建物はⅠ図もⅡ図も三重の屋根に描き、屋根の三角形（△）部分に注目すると三個が各段に描かれている。

ちなみに現在の熊本城天守は、明治十年（一八七七）焼失後に焼失前の規模形式で復原されたと伝えられる三重六階の建物だが、屋根の三角形（△）は三重の屋根に計三段付く。よって、屋根の三角形（△）を比較すると『九州諸城図』の天守とやはり酷似しているのである。

以上のことからこの『九州諸城図』に描かれた各城の最も高い建物を天守と考えた場合、その屋根の千鳥破風や軒唐破風と最上階の妻の入母屋の破風、すなわち、屋根の三角形（△）の数と三角形（△）の階（層）が、実際の建物と比べてどうなのかという点に着目するのがより重要なことが分かる。屋根や階（層）は城郭を外部から見る時、樹木や櫓などの多くの付属建物によってさえぎられ、城内の奥にある建物程よく見えない。特に、城郭の中心部である本丸あるいは天守は屋根の上部は見えても特に低層部分はよく見えないだろう。

したがって、この『九州諸城図』の各城の屋根の重（層）数や階（層）数よりも、屋根で最も目立つ三角形（△）つまり千鳥破風や軒唐破風と最上階屋根の妻を示す屋根の三角形（△）の方がより正確に描かれたはずなのであり、そこにスポットを当てるべきなのである。

また、各城で、天守と考えられる建物は最も高い位置に建つ。最も屋根の数が多い建物では、最上階以外の三角形（△）は妻のように描いても妻であるはずはなく、千鳥破風や軒唐破風のはずである。その意味では佐賀城天守を描いたⅠ図の二重目、三重目の屋根の描き方は屋根の中央部よりやや左に三角形（△）を描きほぼ正確である。また、熊本城の宇土櫓を描いたと推測される③の建物の三角形（△）は何とかして一重目と二重目の千鳥破風を表現しようとした絵図である。

ちなみに佐賀城天守の描き方のみに注目すると、Ⅰ図の作者の方がⅡ図の作者よりも千鳥破風を描いている点で写実性に優れていると言える。しかしながら、熊本城の宇土櫓の描き方などを含めてⅡ図は殆どの城で柱が軒先に達しているのに対して、Ⅰ図では大部分の城で柱が軒先に達していないので、佐賀城天守の屋根の写実性は優れていても描き方としては素朴と言わざるを得ない。

各城の天守を推測させる最も高い建物で、最上階の屋根の妻の破風や千鳥破風あるいは軒唐破風を示す三角形（△）の数がⅠ図とⅡ図で違うのは小倉城（Ⅰ図三個、Ⅱ図二個）福岡城（Ⅰ図三個、Ⅱ図四個）、南関城（Ⅰ図二個、Ⅱ図三個）である。

だが小倉城の場合、最上階の屋根は入母屋造と考えられるので、最上階の屋根を含めれば、Ⅰ図もⅡ図も三角形（△）は三個になる。

南関城の場合は最上階の屋根がⅠ図では不明確かつ寄棟造のようで、妻の三角形（△）が表現されていないように見える。しかし、見方によれば、屋根の中間に輪郭線よりやや細く一本入れて屋根の妻または千鳥破風を正面から見て三角形（△）で表現しているように見られないこともない。

福岡城は一番左側の四重の①の建物が天守と考えられるので、Ⅰ図では屋根の妻又は千鳥破風あるいは軒唐破風の三角形（△）が三個三段、Ⅱ図では明らかに四個、四段ある。『九州諸城図』によれば、福岡城の他に屋根の妻の入母屋の破風又は千鳥破風や軒唐破風の三角形（△）が四個、四段確認されるのは佐賀城天守である。

全体に二枚の描写を比較すると、Ⅰ図の方がⅡ図より柱が軒先に達していないケースが多いのでラフなスケッチであることは前に述べた。また、南関城の天守①の建物の三重目の屋根もⅡ図に比べて荒い。これは、作者の描写技術の相違である。しかしながら、佐賀城天守①の二重目や三重目の屋根及び千鳥破風あるいは軒唐破風などはほぼ正確に描写しているから、その点では、両絵図ともそれなりの役割を果たしている。平家建て建物は切妻造か入母屋造かが速断できないが、二重以上の建物は最上階の屋根は殆ど入母屋造のはずである。

そして、『九州諸城図』Ⅱ図で描かれた福岡城天守は屋根こそ四重に描かれているが、屋根の妻や千鳥破風あるいは軒唐破風を示す三角形（△）が四個四重（段）に付いている。

福岡城天守の存在は、山口県文書館の毛利文庫に収められたⅠ図とⅡ図の二種類の『九州諸城図』によっても確実なものである。だがしかし、天守が正確に描かれているかと言えば、決してそうではない。小倉城天守が四重五階であるのに三重に、福岡城天守が五重六階であるはずなのに四重に描かれたのは何故か。熊本城天守のみは、三重六階を正確に三重に描き、屋根の三角形（△）も端部にあるので千鳥破風や軒唐破風には見えないけれども、三個三段に付けているので、ほぼ正確なスケッチである。言葉を換えて言えば、『九州諸城図』に描かれた各城の天守は屋根の数ではなく最も目につく屋根の三角形（△）の数と段数に注目すべきなのである。

福岡城天守が「五重」であるという筆者の説を補強する絵図として、『西国筋海陸絵図』について、次に触れておく。

【注】

（1）山田稔著「『諸役所控目録』にみる萩藩絵図方作製の絵図」（『山口県文書館研究紀要』第三十五号〈山口県文書館・平成二十年刊〉所収）

（2）山口県文書館所蔵「毛利文庫三・他家」No七、No一六、No一四

『西国筋海陸絵図』との比較

『西国筋海陸絵図』（国立国会図書館所蔵）は横七百三十二・六センチ、縦百二十四・八センチの細長いもので、大阪から瀬戸内海、関門海峡を経て、長崎に至る航路を主題としながらも、四国全体におよび、九州北半を圧縮して収めて、各地の城郭についてもその雄姿を丹念に手書きして、着色している。

この絵図は、同館所蔵の寛文八年（一六六八）『木曽路・中山道・東海道絵図』と対をなす絵図である。海野一隆氏は「この絵図（『木曽路・中山道・東海道絵図』）は、寛文八年（一六六八）にはじめて作られたものではなく、既存の図を改訂したと見るべきである」と指摘している。[1] そして、『西国筋海陸絵図』についても、「この図が新たに作成されたものでなく、既存の図をもととして描かれたことを思わせる」とする。『西国筋海陸絵図』は鍋島の佐賀城を龍造寺と記したり、慶安三年（一六五〇）徳山と改称された野上を旧称のままとするなどの特徴が見られるからである。しかも、この絵図には、江戸時代初期、すなわち、元和二年（一六一六）～寛永十一年（一六三四）の間の状況を示している『西海航路図』（京都東南茂子氏所蔵）に

はない城郭がいくつか描かれている。城郭だけではなく、福岡城の左上部には、慶安三年（一六五〇）着工し、二年後の承応元年（一六五二）に竣工した「東照権現」（東照宮のこと）が描かれている。したがって、本図は、慶安三年（一六五〇）～承応元年（一六五二）頃の状況を示すものと言える。

要するに、『西国筋海陸絵図』は、『西海航路図』系統の図を慶安初期の状況によって改訂したものであり、袋に記されるように寛文八年（一六六八）十二月に完成し、おそらく幕府に納められたのであろう。

さて、『西国筋海陸絵図』に描かれた、「福岳」と記す城こそ、福岡城の雄姿である（口絵2参照）。そこには五重の建物が石垣上に凛として建ち、最もたかくそびえる。[2]絵図では、一重目に二方向の三角形（△）が屋根に付き、二重目と三重目に二方向の軒唐破風が描かれ、四重目には三角形（△）や軒唐破風の屋根飾りがなく、五重目は入母屋造を示す三角形（△）が妻側に描かれている。その上、一階（層）と最上階（層）には窓が付く。『九州諸城図』とは、異なる点である。

しかしながら、屋根の三角形（△）は軒唐破風を含めて四段に付き、『九州諸城図』Ⅱ図と一致しているではないか。

ただし、この『西国筋海陸絵図』が慶安三年（一六五〇）～承応元年（一六五二）頃の状況を示しているのであれば、既に福岡城天守はなかったと推測されるので、想像図又はこれ以前の絵図を写したことになる。しかし、先にふれたように佐賀城を龍造寺と書いたり、慶安三年（一六五〇）徳山と改称された野上を旧称のまま記していることなどから、諸研究がこの『西国筋海陸絵図』の作者は慶安三年（一六五〇）以前の状況を下敷きとしたとしていることは、五重六階、地下一階の天守を復原した私にとって心強い限りである。

ちなみに、この『西国筋海陸絵図』の解題は、「『従江戸伏見迄木曽路中山道東海道絵図』（『木曽路・中山道・東海道絵図』当館請求記号・寄別12―9）の図とともに俯瞰した城郭の描写が写実的なのは、おそらく幕府保管の城郭立体模型に基づいたためであり、大和絵風の豪華な著彩と相俟って、これらが民間の個人的な作品ではなく、労力と費用をかけた幕府の事業であったことを物語っている」（傍点筆者）と結ぶ。幕府は、単なる航路図ではなく、諸国の城郭立体模型を作っていたというのである。

まず、「龍造寺」と記された佐賀城について検討する。慶長十六年（一六一一）には竣工していた佐賀城天守は、享保十一年（一七二六）に落雷によって焼失したが、記録によれば南蛮造りの「五層」であったと伝えられている。この場合の「五層」は、五階建てを意味する。しかし、『西国筋海陸絵図』では、佐賀城天守は四重四階に描かれ、屋根の△が四段に計四個付けられている。最上階は、入母屋造の△を示し、他は千鳥破風を示す。

先に検討した『九州諸城図』にも佐賀城天守は四重四階に描かれ、屋根の△はやはり計四段に四個描かれていて、『西国筋海陸絵図』の「龍造寺」（佐賀城）天守に一致している。焼失前

佐賀城
(『西国筋海陸絵図』、部分、国立国会図書館蔵)

であるから、『西海筋海陸絵図』の「龍造寺」(佐賀城)天守は、慶長十六年(一六一一)頃と変りない佐賀城天守を示していることになる。とすれば、南蛮造りの四重五階と伝えられる天守のはずである。最上階が下階の床面積より広く大きくはみ出している南蛮造りにもかかわらず、屋根の四重の中に、いずれかの階が包み込まれていて、階数の全貌、特に最上階とその下の階の様子が外観では見えないのである。

同様のことが小倉城天守についても言える。小倉城天守は、『九州諸城図』では三重三階に描かれ、屋根の△は三段に三個付けられている。一方の『西国筋海陸絵図』では四重四階に描かれているが、屋根の△は三段に三個付けられている。

筆者は、先に『九州諸城図』に描かれた天守は、屋根の△に注目すべきことを述べた。小倉城天守は、『西国筋海陸絵図』も『九州諸城図』もどちらも屋根の△は三段に計三個付けられている。小倉城天守は、細川忠興が慶長七年(一六〇二)に起工し、七年の歳月をかけて完成した南蛮造りである。さまざまな文献史料を検討した結果、小倉城天守は、四重五階建てであることを指摘した。とすれば、『九州諸城図』では△のない屋根が描かれずに省略されたのであり、かつ佐賀城天守と同じく『西海筋海陸絵図』の屋根の四重の中に、いずれかの階が包み込まれていて、階数が外観では見えないのである。換言すれば、『西国筋海陸絵図』は、十七世紀初頭の四重五階の小倉城天守をほぼ正確に描写しているといえるのである。

柳川城天守のほうは、『西国筋海陸絵図』も『九州諸城図』も三重三階に描く。その上、屋

小倉城
(『西国筋海陸絵図』、部分、国立国会図書館蔵)

根の△も両図とも三段に計三個付ける。したがって、柳川城天守は、三重三階であったと言いたいところであるが、柳川城天守は、「五層（階）」と伝えられていることは前に述べた。とすると、『西国筋海陸絵図』も『九州諸城図』も三重の屋根の中に五階が包み込まれている可能性があることになる。つまり、十七世紀初頭の柳川城天守は、やはり三重五階であったのではないか。

ところが、熊本城天守では、問題が若干残る。熊本城天守は、三重六階、地下一階で、明治十年（一八七七）焼失後、ほぼ忠実に鉄筋コンクリートで復原されたと伝えられている。しかしながら、『九州諸城図』では三重に描き、屋根の△を三段に計三個付け、復原天守と同じであるけれども、『西国筋海陸絵図』では、最上階屋根の平側は最下段に軒唐破風を付け、それを含めると五重の屋根に△が四段に四個付く。一方、妻側は五重五階に描き△が三段に三個あって、△が『九州諸城図』と合致している。

『西国筋海陸絵図』の熊本城天守は、佐賀城天守、小倉城天守、柳川城天守あるいは福岡城天守などと同様に、階数を屋根で包みこみ表に出ていないと考えることに無理はないとしても、平側の軒唐破風を含めると最上階の入母屋造の△を別にして、四段四個の△に問題が残る。しかしながら熊本城天守を除いて、『西国筋海陸絵図』の福岡城天守をはじめ小倉城天守、柳川城天守、佐賀城天守などはほぼ十七世紀初頭の各城の天守をデフォルメしながらも正確に描いていると思われる。

柳川城
(『西国筋海陸絵図』、部分、国立国会図書館蔵)

熊本城
(『西国筋海陸絵図』、部分、国立国会図書館蔵)

『西国筋海陸絵図』は、墨一色で描かれているファサード（立面図）を主とした『九州諸城図』と全く異なって、やや鳥瞰して立体的に描き着色している。したがって、人々には『九州諸城図』よりいっそうはっきりと天守の情況を知り得る史料である。その上、筆者の「『九州諸城図』では、天守の屋根飾りの三角形（△）の数と付く位置に注目すべき」という主張を、見事に裏書きしている。それは、『九州諸城図』に描かれた福岡城天守に限らず、当然のことながら小倉城、柳川城、佐賀城天守などについても言える。

『九州諸城図』にしても『西国筋海陸絵図』にしても、この程度の絵図は、デフォルメされているので、直接に実証する史料には弱いかもしれないけれども、各地の各城を単に想像しただけでは描けない。したがって、これらの絵図は、想像図ではないかぎり江戸時代初期の傍証史料としては無視できない貴重な史料の一つなのである。

【注】

（1）中村拓監修『新装版・日本古地図大成』（講談社・昭和四十九年刊）八十九頁

（2）荻野忠行氏は、「『西国筋海陸絵図』の福岡城は四層で書かれている」とする（『福岡城天守は四層（四重）か』〈梓書院・平成二十一年刊〉）一四頁

結論　描かれなかった階のこと

『九州諸城図』のⅡ図に描かれた福岡城の①の建物を見て、福岡城の天守は四重であった、と思われる人々が居てもそれは当然のことであろう。しかし、建築の専門家から見るとおかしいことにすぐに気づく。

第一に、最上階の△は入母屋造の妻を表現しているものと考えられるが、上から二番目、三番目、四番目の△は絵図のように屋根の端部に付かないのである。二番目、三番目、四番目の屋根は四面に付くもので、△は最上階のように端部ではなくそれぞれの屋根の端から端の間に付く千鳥破風または軒唐破風なのである。この点で、福岡城の①の天守と推察される建物がいかにデフォルメされた絵図であるかがわかる。それもそのはずで、密偵は、樹間からかろうじて見える天守の屋根瓦を見ながら、目に飛び込んできたものは天守の屋根で、かつ最も目立つ破風の△であったはずである。その△の数をしかと頭に入れることに精一杯で、△の屋根との取り付き方など細かいことまで頭にインプットする余裕はなかったことが、福岡城以外の天守の描き方をみてもわかる。

第二に、これほどまでに柱が見えるのか、という点である。天守の外壁は、白漆喰で塗り籠めるのが一般的であるから四隅の輪郭線で十分なはずである。恐らくこの点も△の屋根を支えるのは柱であることを頭に描きデフォルメしたものと推察される。

私がCGで復原した天守（口絵3参照）は、地上六階、地下一階で、屋根は五重である。その当初の根拠を再度、端的に述べると、次の二点である。

①　天守は石高に比例する。したがって、黒田五十二万石だからほぼ同じ石高の姫路城天守に類似する。

②　黒田長政が幼少の時、預けられた秀吉の大坂城天守（五重六階、地下一階）を、長政は模倣したに違いない。

③　『愚子見記』に「桁行を石より物見の桁迄建てると云う習わしなり」に着目した。

福岡城址の「天守台」は実測により桁行十二間（二十四メートル）。一間は約二メートル）である。仮に天守の石垣上端より軒桁までの高さも同じ十二間だとすると、四階では一階分の高さが六メートル、五階では四・八メートルでいずれも高すぎる。六階だと四メートルとなり、最も自然である。

CGで復原した天守は、五重、地上六階であるから、『九州諸城図』Ⅱ図の①に描かれた福岡城天守の四重とは明らかに異なる。しかし、屋根の△の数は軒唐破風を含めて四個四段に付いていて、CG図と同じである。つまり、『九州諸城図』Ⅱ図の①に描かれた福岡城天守の四重の中に、五重、地上六階が隠されていると見るべきなのである。

『九州諸城図』と同じ頃の福岡城天守を描く『西海筋海陸絵図』の福岡城天守は、一見すると五重、地上五階である。屋根の△は軒唐破風を含めて四個四段にあって、屋根の△は『九州諸城図』と一致している。その上、『西海筋海陸絵図』の福岡城天守は、『九州諸城図』のようにファサード（立面）を描いたものではなく、天守全体を俯瞰した絵図なので、建築の専門家でなくてもわかりやすい。しかも、『九州諸城図』と違って、窓もそれらしく描かれている。しかし、『西海筋海陸絵図』と言えども表現しにくい建物の内部まで描いていない。事実、地上六階はこの絵図からも直接読み取れない。この絵図の最上階は、五階のみを表現しているのではなく、五階と六階が含まれているのである。すなわち、最上階の屋根の下に六階があって、隠されているわけである。

『九州諸城図』に描かれた天守は屋根と階数が、『西海筋海陸絵図』に描かれた天守は階数が隠されていることに注意すべきである。

天守が復原されている小倉城天守は、四重、地上五階である。『九州諸城図』では、三重で、屋根の△は三個三段である。『西海筋海陸絵図』では、四重で、屋根の△は三個三段である。ここでも屋根の△は両絵図で一致している。屋根の数は立体的に描いている『西海筋海陸絵図』が『九州諸城図』より正確である。ただし、福岡城天守と同じように最上階の屋根の下に五階が隠されているのである。『九州諸城図』は、ここでも福岡城天守と同じように△のない上から二重目の屋根を省略し、階数を隠している。

同様に天守が復原されている熊本城天守は、三重、地上六階である。『九州諸城図』では、

表　『九州諸城図』に描かれた各天守の比較

城名		絵図	三角形(△)の数	備　考
小倉城	Ⅰ	3重3階	3	4重5階慶長7年（1602）
	Ⅱ	3重3階	2	昭和43年 ＲＣ造で復原
若松城	Ⅰ	2重2階	2	慶長
	Ⅱ	2重2階	2	
福岡城	Ⅰ	4重4階	3	
	Ⅱ	4重4階	4	慶長6年(1601)～ 12年(1607)
	復原	5重6階	4	
佐賀城	Ⅰ	4重4階	4	5層(階)慶長7年(1602)～ 16年(1611)
	Ⅱ	4重4階	4	
柳川城	Ⅰ	3重3階	3	5層(階)慶長5年(1600)～ 14年(1609)
	Ⅱ	3重3階	3	
南関城	Ⅰ	3重3階	2	慶長5年(1600)～ 元和3年(1617)
	Ⅱ	3重3階	3	
熊本城	Ⅰ	3重3階	3	3重6階慶長6年(1601)～ 12年(1607)
	Ⅱ	3重3階	3	昭和35年 ＲＣ造で復原
お熊城 (大隈城・ 益富城)	Ⅰ	2重2階	2	
	Ⅱ	2重2階	2	
香春岳城	Ⅰ	3重3階	2	慶長6年(1601)～
	Ⅱ	3重3階	2	

三角形(△)は最上階は妻を、その他の階は千鳥破風や軒唐破風を数えた。

三重で、屋根の△は三個三段である。『西海筋海陸絵図』では、五重で、屋根の△は梁行（建物の短辺）側では三個三段、桁行（建物の長辺）側では、最下段の軒唐破風を含めて四個四段である。ここでも梁行（建物の短辺）側では屋根の△は両絵図で一致している。いずれにしても『九州諸城図』は、熊本城天守においても三重の屋根の下に六階分が隠されているのである。

柳川城天守にいたっては『九州諸城図』も『西海筋海陸絵図』もほとんど同じ向きに三重、三階に描き、屋根の△を三個三段に付ける。だが柳川城天守は、現存しないが五層（階）と伝えられているので、三重の屋根に三階ではなく五階分が隠されていた可能性が高いのである。

佐賀城天守は『九州諸城図』も『西海筋海陸絵図』も四重、地上四階に描き、屋根の△を四個四段に付ける。佐賀城天守も現存しないが、五層（階）と伝えられているので、四重の屋根に五階分が隠されていたのではないか。だとすれば、佐賀城天守は、四重、地上五階の小倉城天守に類似していたということになる。

以上のように、『九州諸城図』は、天守の全ての屋根の数や階数を描いているものではない。だがこの『九州諸城図』からは、屋根の△に注目して隠された階数や屋根を読み取ることが重要なのであり、『西海筋海陸絵図』についても、屋根の数と階数が必ずしも一致するとは限らないので、隠された階数を読み取ることが肝要なのである。

コラム　天守は管柱《くだばしら》

慶長ごろの天守は管柱《くだばしら》構造の柱の積み上げであると太田邦夫氏は言っている。(1)これは古代以来の自分の領地を守るため、柵をたてるのに通じる。畑作、稲作を行った登呂遺跡からも柵は出土する。中世の山城でも、まず柵が築かれる。秀吉の一夜普請の「墨俣《すのまた》城」もしかりである。

高床住居の作り方には二種類ある。一つは、仮に四メートル程の丸太材を二メートル間隔に地中に一メートル程六本据えると柱間で二間×一間の広さになる。その丸太の地上一メートル程と柱頭に、床や屋根を支えるために横材をしっかり結び付け、床と屋根を付ければ高床住居となる。二つは、仮に二メートル程の丸太材を杭をたてるように二メートル間隔に六本地下に一メートル程掘って据えていくと、やはり二間×一間の広さになる。柱頭に横材を渡し、縦横にしっかり結び付けて床板をのせて、床板上に、下の丸太杭に合わせて二メートル程の丸太材を上にたて、足元と上に横材を結び付けてたおれないようにして、壁や屋根をつくる。床板上にたてたこの六本の丸太材を管柱という。(2)

天守は後者の方法で、地階から上階に柱をたてる。最後に屋根をのせて、壁などをつくり、内部の建具など造作をするのである。

現在ビルを建てる際に、鋼管足場を組んで建てているけれども、鋼管足場は、まず、地上に鋼管パイプをたて、上部に足場板（鋼板で出来ている）をのせ、さらに、鋼管パイプを上に繋ぎたして、二階、三階……と建設ビルの階数に合わせて積み上げているのに、天守の構法は似ているといえる。

【注】

（1）『建築士』平成十八年十月刊

（2）慶長十三年（一六〇八）建立の姫路城大天守は、地下から地上六階まで継ぎ手なしの通柱二本を用いている。長さは二十四・六メートルある。但し、西側の通柱は、三階床上で繋がれている。この二本以外の柱は大部分が管柱である

参考文献

＊『九州諸城図』に関わると思われるもののみをあげた

1　米津三郎著『わが町の歴史』（文一総合出版・昭和五十六年刊）
2　廣崎篤夫著『福岡古城探訪』（海島社・平成九年刊）
3　廣崎篤夫著『福岡県の城』（海島社・平成七年刊）
4　朝日新聞福岡本部編『福岡城物語［はかた学7］』（葦書房・平成八年刊）
5　近藤典二著『筑前の街道』（西日本新聞社・昭和六十年刊）
6　香月靖晴著『筑豊を歩く』（海島社・平成八年刊）
7　荻野忠行著『福岡城祈念櫓・月見櫓・大手門のなぞ』（梓書院・平成十六年刊）
8　荻野忠行著『福岡城天守閣と金箔鯱瓦・南三階櫓』（梓書院・平成十七年刊）
9　荻野忠行著『福岡城の瓦師―菅原道真・櫛田神社・神殿狛犬―』（創言社・平成十六年刊）
10　荻野忠行著『福岡城天守は四層（重）か』（梓書院・平成二十一年刊）
11　河島悦子著『伊能図で甦る古の夢―長崎街道』（ゼンリン福岡支社・平成九年刊）
12　相賀徹夫出版『探訪ブックス［日本の城9］九州の城』（小学館・昭和六十四年刊）
13　丸山雍成・長洋一編『街道の日本史8―博多・福岡と西海道―』（吉川弘文館・平成十六年刊）
14　高島忠平・外山幹夫編『日本城郭大系第17巻　佐賀・長崎』（新人物往来社・昭和五十五年刊）
15　礎村幸男・阿蘇品保夫・森下功・三木靖編『日本城郭大系・第18巻―福岡・熊本・鹿児島』（新人物往来社・昭和五十四年刊）
16　西ヶ谷恭弘編著『城郭古写真資料集成―西国編―』（理工学社・平成七年刊）
17　相賀徹夫編著『城郭と城下町9北九州』（小学館・昭和五十九年刊）
18　相賀徹夫編著『城郭と城下町10南九州・沖縄』（小学館・昭和五十九年刊）

19 『復元大系―日本の城』第八巻九州沖縄（ぎょうせい・平成四年刊）
20 平井聖監修・北野隆著『熊本城　城郭・侍屋敷古図集成』（至文堂・平成五年刊）
21 中村拓著『新装版・日本古地図大成』（講談社・昭和四十九年刊）
22 山本光正著『街道絵図の成立と展開』（臨川書店・平成十八年刊）
23 辛基秀編『朝鮮通信使』（明石書店・平成八年刊）
24 平井聖・小沢健志監修『古写真で見る失われた城』（世界文化社・平成十二年刊）
25 三浦正幸著『城の鑑賞基礎知識』（至文堂・平成十一年刊）
26 『重要文化財熊本城宇土櫓保存修理工事報告書』（熊本市・平成二年刊）
27 福岡県の城郭刊行会編『福岡県の城郭―戦国城郭を行く』（銀山書房・平成二十一年刊）
28 『国史跡福岡城跡』下之橋御門復元整備工事報告書』（『福岡市文化財叢書第三集』福岡市委員会・平成二十二年刊）
29 佐藤正彦著『甦れ！　幻の福岡城天守閣』（河出書房新社・平成十三年刊）

おわりに

私が城に興味をもったのは『甦れ！　幻の福岡城天守閣』をまとめて以来である。

「城は人でもつ」と言われるけれども、城をもって一人前の大名であった江戸時代初期、全国で数多くの城がつくられ、元和元年（一六一五）に一国一城令が発布されるまで、全国各地に多くの城が存在していた。しかし、一国一城令発布以降、次第に各地の城が取り壊されて、各国に一城を残す傾向になった。このことは、歴史的建造物の見なおしが叫ばれている現在、誠に惜しいことであるが、明治維新の際、廃仏毀釈の運動により、仏教関係の建物がかなり破壊されたのに酷似している。

時の政策とは言え、建てることは壊すことよりも困難であるが故に本当に惜しい。一九八〇年代からはじまったバブルの時も、あっという間に建物がバックホーなどの大型重機械で壊され、ゴミとして放出された。しかし、建設するとなると、たとえ小規模でも何十倍も日数と費用もかかる。そのために昨今は取り壊さないでリフォームして再利用することが次第に多くなっている。一国一城令によって、著しく少なくなったとは言え、明治まで残存した城郭も多くあるので、今後極力取り壊さず保存していくようにせねばならない。

一方、小倉城天守のように観覧用に鉄筋コンクリートで復原されたり、「尾張名古屋は城でもつ」ように都市のシンボルとしての復原、あるいはその他の面からも各地で天守が復原されている。静岡県掛川市の掛川城天守閣は平成六年（一九九四）四月に、愛媛県大洲市の大洲城天守閣は平成十六年（二〇〇四）七月に復原して四重四階の堂々たるものになった。こうして、多くの人々が江戸時代の城郭を実見できることは、図面や絵図とは違って日本の文化を理解するためにも大切なことと思う。また、「建築を学ぶ最良の教科書は実物」なのであるから、建築を学ぶためにも重要である。

福岡城天守の存在は、山口県文書館の毛利文庫に収められている二幅の『九州諸城図』や国立国会図書館所蔵の『西海筋海陸絵図』によっても確実なものである。だがしかし、天守が正確に描かれているかと言えば、決してそうではない。『九州諸城図』では小倉城の天守が実際は四重五階なのに三重に描かれているが、一方『西海筋海陸絵図』では、屋根の三角形（△）を三段に付けて、四重に描かれていた。本書では、その矛盾を天守の屋根に描かれた△の数に注目しつつ、外観からは分からない内部の構造、すなわち隠された階（層）があった可能性が高いことを述べた。

『九州諸城図』は、天守を実際より低く描く傾向がある。戦国時代が終った徳川の江戸時代初期の福岡城天守は、地上六階、地下一階、『西海筋海陸絵図』に描かれたような五重の屋根を付けた堂々たる建物として、当時の人々にインプットされた領内随一の超高層建物であったはずである。現代に生きる我々も、これを当初の形に復原できれば、百五十万市民一人一人のインプット料（記憶料）が期待できる。すなわち、一種の宣伝塔の役割を果たすことができるのである。お城はどこか日本人の心をくすぐるゆえ、皆で「お城シンドローム」になってみてはどうだろうか。

最後に、古文書の解説を手助けして下さった山口県文書館副館長・吉積久年氏、及び石垣の刻印写真を提供して下さった福岡市教育委員会文化財課長・三木隆行氏、水野哲雄氏その他史料閲覧にご協力下さった関係者の方々に心から謝意を表したい。また、本書を快く出版して下さった石風社代表・福元満治氏、編集担当・藤村興晴及び中津千穂子両氏に心より感謝の意を表したい。特に藤村興晴氏からはただ単に誤字脱字を直すだけでなく、小見出しや適切な図版の挿入、読者が読みやすい文章構成など、再三再四の助言を頂戴したことに対し厚くお礼を申し上げる。

平成二十三年　春　著者

松本城　32,50,190,191
松本吉右衛門　159
麻氏良（左右良）城　102,218
ま寺之城→麻氏良（左右良）城
丸岡城　191
丸亀城　51
万徳→［黒田］忠之
万徳衆　43
右田三右衛門　216,217
水帳　26
三井源助　23
見付番所　135,138
水野右衛門大夫忠政　100
『三奈木黒田家文書』　42,43,45,113,209
南丸多聞櫓　60,62,66
三原城　106
南ノ関城→南関城
三宅三（山）太夫　103
三宅若狭家義　158,159
妙心寺　87
村中城　172,173
毛利勝信　143
毛利太兵衛→母里（丹波守）太兵衛（友信）
［毛利］隆元　11
［毛利］輝元　10,11,12,22,56
毛利文庫　8,13,14,124,220,225,246
［毛利］秀就　12
［毛利］元就　10,22,197,203
門司往還　135
【や行】
櫓（矢倉、矢蔵）　29,31,45,46,106,112,115,117,192,195,210,213,216,223,235
櫓門　7
安田寺橋　146
八代城　92
柳川城　16,124～126,164～168,173,213,221,222,230,232,240
山内一豊　104
山崎の戦い　23
吉田壱岐　100
吉弘鑑理　203
寄棟造　152,171,201,224
淀君　86
淀城　93,94
【ら行】
龍造寺隆信　173
龍造寺政家　173
領地判物　95
麟翁寺　199
【わ行】
若松城（中島城）　15,102,124,125,158,159,161,213,214,218,220,221
若松宿　160
渡櫓　46,113

菱屋平七　135,136,138
肥前堀　91
姫路城　22,32 ～ 33,50,56,57,62,
68,69,82,114,118,191,237
平櫓　143,145
広島城　51,56,60,65,88,89
『福岡城下之絵図』　106
福岡城(の)天守　6 ～ 8,6,32,34,42,
42,44,47,49,51,52,56,57,71,81,89,
93,94,98,114,115,122,123,208,
211,220,225,227,232,236,237,
246,247
『福岡藩吉田家伝録』　52
福崎　6,44
福島正勝　87
［福島］正則　87 ～ 89
『福博惣絵図』31,35,46,53,106,111,
112,115,125,208
武具櫓　209
武家諸法度　87,88,98
伏見城　83,93,94
『豊前小倉御天守記』　142,150
舟入り　135
古河古松軒　15,149,180,209,210
文英清韓　86
豊後橋　135
文禄の役　26,69,83,84
戸次鑑連（立花道雪）　167,203
変成岩　74,75
報恩寺　108
方広寺大仏殿　86
『豊国紀行』　202
豊国神社　94
保科（弾正忠）正直　99,102
北条氏政　97
宝満城　167
望楼型天守　117
細川興元　143
細川ガラシャ　142
『細川家史料』　37 ～ 39,41,44,
47,50,91,104,105,107,114,208
細川三斎　141,145,149
『細川実紀』　144
細川孝之　203
［細川］忠興　41,83,93,104,107,114,
142 ～ 144,152,208,230
細川忠利　144,146,189,192
細川幽斎　97,142
堀尾吉晴　98
堀久七　208
母里（丹波守）太兵衛（友信）　26,
97,100,103,199
堀割　28,165,167
本願寺　94
本多正純　86
本能寺の変　23,106
［本丸］御殿　105
【ま行】
舞鶴城　62 ～ 64,68
前田（肥前守）利長　198
増田長盛　84
益田与介（宗清）　42,44,113,209
益富城→お熊城
松井興長　93
松井文庫　41,92,114,208
松江城　56
松寿丸　69
松平伊豆守（信綱）　45
松平定綱　94
松平忠明　93

98,102,199
徳永宗也　26
［豊臣］秀吉　12,21 ～ 26,32,50,
51,68,69,75,82～84,86,89,93,106,
118,143,164,165,173,189,198,237
［豊臣］秀頼　86
土塁　118,165,172,173,197
【な行】
内藤信正　93
中井正清　86
長岡忠興→［細川］忠興
長岡中務→細川孝之
長崎街道　15,29,101,125,126,135,
136
中島城→若松城（中島城）
中津街道　135
中津城　25,26,103,126
名古屋城　51,89
名護屋城　26,106
名島城　26 ～ 28,73,103,106
名島城表門　60
『鍋島勝茂公譜考補』　174
鍋島城→佐賀城
鍋島直茂　172,173
鍋島斉正（直正）　175
鍋島吉茂　175
縄張り　21,26,50,51,75,91,92
『南関紀聞』　181,182
南（ノ）関城（鷹ノ原城、高原城）
124,125,179 ～ 184,213,214,220,
221,224
南蛮造り　142,143,147,172,228,230
西茶屋　160
西本願寺飛雲閣　22
二重櫓　113
二条城　21,56,94
『日本地誌大系』　31
『日本旅行記』　138,140
栄姫　102
軒唐破風　62,156,178,190,
222 ～ 225,227,232,236,237
『野口家文書』　42,44,113,209
野口左介（一成）　42,44,75,113,209
野面石　144
野村隼人　46
【は行】
萩城　11
筥崎宮　78,100,101
羽柴秀勝　198
柱立　43,113,209
蓮池城　173
端城　102,104,158,199,217
花見櫓　60
破風　53,56,57,62,176,190,222,224
236
破風板　168
浜街道（浜道筋）15
『林家文書』43,44,208
林五助　43
林太郎右衛門　43,208
原田（五郎）義種　203
判物　46
番所　13,135,137,138
番や　135,137,138
東の丸　105,106
東の丸（の）御殿　105,107
『肥後国熊本世間取沙汰聞書』
183,221
『肥後国熊本様子聞書』　221
『肥後国誌』　180

石塁　197
仙台城　107
善龍寺　210
宗祇　159
層塔型天守　151
層塔式南蛮天守　142,143
崇福寺　60,96,210
礎石　35,36,50,53,64,113,197,208
【た行】
大正寺　60
堆積岩　74
大徳寺唐門　22
高木善助　148,179,191
高とり城→鷹取（山）城
鷹取（山）城　102,103,199,218
鷹ノ原城→南関城
高橋（三河守）鑑種　143
高（ノ）原城→南関城
高松城　22,23,165,173
竹下三左衛門　218
竹森石見　100
立花鑑載　12
立花鑑寛　167
立花城　12
立花宗茂（統虎）　164 ～ 167
伊達政宗　107
［田中］忠政　166
田中吉政（隼人）　97,164 ～ 167
旦過橋　146
知恩院　87
『筑紫紀行』　135,138
『筑紫道記』　159
『筑前国御国廻次第其外様子聞書』
　216
『筑前国続風土記』28,29,30
『筑前国続風土記附録』29,30
『筑前・筑後・肥前・肥後探索書』
　32
『筑前町村書上帳』29,30
『筑前福岡世間取沙汰聞書』
　217,221
『筑前名所図会』29,30
『筑前風土記拾遺』29,30,160
千葉城　189
千鳥破風　16,62,65,156,176,178,
　190,222,223 ～ 225,228
中天守　32,46,50,115
月見櫓　60
津久夫須麻神社　94
続櫓　174,175
津山城　113
鶴丸城　78
光姫　96
光雲神社　210
天守台　31,32,35,36,45,46,53,
　111 ～ 113,115,118,208,209,213,
　237
東照権現（東照宮）　227
東長寺　210
［藤堂］高虎　21,22,91,94
藤堂忠高　23
東蓮寺藩（直方藩）　46
遠見番所　159
常盤橋　135 ～ 138,146,148
［徳川］家光　99
［徳川］家康　10 ～ 12,21,24,25,
　32,50,71,84 ～ 87,89,91,95,
　97 ～ 99,104
［徳川］忠長　99
［徳川］秀忠　37,87,89,9,94,95,97,

156,172,213 ～ 215,221,224,225,
230,232,235,238,240,246
『小倉城絵図』　150
御着城　78
小寺官兵衛→［黒田］如水（孝高）
小寺職隆　82
後藤又兵衛（基次）　42,71,83
［小早川］隆景　12,26,78,84,101
［小早川］秀秋　26,84,85
小林重利　47
御普請番組　27
後北条氏　25
【さ行】
『西海航路図』　226,227
西光寺　73
『西国筋海陸絵図』　14 ～ 16,51,52,
122,142,148,225 ～ 228,230,232,
235,237,238,240,246,247
『西国内海名所一覧』　138
斎藤幸雄（長秋）　30
『西遊雑記』　15,149,180,209,210
佐賀城　8,16,124 ～ 126,172,
174 ～ 176,213,214,221,223,224,
226,228,230,235,240
『佐賀城覚書』　173,174
酒井讃岐守忠勝　45
坂本城　23
指図　32,122
佐々成政　187,189
『薩陽往返記事』　148,179,191
佐藤信淵　134,136,141,167,168,
179,209,210
真田幸村　86
三左衛門一成
→［黒田］（三左衛門）一成
三重櫓　166,170
三の丸（三之丸）　96,105,218
潮（汐）見櫓　30
成富兵庫茂安　165
四国征伐　24
賤ヶ岳の戦　83
島津征伐　198
下の橋　30
下之橋御門　30,60
城割　91
聚楽城→聚楽第
聚楽第　21,22,106
巡見（上）使　148,160
『巡見上使御尋之節、申上様の次
第』　142,144,146 ～ 148,150
承天寺　210
白鷺城　34,68
城親冬　189
正保の絵図→『福博惣絵図』
聖福寺　210
小天守　22,46,50,115,191
勝龍寺城　23
『諸家文書』　115
晋州城　42,69,83,188,213
『菅の下葉』　209,210
洲口番所　160
巣雲塚城　22
墨俣城　241
駿府城　89
菅六之助　71
「西湖図」　64,69,72
関ヶ原の戦い（関ヶ原の合戦）　26,
69,71,71,95
石城　74
『石城志』　29

138,143,144,148,149,152,159,161,164,167,168,172,176,180,181,183,184,188 ～ 193,197,199,203,204,211,217,220 ～ 225,227,228,230,232,235 ～ 238,240,246,247
九州征伐　24,25,83,198
切石　144
切妻造　163,196,201,204,225
切妻破風　156
金海城　42
『愚子見記』　53,57,66,237
櫛田神社　210
熊本城（隈本城）　8,9,15,37,52,56,60,124 ～ 126,180,187,189 ～ 192 208,214,221 ～ 223,225,232,238,240
『熊本城絵図』　8
『隅本城御城事』　190
倉八十太夫（正俊）　47
［栗山］大膳（利章）　103,105,108
栗山（備後守）（四〈史〉郎右衛門）利安　42,103,105
久留米城　126
黒甲長政→［黒田］（甲斐守）長政
黒崎城　102,218
黒崎土佐守景経　141
黒三左衛門（一成）→黒田一成
黒惣右衛門→黒田直之
［黒田］（甲斐守）長政　21,22,24,26,28,29,35,37,38,42 ～ 44,46,49,51,62,68,69,71 ～ 73,75,78,84,85,87 ～ 101,102 ～ 108,113,115,158,172,188,199,208,209,217,237
『黒田家譜』　69,71,96,99,103,105
黒田官兵衛→［黒田］如水（孝高）
『黒田家文書』　44,208
［黒田］（三左衛門）一成　42,43,71,113
『黒田三藩分限帳』　158
黒田重隆　82
黒田騒動　103,105,108
［黒田］如水（孝高）　21,22,24,26,28,29,35,42,44,51,62,69,73,75,78,82 ～ 85,90 ～ 92,96,97,100,108,143,209
黒田高政　46,82
［黒田］忠長→［黒田］忠之
［黒田］忠之　46,47,87,90,99,100,102,105,108,160,217
黒田（惣右衛門）直之　26,42,43
黒田利則（養心）　26
黒田藩邸　38
黒田職隆　43
黒田六郎右衛門　103
黒筑→［黒田］（甲斐守）長政
慶長の役　83
『慶長の国絵図』　183
元寇防塁　73,74
玄武岩　74
ケンペル　138,140,141,149,150,151,156
『鈐録』　188
高台寺　94
小石原城　102
高知城　191
鴻臚館　210
『郡家文書』　46,47
郡正太夫（慶成）　46,47
小倉城　8,16,124 ～ 126,135,136 140 ～ 144,146,148 ～ 152,155,

大内盛見　97
大隈城→お熊城
お熊城（大隈城、益冨城）
15,102,127,127,197 ～ 199,
201,218,221
御熊之城→お熊城
大坂城　21,24,25,32,50,51,57,62,
68,75,86,87,91 ～ 95,102,105,107,
114,118,208
大坂夏の陣　21,87,89
大坂冬の陣　21,86
大阪夏の陣図屏風　68
大洲城　246
大谷吉継　84
大手門　7
大友宗麟（義鎮）　24,203
大濠公園　72
小笠原貞慶　50
小笠原忠雄　151
『小笠原忠雄公年譜』　146
小笠原忠政（忠真）　46
緒方惟重　141
岡山城　51
荻生徂徠　188
奥村玉蘭　30
小河内蔵允（小河喜助）　71,108
忍城　45
御鷹屋敷　96
［織田］信長　21 ～ 24,32,82,83,
106
小田原城　25
小田原征伐　25,26,84
鬼ヶ城　203
鬼岳城　203
【か行】
貝原益軒　30,31,202
掛川城　246
花崗岩　35,53,74
片桐且元　86,104
［加藤］明成　87
加藤一純　30
［加藤］清正　21,26,89,98,
180 ～ 182
［加藤］忠元　192
加藤丹後正長　183
加藤（美作守）正次　180 ～ 182
加藤嘉明　87
狩野永徳　69
狩野正信　72
狩野元信　64,69,72
鹿子木親員　189
蒲池鑑載　164
蒲池治久　164
上の橋　30
蒲生氏郷　198
唐津街道　125,160
唐津城　125,126
香春（岳）城　15
岩石城　198
『木曽路・中山道・東海道絵図』
226,228
吉川広家　11,91
［吉川］元春　12
木下家定　50
祈念櫓　60
鬼の城　82
『九州紀行』　134,136,141,167,168,
179,209,210
『九州諸城図』　7 ～ 10,12 ～ 6,51,
52,118,122,124 ～ 126,135,137,

索　引

＊本文のみ。図表、注等は除く。
＊「福岡城」「天守」など全編に亘って頻出する用語や本書の主旨に関わりのない地名・人名等は省いた。

【あ行】
青柳種信　30
明石四郎兵衛　45
赤間関　13,125,132,133,134
秋月街道　15,125,132,133,134
秋月城（あきつき城）　218
秋月種実（美）　198
［秋月］文種　198
［明智］光秀　22 ～ 24,142
浅野長政　98
［浅野］幸長　98
足利義教　197
芦屋宿　160
安土城　23,32,69
荒木村重　82,83
有岡城　83
『有田均家御書物写』　174
安山岩　188
池田輝政　34,50,89,98
井澤長秀（蟠龍）　181
石垣　9,30 ～ 32,35 ～ 37,42 ～ 44,50,53,56,63,73,74,78,93,97,105,114,115,117,118,144,145,154,163,167,170,172 ～ 174,176,182 ～ 184,188,192,195,208,209,213,214,216,227,247
石印　74,75
石工　36,78
［石田］三成　11,83,84,89
石山本願寺　24
板図　49,122
一ノ谷ノ甲　46,115
一国一城令　45,90,92,102,159,173,181,190,220,245,246
出田秀信　189
犬山城　51
井（上）九郎右衛門
→井上（周防）之房
井上（周防）之房　42,85,103,158
伊能忠敬　135
居矢倉　44,209
入母屋造　62,137,152,168,171,176,196,201,204,215,224,225,227,228,236
入母屋破風　190
岩国城　91
岩屋城　167
上原与平次（直近）　43,208
宇喜多秀家　83
宇佐神宮　202
臼杵鑑速　203
埋門　46
宇土城　56,60
宇土櫓　38,52,56,60,62,65,66,191,221,222,223
浦将監　26
宇和島城　56
『江戸参府紀行』　141,149
江戸城　25,32,56,86,89,97
『江戸名所図会』　30
大内義隆　101

佐藤正彦（さとう　まさひこ）
1938年、神奈川県に生まれる。
1966年、横浜国立大学工学部建築学科卒業
1968年、同大学院工学系研究科修士課程修了
1972年、東京大学大学院工学系研究科建築学専攻博士課程単位取得満期退学、工学博士・一級建築士
現在、九州産業大学名誉教授、山口市・唐津市文化財保護審議会委員、所属学会、日本建築学会、建築史学会、日本民俗建築学会評議員
主な著書、『天井裏の文化史－棟札は語る－』（講談社 1995年）、『北インドの建築入門』（彰国社 1996年）、『南インドの建築入門』（彰国社 1996年）、『蘇れ！ 幻の福岡城天守閣』（河出書房新社 2001年）他多数、共書に『福岡県百科事典』（西日本新聞社 1982年）、『宇佐神宮の研究』（国書刊行会 1995年）、『建築史の空間』（中央公論美術出版 1999年）など。
＊図版等撮影協力：高尾啓介

福岡城天守を復原する

二〇一一年八月一日初版第一刷発行

著　者　佐藤正彦
発行者　福元満治
発行所　石風社
福岡市中央区渡辺通二─三─二四
電話〇九二（七一四）四八三八
ファクス〇九二（七二五）三四四〇
印　刷　正光印刷株式会社
製　本　篠原製本株式会社